何以成范

岭南师范学院红色校史研究

1913—1949

陈国威◎著

新华出版社

图书在版编目（CIP）数据

何以成范：岭南师范学院红色校史研究：1913—1949 / 陈国威著 .
-- 北京：新华出版社，2024. 11.
ISBN 978-7-5166-7665-3

Ⅰ . G659.286.53

中国国家版本馆 CIP 数据核字第 2024ST2371 号

何以成范：岭南师范学院红色校史研究：1913—1949

作者： 陈国威
出版发行： 新华出版社有限责任公司
（北京市石景山区京原路 8 号　邮编：100040）
印刷： 文畅阁印刷有限公司

成品尺寸： 170mm×240mm　1/16	**印张：** 14.5　**字数：** 190 千字
版次： 2024 年 11 月第 1 版	**印次：** 2024 年 11 月第 1 次印刷
书号： ISBN 978-7-5166-7665-3	**定价：** 80.00 元

微店　　视频号小店　　抖店　　京东旗舰店

微信公众号　　喜马拉雅　　小红书　　淘宝旗舰店　　扫码添加专属客服

目 录 ★ CONTENTS

第一章

环境与产生：雷州半岛区域概况与雷州中学校的产生

★ ★ ★ ★ ★

环境与文化是息息相关的，它们之间相互影响。岭南师范学院的前身雷阳中学堂、雷州中学校作为一间区域性学校，仍是文化的一种现象，它的产生、发展自然与所存在的区域有关联。雷州半岛地处中国南疆，三面环海，远离中原。一方面，因为文化的差异，中央政府及其区域代言人对之关注度不够，整体经济发展远远落后，诸多不稳定因素都存在于区域社会；另一方面，由于是边陲地带，无论是民族政策还是海防政策，都不得不给予重视。

第一节　自然环境方面

地理环境是人类活动的舞台，是人类赖以生存发展的基础，也是地方历史文化产生的基础。现在让我们来了解一下雷州半岛的自然环境、历史地理环境。半岛位于我国大陆南端、广东省西南部，东经109°31′～110°55′、北纬20°12′～12°35′，其东濒南海，南隔琼州海峡与海南省相望，西临北部湾，西北与广西壮族自治区的合浦县、博白县、陆川县毗邻，东北与本省茂名市属茂南区、化州市、电白县接壤，背靠大西南。境内山脉高耸，河流纵横，森林茂密，道路纵横交错，物产丰富。由于雷州半岛位于热带的边缘，自然条件比较特殊，其自然环境[①]有如下一些特征：

1. 地形地貌

雷州半岛的陆地主要由半岛和岛屿组成，境内没有山岳也没有长大

---

① 自然环境方面除了注释外，多参考湛江市地方志编纂委员会编：《湛江市志》（中华书局，2004年）、吴川市地方志办公室编：《吴川县志》（中华书局，2001年）、徐闻县志编委员会编：《徐闻县志》（广东人民出版社，2000年）、遂溪县地方志编纂委员会编：《遂溪县志》（中华书局，2003年）等。

的河流。地形较为简单。其地势较为平坦，多为波状台地，大致是中轴高，东西两侧低，南北高而中间低，起伏和缓，多为平原和台地。境内的台地阶地分布相当普遍，形似级级台阶，所以又叫台地平原。其高度一般在海拔80米以下，有60～80米、30～45米、20～25米、10米左右四级。地表一般呈缓波起伏状。相对而言，高台地切割较深，台面与沟底高差可达20～30米。低台地则呈平台状，利于农业开发。半岛的台地，海拔较高，风化壳深厚，一旦失去植被，极易水土流失，变成崩岗烂地。北部廉江市为丘陵，以双峰嶂（382米）为最高点，其余海拔30～80米；中部遂溪县隆起螺岗岭（232米）高顶，其余为海拔20～40米的浅海沉积台地；南部雷州市、徐闻县隆起石崂岭（259米）、石板岭（245米）两个高顶，其余为海拔26～60米的台地、盆地；东部吴川市鉴江下游和沿海多为海拔 -1.5～20米台地和滩涂；雷州半岛三面环海，湛江市区为滨海平原，此外境内的平原还分布于各入海河流的下游或海滨，漠阳江、鉴江、南渡江等江河在河口区形成三角洲平原或冲积海积平原，向上游过渡为冲积平原。雷州的南渡江三角洲，总面积为115.5平方公里，形成于2000～4000年前，沉积厚度不大，仅数米到10余米。半岛境内的海滨平原，多为海相黏土、粉砂沉积而成，中间夹有海洋生物碎屑。地形平坦，微向海倾斜，散布在较大的区域。如境内的南三岛、雷州湾。境内沿岸分布有火山地形，由火山而形成的火山岩当受到地表的各种风化和侵蚀之影响时，玄武岩石柱森林也就形成了。徐闻地区的玄武岩石柱群目前仍为我国规模最大、棱柱单体最雄伟、最高大的第四纪玄武岩柱状节理景观。突起于台地之上的火山地形，主要为玄武岩熔岩流所组成的台地和盾状火山锥，有个别的火山锥还形成了火口湖，如湖光岩。可以讲半岛地形以台地为主，火山岛环境时有多见。全市土地总面积中，平原占66.0%，丘陵占30.6%，山区占3.4%。而境内中间海湾形成分叉形溺谷，为天然深水航道，境内的湛江港为我国十大港口之一，是中国西南各省通往国外的主要海口，亦是我国大陆通往东南亚、非洲、欧洲和大洋洲海上航道最短的重要口岸。另据相关学者研究，南海及其周边地区，属环太平洋地震带，是全世界三个主要地震带之一，故历史上时有地震发生，地震基本烈度为七度。

半岛境内土壤类型齐全，既有热带土壤基本类型，也有滨海地带土壤分布，共有赤红壤、砖红壤、滨海沙土、滨海盐渍沼泽土、滨海盐土、潮沙泥土、沼泽土、火山灰土、菜园土、水稻土等10个土类，以红壤居多，湛江因此有"红土地"之称。其分布大体是北纬20°40′以南地区为砖红壤，占土地总面积一半以上，是本市最主要的土壤类型。砖红壤是在高温多湿、干湿交替的气候环境作用下而产生的。土壤脱硅富铝化作用强，硅酸盐矿物强分解，硅和盐基遭到淋失，铁铝氧化物则明显聚积，从而形成颜色红、酸度强、土层厚的砖红壤。该土壤质地黏重，结构不稳固，腐殖质营养元素含量少。此砖红壤分3个土层：硅质砖红壤、铁质砖红壤与硅铝质砖红壤。北纬20°40′以北地区为赤红壤，约占半岛土壤总面积的6.5%。是以花岗岩、砂页岩等母岩在南亚热带气候条件风化发育形成的。一般具有1米左右的土层，表土棕黄色。质地较粗，底土较实，质地稍黏。土体中常夹有石砾和半风化碎块，并具有不明显的网纹层。地表植被覆盖较好的地方，有机质可达2%以上，含钾较丰。沿海地区为海滨沙土、滨海盐渍沼泽土和滨海盐土，是在潮汐和海风的共同作用下而形成的土壤，其土壤盐分含量高，矿物质以氯化钠为主，硫酸盐次之。九洲江和鉴江沿岸两侧为潮沙泥土，是由河流冲积物发育形成。该土壤质地为沙壤至轻壤，疏水透气，钾素及其他盐基物质含量丰富。而水稻土，约占境内土壤总面积的20.4%。是由各种冲积物、洪积物和坡积物发育，经长期水耕种稻而形成。其中有7个亚类：淹育型水稻土、潴育型水稻土、潜育型水稻土、渗育型水稻土、沼泽型水稻土、盐渍型水稻土、矿毒型水稻土。总的来说，湛江大面积覆盖火山灰，土层深厚，土地肥沃，为发展农林业提供了有利条件。

2. 气候

湛江区域气候比较特殊，温度高，没有真正的冬天，可谓是"长夏无冬"。清康熙十一年（1672）《雷州府志·气候志·气候》载："雷山势平衍……晴则甚热，阴则转凉，一岁之间，暑热过半，入秋为甚。隆冬值晴或至挥扇……晨起积雾四寒。"此语多少概括出半岛的气候特征。高温、高湿、多雾、多风可谓是本区气候的4个特点，特别是夏秋的台风常带来极大危害。湛江地处北回归线以南的北热带低纬地区，属热带和亚热带季风气候，终年受海洋气候的影响，冬无严寒，夏无酷暑。境内年平均气温为22.7～23.3℃，1月平均气温也在10℃以上，根本没有冬季，长夏无冬。境内1月最冷，平均温度14.9～16.3℃（市区15.5℃）；7月最热，平均温度28.4～28.9℃（市区28.9℃）。半岛有间歇性寒潮，（根据广东特点，从农业生产需要出发，如某地一天内连续降温达10℃以上，最低气温在10摄氏度以下即叫寒潮。如未至此程度，只称冷空气。）不过一般绝对低温很少降至0摄氏度以下，多在2～4℃，偶尔有凝霜现象。半岛雨量比较充沛，年平均雨量1417～1802毫米。是全国降水量最多的地区之一，但分布有所区别，有北多南少的特点。且降雨时有反常现象，变率亦大，这表现于旱季中偶有大雨，而雨季中也有严重旱象，例如1913年11月湛江市的雨量达到160毫米，而1926年5月该市的雨量仅有24.7毫米。气候总的特征是湿热。据研究，"半岛地形多是台地或低丘陵，完全没有高山，因而来自太平洋的东南季风，或印度洋的西南季风的水湿无法在这里停留而被吸着，因而半岛降水就缺乏地形雨，这是半岛雨量比华南绝大部分地区为小的主要原因之一。加上海岸的强烈的常风促进蒸发作用，特别在旱季期中，这里显得特别干旱，使半岛全年的蒸发量大于降雨量，这对于半岛的植被的生长起了显著的障碍，热带雨林的构造，在这里就无法形成和发展起来。地形简单，缺乏高山，就无法引起小气候的变化，这也是半岛植被表现简单的一个因素"。① 另外境内夏季盛行东南风，冬季盛行偏北风，全年最多为东风及东南风；平均风速 3.0 ~ 3.5 米每秒（市区为 3.1 米每秒）。空气湿度较大，年平均相对湿度 82% ~ 84%（市区 82%）。日照时间长，各地历年平均日照时数为 1817.7 ~ 2106 小时（市区 1915 小时），年积累温度 8309 ~ 8519℃，光热资源十分丰富，宜于大规模发展热带、亚热带作物种植。半岛在历史上以多雷多台风而为外界所知，为广东全省受台风侵入最严重的区域。台风频繁可谓该区域的特点，也是其严重的自然灾害。据王润本先生统计，50 年中，在珠江口以西至雷州半岛登陆的台风，占广东登陆台风总数的 36.3%。每年台风侵入 3 ~ 4 次，风向不定，一般自东向西，风力一般 7 ~ 8 级，最大达 12 级。② 一般而言，半岛的热带风暴、台风以 8 ~ 9 月为最多，狂风暴雨，偶尔成灾；但台风可带来雨水，调节气候，缓解干旱，台风少的年份，往往因缺雨而干旱。半岛多雷，几乎一年四季都可能有雷，尤以夏秋间雷暴较多，年平均雷暴日数，市区 84.7 ~ 92.3 天，各县（市）达 102.4 ~ 108.2 天。

3. 海岸线长、滩涂岛屿众多

海岸带是陆地—海洋交接并相互作用的地区，包括从海岸带（平均大潮时水陆分界的痕迹线）向陆域和向海域延伸两个部分，它是陆地的边缘，又是海洋发展的起点和基地。目前学界方面对海岸带范围的划分没有统一的标准，事实上，现代海洋国家都不是仿照一种标准，而是兼

---

① 张宏达等著：《雷州半岛的植被》，科学出版社，1957 年，第 5、3 页。
② 唐永鉴著：《雷州半岛的景观及其演化》，（上海）新知识出版社，1957 年，第 9 页。

顾自然生态、经济社会价值和行政管理方面等而定。历史上，中国没有海岸带的概念，也从未把海岸带陆域作为海洋区域对待。历史文献上使用的海滨、海隅、濒海、沿海等名词，一般指海边的陆域，但疆界十分模糊。明中叶形成距海 30 里（15 公里）以内为"濒海""附海"地区的概念，清初迁界规定内徙距海 30 里以内居民，这距海 30 里（15 公里）可视为当时人接近或相当于海岸带陆域范围的界线。中国在 1960—1969 年、1980—1986 年两次进行海岸带和海涂资源调查，其工作范围以海岸线向陆延伸 10 公里、向海延至 10 ~ 15 米等深线为标准。

大致说来，湛江全市三面环海，五县（市）四区都临海，海岸线长达 1556 公里，居全国地级市之首，占广东省海岸线的 18.2%，人均海岸线 25 厘米，为全国人均海岸线的 10 倍，与海洋大国日本相当。海岸线系数（海岸线长度与国土面积之比）为 0.12，即每平方公里国土的海岸线长 120 米，海岸线系数及人均海岸线长度均居全国之冠。湛江市是一个实实在在的滨海区域。

人们通常把可供利用的滨海滩地称作滩涂或海涂。狭义的滩涂是指潮间带，即那些高潮时淹没于水下，而低潮时又露出水面的滩地。广义的滩涂，上限伸展到风暴潮波及的地方，即潮上带，下限可延至低潮面以下若干米的适宜围垦或水产养殖的潮下带。境内的滩涂湖泊众多，廉江、遂溪、雷州、徐闻的滩涂面积均在 10 万亩以上，半岛沿海总滩涂面积达 137 万亩。且海湾河汊内风平浪静，非常适宜养殖温水海鲜。由于气候温暖，海水中兼有光能自养、异养型和化能自养、异养型等多种营养类型，供鱼、虾、蟹、贝等食用的微生物相当丰富，这是其他海域不可比拟的。如其经济鱼类就有 520 种，隶属 21 目 120 科 371 属；贝类则有 5 纲 107 科 275 属 547 种。丰富的海洋资源，促使湛江的海洋渔业发达非凡。

岛屿是四周环水并在高潮时高于水面的自然形成的陆地区域。群岛是指一群岛屿，包括若干岛屿的若干部分、相连的水域和其他自然地形，彼此密切相关，以致这种岛屿、水域和其他自然地形实质上构成一个地理的、经济的和政治的实体，或在历史上已视为这种实体。群岛有时也称列岛，因为此岛屿排列有序。故在岛屿方面，半岛有岛屿25个，礁石80多处。著名的岛屿包括东海岛、南三岛、硇洲岛、东头山岛、特呈岛、海公沙、新寮岛、罗斗沙冬松岛、六极岛、金鸡岛等等。其中东海岛面积286平方公里，最长处32公里，最宽处11公里，呈带状，是半岛最大的岛屿，也是粤省最大岛屿，居全国第五大岛之列。

半岛属台地沙质堆积海岸。海岸线略有弯曲，有港湾101处，其中有一部分港湾已形成运输港或渔港。其中半岛东北部遂溪河下游发育了规模巨大的湛江溺谷，港湾深邃，是天然良港，即湛江港址所在地。该港湾南北走向，从大黄江口直至石门港纵深长度60多公里，水域面积1419公里，海岸线总长467.1公里，包括深水岸线97.4公里，浅水岸线369.7公里。半岛港口对湛江民俗、乡镇的影响颇大。历史上安铺及吴川芷藔曾随着港兴镇兴、村兴，而随着港口的破衰，村镇也走向低谷状态。

4. 水系山脉

半岛河流众多，但没有长大的河流。全市拥有集雨面积达100平方公里以上的河流40条，它们往往直接或间接注入南海，形成大大小小河口，是一部分很重要的海洋国土资源，具有特殊开发价值。较大的江河有鉴江、九洲江、南渡河、遂溪河、城月水、擎雷水、海康河等，其中：鉴江源于广东省信宜市南开大山南麓，是广东省的第三大流域，更是粤西最大的河流。向南流经吴川市注入南海，吴川市境内长46.3公里，流域面积770平方公里，最窄处324米，最宽处达1100米；九洲江源于广西壮族自治区陆川县，向西南流经廉江市注入北部湾，廉江市境内长 89 公里，流域面积 2137 平方公里。

半岛较高的山主要分布在廉江市北部，其中双峰嶂（亦曰"铜鼓嶂"）海拔 382 米，为湛江市最高点；海拔 300 米以上的山还有仙人嶂、婆髻峰、高佬顶峰、蜘蛛峰、竹篙晒网峰等，均分布在廉江市内。雷州半岛山脉，大多数由于喜马拉雅造山运动影响，地下玄武岩浆喷出地表形成，其中雷北火山群分布于螺岗岭、双髻岭、笔架岭、交椅岭、湖光岩等 12 处，雷南火山群分布于石崩岭、石板岭等 30 余处，擎雷山为雷州名山，古籍称为"雷州半岛之脊"。

5. 林木繁茂

由于本区气候湿热，树木终年生长茂盛。直到清代，这里仍有不少大树。有史籍载，"遂溪西自三家山至石城之横山，西至海南，抵海康迄徐闻之海岸一带，皆树大海，延袤数百里人烟稀少。"[1]"（徐闻）耳聋岭，又名十万山坡，县东三十里……树林茂密。采樵者呼不相闻，故名。"[2] 故历史上，遂溪、雷州、徐闻一带，往往有"皆树大深海""森林深翳""绵延数百里"之记载。

据张宏达等人的研究，由于气候的影响，"热带雨林的构造，在这里就无法形成和发展起来。"同时，由于地形简单，缺乏高山，也就无法引起小气候的变化，从而产生了"半岛植被表现简单"的现象。雷州半岛的自然植被，包括森林、灌丛和草原，而以草原占有最大面积，草原差不多代表着整个半岛的植被。半岛的草原属于热带草原。森林植被主要分布于徐闻县的东南部及雷州市西南部。在构成森林的种类看来，

---

[1] （清）吴盛藻修：（康熙）《雷州府志》卷一《舆图志》（影印本），岭南美术出版社，2009 年，第 331 页。

[2] 王辅之纂修：（宣统）《徐闻县志》卷一《山川》（影印本），岭南美术出版社，2009 年，第 371 页。

颇富有热带地区的代表科属如大戟科、番荔枝科、樟科、白花菜科，西番莲科、天料木科、从茉莉科、八角炮科、草海桐科、金莲木科、红树科、桃金娘科、桑科、山柚子科、夹竹桃科等等。在整个雷州半岛有着数以千计的村庄，每一个村庄都有面积约数十亩至百余亩的林地，整个雷州半岛便有十万亩左右，对于自然环境条件起着一定的作用。在半岛各个农村区域的群落片断的内缘多是高大的乔木，以榕树、高山榕、樟树荔枝等为主，往外发展则以白车、红车、大沙叶、打铁树、黑口子等为主的中、小乔木。

沿海冲积海岸上广泛分布有红树林，总面积达 20278.8 公顷。包括廉江高桥、坡头官渡、徐闻和安、角尾等，都是红树林成片区域。现半岛的部分红树林区域已建起保护区。湛江红树林保护区自然资源十分丰富。有真红树和半红树植物 15 科 25 种，主要的伴生植物 14 科 21 种，是我国大陆海岸红树林种类最多的地区。其中分布最广、数量最多的为白骨壤、桐花树、红海榄、秋茄和木榄，主要森林植被群落有白骨壤、桐花树、秋茄、红海榄纯林群落和白骨壤 + 桐花树、桐花树 + 秋茄、桐花树 + 红海榄等群落，林分郁闭度在 0.8 以上。

但由于历史上，半岛气候多有变化，而出现的寒冷天气往往对本区的森林植被影响颇大，低温对森林植被会产生极大的影响。

6. 历史上野生动物种类多样

历史上珍稀野生动物多种多样。以象而论，这一带是秦代的象郡，其由来是因为产象。唐代段公路《北户录·象鼻炙》载："广之属城循州、雷州皆产黑象，牙小而红，堪为笏裁，亦不下舶上来者。土人捕之，争食其鼻，云：肥脆偏，堪为炙，滋味小类猪而含消。"① 据言这种黑象乃为一种特殊的象。清人徐松《宋会要辑稿·刑法》亦言："淳化二年（991）四月廿七日诏：'雷、化、新、白、惠、恩等州山林中有群象，民能取其牙，官禁不得卖。自今许令送官，以半价赏之，有敢藏匿及私市与人者，论如法。'"② 除了象外，雷州半岛也以虎多而著名。其地有俗谚曰："徐闻有三'宝'，土匪老虎红泥垢。"另清康熙《徐闻县志》也载，"顺治十年（按：1653 年），徐（闻）大饥，病伤，虎伤，人民死者殆尽。"③ 其实直到 1960 年左右，徐闻仍有老虎存在。

半岛历史上除了象、老虎外，其他野生动物还有很多。黑长臂猿栖息地植被主要为沟谷雨林和山地雨林，是典型的树栖动物，人工林或相当年份的次生林从未见有长臂。而历史时期长江三峡地区是我国猿猴的主要栖息地之一。"两岸猿声啼不住，轻舟已过万重山"。唐代李白关于清晨三峡地区的猿鸣，曾引起无数人追寻。可惜现在已成为历史。清康熙年间（1662—1722）吴震方《岭南杂记》卷下："乌猿出罗定州及石城……短身，长臂，臂长于身。余携归畜之……有黑身白眉者，有连鬃白者……好居树人，跳越如飞，捕之者逐使下地，在无树木之处，则束手受缚矣。"④ 这一记载是亲自饲养的经历，系重要资料，连鬃白者是黑长臂猿的云南亚种，说明这一亚种的分布较广泛。黑身白眉者为白眉长臂猿，在现在动物学资料中，白眉长臂猿只见于云南者，且数量稀少。由此可见，在 18 世纪以前，广东不仅有长臂猿分布，并且

---

① （唐）段公路：《北户录》卷第二《象鼻炙》，传抄宋临安府太庙前尹家书籍铺刊本，中国国家图书馆藏。

② （清）徐松：《宋会要辑稿》中华书局，1997 年。

③ （清）阎如珩等编纂：（康熙）《徐闻县志》卷之一《灾祸》（影印本），岭南美术出版社，2009 年，第 278 页。

④ （清）吴震方著：《岭南杂记》卷下《丛书集成初编》（王云五主编），（上海）商务印书馆，1936 年，第 47 页。

种类亦多。其消退则始于 18 世纪之后。目前只在云南和海南部分地区存在长臂猿。历史时期中国野生孔雀分布从今河南南部的 33.1°N 降至 25.4°N，南移了 7.7 个纬度，这与气候变化、植被变化和人类活动是有关系的。今只在云南省西部有少量分布。而据唐代著作《纪闻》记载 8 世纪时，"罗州（治所在今廉江北）山中多孔雀，群飞数十为偶"。后宋范成大（1126—1193）《桂海虞衡志志禽》称 12 世纪末，南方一带"民或以鹦鹉为鲊，又以孔雀为腊，皆以其易得故也。"① 宋周去非（1134—1189）《岭外代答·禽兽门·孔雀》："孔雀，世所常见者，中州人得一则贮之金屋，南方乃腊而食之，物之贱于所产者如此。"② 而半岛与广西相邻，曾几何，粤西指的就是广西、湛江一带。目前则往往指湛江、茂名、阳江等三市。故历史上，雷州半岛多孔雀之说是可信的。此外《广东考古辑要·犦牛》则载："牛，即犎牛（也作'封牛'）。郭璞《尔雅注》：犎牛'领上肉（牛+暴）胅起，高二尺许，状如橐驼，肉鞍一边。健行者日三百余里。今交州合浦徐闻县出此牛。"③ 说明犦牛有特殊性，半岛则拥有此牛。

另据《湛江市志》载，④ 历史上湛江境内还有豹、麇、獐、山马、箭猪、香狸、翡翠、鸳鸯等野生动物。从这些动物的分布反映出本区热带森林的特点：象、牛等都是热带森林动物；猿、猴、孔雀等，都是以树枝、叶、果和青草为生，没有森林便难以生存。虎等肉食性动物是以植食性动物的广泛分布而存在的。从上述动物的广泛分布，反映出这里热带森林的丰富。目前半岛境内还有山猪、穿山甲、鹭、山鸡、眼镜蛇、金环

---

① 齐治平校补：《桂海虞衡志校补》，广西民族出版社，1984 年，第 16 页。

② （宋）周去非著，屠友祥校注：《岭外代答》，上海远东出版社，1996 年，第 230 页。

③ （清）周广、郑业煌等人辑：《广东考古辑要》卷四十六《物产》，光绪十九年雕版，日本早稻田大学图书馆藏。

④ 湛江市地方志编纂委员会编：《湛江市志》，中华书局，2004 年，第 273 页。

蛇等野生动物。

第二节　人文环境方面

人文环境从某种角度而言，主要是人的活动史，是人类在该地方活动而产生的历史。

1. 人类活动历史印记：遗址

据出土文化遗址考证，远在 5000～6000 年前，即在新石器时期，半岛已有人类活动。2002 年 11 月到 2003 年 1 月，广东省文物考古研究所、湛江市博物馆和遂溪县博物馆组队对位于湛江遂溪东边角村的鲤鱼墩遗址进行了发掘。发现新石器时代文化层 5 层，屈肢葬墓 8 个，房子 2 座，遗址出土了陶、石、蚌器一批，大量的锛、网坠、石锤、石砧、石饼、石拍和贝壳堆积为文物考古研究提供了重要资料。据测算，该遗址估计最早年代距今六七千年。其中该遗址出土的 8 副古人骨遗骸最令人感到兴奋。据悉，这是 20 多年来南方地区首次发现的、出土人骨最多、保存相对完整的新石器时代人骨材料。

大体而言，半岛的原始文化遗址，未进行过大规模的考古发掘，粗略分析，湛江五县（市）四区（含开发区）共登记了 2065 处文物，涵括了六大文物类型中的五大类，即古遗址，古墓葬，古建筑，石窟寺及石刻，近现代重要史迹及代表性建筑。其中，古遗址 257 处，古墓葬 205 处，古建筑 881 处，石窟寺及石刻 46 处，近现代重要史迹及代表性建筑 676 处。目前湛江列入各级文物保护单位共 302 处，其中全国重点文物保护单位 2 处，省文物保护单位 28 处。全国重点文物保护单位是位于雷州市白沙镇白院村的唐贞观时期古建筑——雷祖祠，位于东海硇洲岛石岭村马鞍山顶 1903 年建的近现代重要史迹及代表性建筑——硇洲灯塔。省级文物保护单位分别为：徐闻县的贵生院及门前石道和广府会馆；廉江市的罗州故城；雷州市的三元塔、真武堂、唐氏墓群、莫氏宗祠、医灵堂、超海宫和夏江天后宫石刻；遂溪县的遂溪抗法团练总部旧址、遂溪人民抗法纪念碑和庐陵周公墓；吴川市的张炎故居、双峰塔、陈兰彬故居、省农民协会南路办事处旧址、李汉魂故居、香山古庙和水潭吴氏大宗；霞山区的上林寺抗法誓师旧址、南柳抗法誓师旧址和广州湾法国公使署旧址；麻章区的遂溪抗法团练麻章营部旧址和新坡广济桥；坡头区的乾塘陈氏大宗祠。而归属于新石器时代文化遗址的市级文物保护单位包括：遂溪鲤鱼墩贝丘遗址、徐闻华丰岭新石器文化遗址、廉江峰背村落遗址、雷州兰园岭遗址、雷州英典北遗址、雷州英楼岭遗址等。

2. 语言繁杂

湛江目前政区管辖的地区包括：市区、雷州市、廉江市、吴川市、徐闻县、遂溪县。这些地区虽同属雷州半岛地区，但语言却有不同。湛江市可谓是广东省内方言最为复杂的市，它融合了广东地区三大民系语言特征，广东三大民系都可以在这里找到遗迹，可谓是广东文化的汇集地。

湛江方言的来源和分布，与本地人口的来源有关。古时，湛江一带土著民族为少数民族，操少数民族语言。唐、宋、元、明几代，大批汉人从福建之莆田、漳州及浙江一带迁至雷州半岛，带来了早已形成于福建一带的闽语，后发展为本地人数最多的居民。由于人多势众，闽语成了雷州半岛最通用的语言。几乎在闽语传入雷州半岛的同时，早已形成于西江一带的粤语亦开始传入本市，较早传入的有梅菉、吴川、廉江等地。较迟传入本市的方言是客家话，在明清时期，由福建汀州府及本省嘉应州的客家人迁至廉江居住而带来。闽、粤、客三大方言传入本市后，由于迁民们缺少与原地区的交流，在漫长的历史发展中，受到地方语言环境的影响，各方言均发生了一定的变化，形成了各自的特色。闽方言发展成雷州话，粤方言发展为湛江市白话、吴川话、廉江白话等，客家方言发展成哎语。

据田野调研，湛江市属4区5县（市），赤坎、霞山两老城区操粤语，周围农村操雷州话；坡头区操粤语为主，极少数操雷州话；麻章区大多数操雷州话，少数操粤语；吴川市绝大部分操粤语，少数操雷州话；徐闻、雷州两地绝大部分操雷州话，客家话及粤语零星分布；遂溪大部分操雷州话，小部分操粤语；廉江操粤语、客家话，极少数操雷州话。在本市三大方言中，说雷州话人数最多，粤语次之，说哎话的又次之，哎话为客家话一支，已为学术界所认可。粤语方言是本市之主导方言，其不断向其他方言渗透，使操粤语的人口不断增多。一些方言交界处和商品经济较发达的城镇还成为双语区和多语区，居民可以同时操几种方言。

雷州半岛的粤语较为复杂，各县（市、区）以至各县（市、区）不同区域都有较大差异。大体可分为两类：一是湛江白话，二是吴川话。湛江白话又可分为市区白话、梅菉白话、廉江白话、遂溪白话、龙头塘白话等。市区白话的声母、韵母与广州话基本相同，因而专家将其列入广州话，其与广州话之不同是声调和腔调差异较大，开口可辨。吴川梅菉、廉江、遂溪等地白话与广州话声、韵母大部分相同，其较明显的特点是带有高州、化州话的边擦音声母，且边擦音声母的字较多，因而有人将其列入"高（州）阳（江）话"。吴川话是与广州话相差较远的粤语土方言，其声、韵、调均与广州话有一定差异，语言上与广州话不能完全相通，吴川话习惯以吴川吴阳音为准。

雷州话各地亦有差异，大体以各县（市、区）为片，分徐闻音、雷州音、遂溪音、廉江音、郊区音等，这些差异主要表现在语调、腔调方面。如徐闻话略带海南话腔调，只有吸气塞音声母。廉江的雷州话较之海康话"生硬"，音长不够。各地雷州话亦存在一些常用词不同音的现象，但各地之间均可通话。因雷州府历来设于雷城镇，故习惯上人们以雷城话为代表。

哎话与客家话语言相差不大，主要差异是常用语方面带本地特色，音调亦略有差异，哎话以廉江石角话为代表。

此外半岛还有一种方言，语言学界称之为"海话"，包括"廉江海话"和吴川"吉兆海话"。"廉江海话"流行于廉江西部的车板镇、青平镇、营仔镇部分村庄。吴川"吉兆海话"只流行于吴川吉兆村，一条小渔村，名称为学者定名（有学者对之有异议）。这些方言流行地方都是靠海的村庄，外界人一般难以听懂。

3. 历史人物荟萃

"贤人千古，浩气无涯"。举凡文化名人，不管其属于哪个国家、哪个民族，都是宝贵的人文资源，都承载着重要的文化信息。在人类浩浩荡荡的历史长河里，在其奔腾不息的进程中所积淀的举世惊骇的文化瑰宝，无愧为永恒的精神财富和文化遗产。而与之相伴随的，每一历史时期必将会产生一批文化名人，他们委实是这些宝贵文化遗存的杰出代表和集中体现，是推动历史前进的优秀文化的创造者和传统文化的积极继承者。半岛历史悠久，杰出历史人物荟萃，这些历史文化名人自然成为半岛历史文化生态承载的重要因子。湛江地区历史人物既有著名侨领陈上川、越南河仙王莫玖，又有被康熙誉为"从古清官未见有如伊者，亮哉"的清朝清官陈瑸（陈氏的谥号"清端"，也就是清廉到了极致之意）；有"广东治汉学、朴学第一人"陈昌齐，"千年翰墨，香溢岭南"的广东书画大师陈乔森，也有有革命烈士、廖承志的同窗好友、入党介绍人关泽恩，广东南路农运活动第一领导人、广东农民运动四大领袖之一、著名共产党人黄学增；遂溪有雷州半岛第一进士洪畔珠；吴川则有粤西第一状元林召棠，中国首任驻美公使、亲历洋务运动兴衰成败、"一生历五代皇帝"的陈兰彬，民国时期广东省政府主席李汉魂、著名抗日战争将领张炎；宋代以后由于朝廷贬官产生"流寓之地"所派生出的"流寓文化"，影响着社会的方方面面。雷州半岛由于远离中原，仍为封建王朝贬流官员的主要地方之一。由于流寓文化的影响，徐闻、寇准、苏轼、秦观、汤显祖均在这里产生巨大的影响，等等。这些历史人物散落在雷州半岛各个村庄，雷州乡村物质文化、精神文化孕育他们的成长。他们的历史滋润着半岛的民俗文化。此外还有张保仔、乌石二等著名的海盗人物。可以讲，在半岛上，由骆越文化、流人文化、宗教文化以及海洋文化交织融汇产生的社会背景，促使了半岛历史人物繁杂。这些历史名人文化的积淀，构成了湛江历史文化生态的一部分。"从文化的地域性因素和角度而言，……多角度地深入发掘这些名人及其事迹中所蕴含的人文价值与意义，如进一步探讨与这些先贤事迹有关的地方文献记载的价值取向，民间话语层面的传说与纪念性的祠祭空间和仪式，透过这些历史和现实的存在，能使人感受到这些先贤及其事迹在本地人文资源和精神及风土民俗中的渗入与影响，从而有助于我们更全面更深入地把握本地文化发展的脉络与走向，为现代性的文明因子与传统文化根基的整合找到具有本土特征的契合点。"①

第三节　雷州中学校诞生前后的环境：20 世纪初期雷州半岛的社会概况

雷州半岛地处中国南疆，乃一个边陲区域，但在 20 世纪初期是广东南路的核心区域。广东南路，传统上既是一个地理方面的概念，亦为

---

① 魏方、吴红岩、蔡日锦：《圣贤浩气播雷州》，载余伟民、王钦锋、熊家良主编：《雷州半岛的雷文化》，中国文史出版社，2011 年，第 461 页。

職別	姓名	號	籍貫	履歷	通郵處
校長	周烈亞	耀垣	遂溪	廣東高等師範畢業士廣東臨時省會代議現任廣東敎育司署敎育司署	士札村
校長	祁傑	徐南	東莞	北京優級師範畢業課員現任廣東敎育司署	
代理校長	何宗愈	仲韓	海康 增城	日本東京明治大學法科畢業學士現任郡城外蘇樓巷	
校長	吳天寵	吉詩	海康	海康縣知事	

雷州中學師範職員姓名表　中華民國二年

1913 年雷州中学校职员表一页

民国时期一个行政区域，地理位置大致包括整个广东西南部地区。虽然当其时广东政府间或将粤中与西江地区的开平、罗定、云浮等纳入南路区域，如 20 世纪 20 年代一份广东省政府公报中曰："电各县长财局长哿日到阳会议阳江、阳春、恩平、开平、新兴、茂名、信宜、电白、吴川、廉江、化县、遂溪、徐闻、海康、钦县、防城、合浦、灵山、罗定、郁南、云浮（等）县长览兹定本月二十在阳江开南路各属县长及财政局长联席会议讨论各属要政仰该县长财局长届时到阳……会议地址：在阳江城尊经阁，即南路行政委员会行署楼上。"① 在中共党史上广东南路主要指茂名以南地区。"南路地区当时包括化县（今化州）、遂溪、合浦、电白、茂名（今高州）、吴川、海康、徐闻、阳江、信宜、廉江、灵山、防城、钦县（后三县今属广西）等 15 县与梅菉、北海（今属广西）两市，以及广州湾（法租界，今湛江市）"②。广东"南路地处广东西陲，包括高州六属（茂名、信宜、电白、廉江、化县、吴川）雷州三属（遂溪、海康、徐闻）钦廉四

---

① "广东南路各属行政会议记事"，《广东南路各属行政委员会公署公报》1926 年第 1 期，第 14 页。原文地名处没有标点，笔者加上。

② 中共广东省委组织部、中共广东省委党史研究室、广东省档案馆：《中国共产党广东省组织史资料》（上册），中共党史出版社，1994 年，第 35 页。

属（合浦、灵山、钦县、防城）两阳（阳江、阳春）十五县和梅菉市"①。
大致是指现在的北部湾地区加茂名、阳江两市。"这一地区最贫瘠，文
化水准低，是军人出产地，封建势力特别浓厚。在大革命时，农民运动
曾一度蓬勃，但经过打击后一直沉闷到今"②。军阀混战可谓是这区域
在 20 世纪初期一个很重要的社会特征。1916 年 9 月，时任广东省长
朱庆澜派遣桂系将领林虎③率护国军第六军进驻雷州——袁世凯复辟帝
制后，全国掀起一场护国运动，1916 年 3 月广西将军陆荣廷通电全国，
宣告广西加入护国阵营。林虎进驻雷州之后，出示陆荣廷任命他为高雷
镇守使的密令，以交接之名解除车驾龙武装——车驾龙，高州人，曾在
日本振武学校留学，长期在军界服务。1914 年任职高雷镇守使，1916
年任护国军第六师师长兼高雷护国军总司令，当时驻扎在雷州半岛。另
外，林虎下属营长李宗仁也带兵拘捕曾署理雷州县政的海康人杨学绅，
其后指控杨氏"盗窃据雷城，勾结绿林，重兵残杀，案如山积，三属办
团自卫，根据正当理由，高雷道尹邹武藉查办为名与杨贼通，实皆杨贼
通谋。及招绿林军回城，杀伤多人"。等数项罪状，④至此，高雷地区
继续被旧桂系军人占据。实际上，很长时间内，雷州半岛成为各派系军
阀乱战的战场，当地民众深受其苦。时人雷州士绅陈焕尧在《欢迎高雷
镇守使隆公颂词》写道："自杨蔡⑤陷城而后，其焚毁不下千万家，其

① 中共湛江市委党史研究室编：《南路人民抗日斗争史料（1937.7 - 1945.9）》，广东人民
　出版社，1996 年，第 1 页。

② 中央档案馆、广东省档案馆：《广东革命历史文件汇集》（中共南委广东省委文件，
　1937—1939），内刊，1986 年 12 月，第 466 页。

③ 林虎（1997—1960），广西陆川人，曾就读于江西武备学堂，1906 年被黄兴从桂林新
　军中吸收加入同盟会，参加辛亥革命、二次革命和讨袁护国等战事。1918 年 5 月林虎被
　任命为陆军部次长，卷入孙中山、陈炯明与桂系的纠葛中，1925 年被广东革命政府的东
　征军击败，从此淡出军政界。

④ 《杨学绅为众矢所集》，《香港华字日报》1916 年 9 月 29 日。

⑤ 按：指杨学绅及其蔡氏同伙。

杀戮不下千万人，其丁口之被掳勒不知凡几，其妇女之被淫污不知凡几，其牛豕财物之被掠夺不知凡几。雷属数十万生灵，口罹惨祸，其势岌岌，不可终日。恨不得马伏波、武襄其人，起而扫荡之。幸我口口高雷镇节，南下福星，才入境而大振军威，布告宣传，已褫鲸鲵之魂。未进城而先剿匪穴，仅及一旬，辄清四境……吾雷数千万生灵之生命财产，赖以保全，皆公之赐也……公之神武，震我南陲，铭功纪绩，永载口碑。"另一位当地士绅陈景鋆①也在《欢迎高雷道尹祝词》写道："丁巳（1917年）仲春，高雷道尹巡宣来雷，访民疾苦……吾知利必自此兴，势必自此隆，贼必自此弭，学必自此振，民生之疾苦必自此恤……雷当杨贼肆虐以来，赤地千里，满目蓬蒿……奸商输入，积弊丛生，而使吾雷无作息之籍矣。萑苻四出，掳掠焚屋。东海揭竿，闾乡篝火。盗贼恶行，而使吾雷无干净之场矣。兵燹余生……又复杨贼弄兵……穷凶极恶，罄竹难书。今虽痛定思痛，而哀鸿遍野，露宿风餐，老少鹑衣，妻儿鹄面，民生疾苦，殊不知何日可了矣。"②可见民国初年的军事攻伐已对雷州造成很大损失，造成匪盗蜂起，地方士绅期待官兵剿匪。而1904年建校、并在1913年进入新型教育的雷州中学校也深受其苦："本校叠经改革，近颇能引起地方人士之注意，以是参观者日见多。又去年冬雷城发生战事，同人冒险维持，校舍校具，得免残毁。"③当时雷州半岛的军阀混战局面一直至国共合作之初，仍然如此，如邓本殷的"八属联军"形成之前，包括雷州半岛在内的广东南路各地各属军阀分布情况大致如下：

---

① 陈景鋆（1874—1929），字品三，海康县白沙镇北坡村人，陈景棻胞兄。清宣统元年（1909）拔贡，曾入广州广雅书院修读。1913年，任海康县自治会副会长。因患肺结核，退休返家，潜心著述。1920年，海康县设修志局，编修《海康县续志》，委其以分纂。
② 雷州市档案馆，全宗号1，目录号1，案卷号181。
③ 温仲良：《雷州中学校办理情形之报告》，载《广东高等师范学校校友会杂志》1919年第3期，第12页。

邓本殷率部盘踞在海南岛；吕春荣部占领高州六县；林树巍部（讨贼军雷州总司令）驻扎在雷州三县（海康、遂溪、徐闻）；黄明堂部（讨贼军南路总司令）驻廉州北海；桂系申葆藩部屯兵在钦州防城；陈章甫与梁士锋部（粤军第一军梁鸿楷旧部）控制两阳（阳江与阳春）；余六吉、苏继开、徐东海等部则割据新兴、罗定。①《广州民国日报》1924年8月19日《南路陈军内讧未已》载：“太平洋社云，高雷陈军内部发生变化，已志前报。兹据高州讯息，邓承荪、陈学谈，现仍在相持中。

雷州師範本科畢業同學錄

姓名	字	年歲	籍貫	學歷	住址	通郵處
曹安平	石別兆延號祥	三十三	遂溪	簡易科師範畢	北壇村	郵到城月市天和堂轉
蔡鵬超	凌別鳴雲號虞	三十三	遂溪	雷陽中學校修	東洋仙號轉雷城南亭街賣利	來村
蔡得時	雨別濕霤號川	三十	海康	雷陽中學校修	樂只村	
楊肇榮	振卿	三十	遂溪	雷陽中學校修	下館村	客路市閘局處轉

1913年雷州中学校毕业同学录一页

陈学谈以兵力比邓薄弱，未敢深入邓地，只恃广州湾为根据；而邓亦以广州湾系属法国租界，不能越境，故双方均为力量所限，尚无若何剧战。然陈之能据广州湾为阵地者，以陈身任广州湾华民公局局长，生杀有权；邓亦无如之何也。刻邓以林申等部节节布防，战事在所不免。而自量能力，虽非林申所敌，但不能无所准备。故邓氏日来筹划作战异常忙碌。高城驻军经完全调赴安铺，即各军官家眷，亦已迁返海口或港澳，高城商民睹此情形，故亦顿作恐慌之象，其稍有资财者，均相率迁徙云。”

---

① 郭翘然、李洁之：《粤军史实纪要》，广东省政协文史资料研究委员会编：《粤军史实纪要》，广东人民出版社，1990年，第67页。

至 1925 年底广州国民革命军歼灭邓本殷集团，雷州半岛始获得略为平静的局面。

民国初期的雷州半岛不仅军阀割据严重，而且土匪之多、其之凶悍亦闻名。"雷州三属匪徒凶悍，不特为广东冠，更为全国冠、全球冠也。他处匪徒，最多不过如陆荣廷张作霖等辈，打家劫舍、掳人勒索耳。此则逢人便杀，遇屋则焚，雷属西方千数百村落，悉成灰烬……故李福隆一股杀人盈万，即杨陈仔一股，亦杀人逾三千。"[①]既有活动于雷州三属（海康、徐闻、遂溪）的李福隆、陈振彪、陈永富、陈学昌、庞玉清等匪帮，亦有活动于吴廉一带的黄震泉、陈其柄股匪。[②]"南路土匪，昔时虽不敢说完全没有，但是绝少。民国五年以后，广州湾变成土匪大本营，土匪可以全队驻扎在赤坎各处。土匪劫杀凶品——枪弹特别是驳壳枪弹——可以从香港购回及广州湾法帝国主义者之成千成万供给。土匪所劫掠之对象人口，可以在广州湾发货吊赎，因此土匪人数众多，枪弹充足，所向无敌。"[③]广州湾是当时法国在中国唯一的租借地，1899年，法国通过不平等协议，与清政府商议，租借了遂溪及吴川一大区域，设地名为广州湾。雷州半岛匪患一大主因就是因为法殖民政府的存在。

民国的雷州半岛不仅是军阀、土匪、帝国主义混杂的区域，而且在苛捐杂税方面也是社会的一大灾难。雷州中学校早期学生黄学增谈道："邓本殷占据南路时代，各县钱粮已预征到民国十六年。一县在数月之内可易几十县长，其征收新旧钱粮，不要问其能否完纳，只问其受差丁

---

① 黄强：《军次英利通信》，载《黄司令官造雷平匪实纪》，雷州道南印务局，1922 年，第3—4 页。

② 张姗：《国共两党在广东南路的第一次合作》，政协：《湛江文史》第24 期，2004 年，第 107 页。

③ 黄学增：《广东南路各县农民政治经济概况》，《中国农民》第1卷第4期（1926年4月1日），第7 页。

刮去的杂费亦用去不少了。各县署设立之粮站，更包办收粮，榨取杂费……田赋以外，在水东、黄坡、阳江各处有厘金局，高雷钦廉各处有府税，梅菉、水东、北海、雷州各处有航政牌税、印花税、盐务税、盐埠税、海关税、酒捐、屠捐各种。"[①] 在军阀、劣绅统治下，湛江人民的苛捐杂税名目繁多，数不胜数。连戴顶帽子、携带把雨伞都要交税："廉江县属之安铺，人头税者，其税则凡自外乡来该墟，戴雨笠帽者，则每丁抽捐十文，携雨伞者抽半毫，戴帽者一毫，穷者因畏抽捐，乃不敢戴帽进墟，遂遭鞭打。"[②]

由此可见，湛江地区在 20 世纪初期，连年匪患、贫穷、生活艰难，仍是邓本殷等军阀及帝国主义助孽，和劣绅土豪专制压迫的结果。因而如何消除广东南路这些苦难因素，自然是需要全体社会人民的努力。诚如 1925 年《广州民国日报》时评曰："军阀作恶，邓本殷已可谓至极，彼以一阴险小人……之作恶，尤不特残民已也，竟勾结帝国主义，甘为虎作伥，自各地惨案发生，罢工风潮开始时，彼即肆其凶残迫压学生爱国运动……此等军阀不肃清，则救国运动必无可言，换言之，即此等军阀不推倒，其势必勾结帝国主义者以蹂躏民众也。……吾人最后更有言，此种殃民卖国之军阀，作恶之程度，已达最高度，吾人若不努力肃清之，则其恶更肆，而民益苦，故吾人日前之最重大问题，此肃清南路军阀一事，实不宜缓也。"[③]

---

① 黄学增：《广东南路各县农民政治经济概况》，《中国农民》第 1 卷第 4 期（1926 年 4 月 1 日），第 12 页。
② 《南路从军记者战事通讯》，《广州民国日报》1925 年 12 月 25 日。
③ 时评：《亟宜肃清南路军阀》，《广州民国日报》1925 年 8 月 17 日。

第四节　雷州中学校的成立

　　雷州中学校就是在如此的社会背景之下产生的。一般认为雷州中学校是从雷阳中学堂相承而来，如《湛江市志》记曰："湛江市的中学教育始于清末。光绪二十九年（1903 年），清廷废科举，雷州知府陈式纯把雷阳书院改为雷州中学堂，是湛江市最早的一间中学。"①《湛江大事记》亦载："清光绪皇帝下诏'停科举，办学堂'。雷州知府陈式纯将雷阳书院改为雷州中学堂。为今湛江辖地官立中学堂之始。"②亦有人以民国校歌为依据，认为雷阳书院是源头："我校溯源流，书院建雷州。南国衣冠雄海甸，高山仰止峙斯楼。吾侪齐努力，莫等闲白了少年头。"这是民国二十四年（1935）广东省立雷州师范学校校歌。③

　　雷阳书院是在明崇祯九年（1636）由时任雷州知府朱敬衡创办，明崇祯九年（1636）的《提学魏浣初雷阳书院记》有详细记述："西湖之左，有堂岿然，栋宇雕焕，以檄以台，是为雷阳书院，今太守朱君叔平所特建也"；"太守讳敬衡，浙之山阴人，故相国文懿公之子，以相国荫补官，历刑部郎出守官。其景行昔宝、嘉、惠多士有文翁化蜀之风。他日去雷阳而尸明祝之，究以存士若民勿谖之思者，庑下一席，其必虚以待君者也。"④但不可否认的事实是，清初以满族为主体的统治

① 湛江市地方志编纂委员会编：《湛江市志》（下），中华书局，2004 年，第 1672 页。

② http://www.gd-info.gov.cn/books/dtree/showbook.jsp?stype=v&paths=3643&siteid=zjs&sitename=%E6%B9%9B%E6%B1%9F%E5%B8%82%E5%9C%B0%E6%83%85%E7%BD%91。另据下文周烈亚序文，"陈式纯"应是"陈武纯"。

③ 湛江师院校史研究课题组编：《湛江师范学院史稿》（未刊稿），2004 年 12 月。程永年编写的《湛江教育史话》（内刊，广东湛江教育学会、湛江教育志编辑室发行，1988 年 3 月，第 120 页）中将"吾侪齐努力"记为"吾侪应努力"。

④ （清）雷学海修：（嘉庆）《雷州府志》卷之十八《艺文》，上海书店，2003 年，第 541—542 页。

者鉴于明末书院"群聚党徒""摇撼朝廷"的教训，害怕以汉人为活动主体的书院讲学宣扬反清思想，遂对书院教育采取抑制政策，曾规定"不许别创书院"。此禁令直至康熙年间（1662—1722）才逐步解禁，允许在清政府的严密控制下创办书院。雷阳书院在清初 40 多年间，实在是处于停办状态，到康熙二十八年（1689），只剩下一片基址。随后虽有地方官员为了恢复雷州半岛的文脉，开设雷阳义学、雷阳书院——又一次创设以"雷阳"命名的书院，但发展的状况都不是很好。如《知府黄铮新建雷阳书院记》（乾隆十一年，1746）载有："雷郡旧有雷阳书院在城外怀苏楼之北。前守叶君思华从绅士请，迁于城内南隅之高树岭。余辛酉（乾隆六年，1741）夏末莅兹郡，以造士为首，采访书院。见其规模踳驳，岁久桡剥，仅有斋舍而无堂庑，岂足以藏仪修业而励多士耶？遂谋于海、遂、徐三令，拓而新之。""雷郡地边海徼，书籍未备。余捐俸购廿一史、十三经及子集各书，共五千余卷，贮于博文斋，以资搜览。师生几席一切具备。""郡人士藏修有地，资斧无虞。且得院长教授陈君振桂、教谕杨君万宁二人多方造就，故咸争自濯摩，越伦骏茂，莘莘如也。"[①]嘉庆五年（1800）雷阳书院重修，并有《知府五〔伍〕泰重修雷阳书院记》传世。嘉庆十六年（1811），雷州籍进士、翰林院编修、著名学者陈昌齐受聘在雷阳书院任山长。其曾在"戒雷阳书院诸生书"中曰："仆笔墨久芜，自问不堪山长之任。承诸君不弃，谫陋将以为洗金之盐、濯锦之灰……一曰戒骄傲。夫世之骄傲者，大抵恃其财赀之富，家世之盛，此不才子俗物之所为，诸君断不出此所虑者，矜才耳。试思大圣大贤如虞之五臣……"[②]光绪二年（1876），雷州才

---

① （清）雷学海修：（嘉庆）《雷州府志》卷之十八《艺文》，上海书店，2003 年，第567—568 页。

② （清）雷学海修：（嘉庆）《雷州府志》卷之十八《艺文》，上海书店，2003 年，第586 页。

子、咸丰十一年（1861）拔贡陈乔森主讲雷阳书院。雷阳学院一直在当地扮演着斯文教化的角色。

光绪二十七年八月初二（1901年9月14日），随着社会的变迁，清政府命将各省所有书院于省城改设大学堂，各府及直隶州改设中学堂。或者就是这段时期，雷州设雷阳中学堂（雷阳中学校）①。后人将其誉为"湛江市最早的一所中学堂。"②可谓是雷州半岛地区、粤西地区最早的新型中学教育场地。1904年，学堂（学校）除了中学教学外，附设师范班教学，"这是湛江办师范教育的开端。"③当其时的雷阳中学堂作为"正规师范学校的前身"，仍主要是以"培养小学师资为主的。"④后来师范教育一直是岭南师范赓续的教育内容、任务，其教育培养目标主要是基层教育工作者。1912年中华民国成立后，所有学堂改称学校。民国二年（1913），雷阳中学堂遂更名为雷州中学校——雷阳中学堂曾在1911年9月至1913年春更名时中断一段时间，属于省立性质，其后雷州中学校一直与现岭南师范学院的赓续相连，虽地处偏僻南疆，仍隶属省属管辖。

其实根据目前找到的档案材料——1913年《雷州中学师范同学录》，文献中诸人的序言，皆言及雷州中学校源自1904年。时任校长、邑人周烈亚序文谈道："溯自本校创立于癸卯春间，陈公武纯守是邦，首务兴学，独为我粤诸郡县先河。当学章草昧时，得乡先达陈颐山夫子以淹博名宿监督，斯校提倡古文词，振励风。尚分任、梁柽涛、陈蕴斋诸先

---

① 按：据1913年《雷州师范本科毕业同学录》，不少学生在学历上填写的是"雷阳中学校修业"。

② 程永年编：《湛江教育史话》，内刊，广东湛江教育学会、湛江教育志编辑室发行，1988年3月，第1页。

③ 本书编写组编：《湛江教育志（1898—1987）》，广东教育出版社，1991年，第2页。

④ 程永年编：《湛江教育史话》，内刊，广东湛江教育学会、湛江教育志编辑室发行，1988年3月，第57页。

生为助教吾党治文史学者宗焉。"周烈亚（号耀埠，遂溪人）在 1917 年进入北京大学求学，同宿舍的同学有：傅斯年、顾颉刚、狄君武三人。罗家伦在狄君武遗作序言中曰："狄君武先生与我相识远在民国六年北京大学西斋四号房间。这号房间里共住四人，为傅孟真、顾颉刚、周烈亚、狄君武。我因为同孟真颉刚都对文学革命运动有很大的兴趣，故尝到四号商讨编撰和出版《新潮》问题。君武此时虽在哲学系，却爱好'选学'……烈亚则治佛学，后来做到西湖某大丛林的住持。'道并行而不相悖'"。[①]教员、邑人黄宗海序文有言："吾州中学校自清之癸卯成立，迄辛亥九月反正而停止。其间校长之数易，教员之更换，学生之进退，如置棋奕，历九春秋而无毕业。期至民国光复州，人士屡谋规设，以经济困难而阻止。及二年春初，奉教育司令周君烈亚充校长席，竭力号召甲班及初级师范班旧生徒，共八十余人返校肆习，准以阅七个月举毕业试。" 黄宗海（字文渊，海康人），"广东高等学堂毕业，任国会议员，民十一年奉国父派为南路游击司令，以广州湾为其秘密根据地，动员组织民兵；后为军阀所害。"[②]邑人、教员兼监学梁稚威序文有记："雷州中学设校，更历十稔，毕业以此次甲班及初级师范生为始。"查清光绪癸卯年，即公历 1903 年。中国第一部学制——《壬寅学制》制定于 1902 年。但由于内容简单、结构不完整，故并没有实施。[③]1903 年，清政府下令重新制定一套新的学制，1904 年 1 月新学制被制定出来，故被称为《癸卯学制》。该学制被认为对中国新式教育产生巨大影响。而 1919 年的时任校长温仲良在《雷州中学校办理情形之报告》亦言：

---

① 沈云龙主编，狄膺著：《狄君武先生遗稿》，（台北）文海出版社有限公司，1965 年，罗家伦前言。

② 郭寿华：《湛江市志》，（台北）大亚洲出版社，1972 年，第 258 页。

③ 刘明刚《〈癸卯学制〉与〈壬子癸丑学制〉比较研究——以师范教育为例》，陕西师范大学硕士学位论文，2016 年，第 15 页。

"本校成立于民国纪元前九年，距今十有六年矣。"① 温仲良，顺德人，曾任广东省教育厅秘书，广东省立宣讲员养成所教师、国立广东大学教授，1926年参与创立私立广州大学。1913年时的周、黄、梁三人序文都认为雷州新式中学堂皆始于1903年。但并没有涉及雷阳书院，使用的字词是："创立""成立""设校"，故是否相承于雷阳书院，还是值得商榷的。1903年，雷州新式中学成立，到底采用何名称呢？在同学录中，学生的"学历"一栏，不少学生填写的是各种小学"肄业""修业"；但有一些学生填写的是"雷阳中学校修业""简易科师范毕业"。结合黄宗海序文所言的"竭力号召甲班及初级师范班旧生徒，共八十余人返校肄习"，1903年雷州地区新式中学堂名称应该是雷阳中学校，并非是雷州中学校，其教学包括中学类与师范类两大类，但由于社会变迁，一直都没有学生隶属正规毕业，大约在1913年，谭平山过来任教这才有85人正式获得毕业。中学历年出校人名表中共有20人姓名，"年岁""学历""通邮处"三栏都没有，部分人有"籍贯""住址"，部分人直接标注为"故"。看来，当其时，能够完整修完中学课程也不易。

虽然，若以雷阳书院作为源头有些牵强，但不可否认的是新式学校雷阳中学堂却是在雷阳书院的旧址所建，它的地基是原来雷阳书院的旧址。这可能与当时的政府要求有一定的关系。"师范学堂章程要求地方政府保障师范学堂的办学资金，学务机构不得不时时催促地方政府照解经费，以用于从校址到学费的各项支出。地方官常常想到节省之法，就是将原来的贡院—试院或官办书院的旧址给与新兴的师范学堂。"② 而1918年温仲良在《雷州中学校办理情形之报告》中也提及："校址旧

---

① 温仲良：《雷州中学校办理情形之报告》，载《广东高等师范学校校友会杂志》1919年第3期，第12页。

② 丛小平：《师范学校与中国的现代化：民族国家的形成与社会转型：1897—1937》，商务印书馆，2014年，第61页。

省立雷師學校第二屆各服主任住撮影

1935 年学校学生自治会合照，前排右三是邓麟彰，后排左三是曾锡驹，左五是陈其辉

为雷阳书院，在雷州城南门内嘉岭街。员生住室列器室厅事等，均仍其旧。"① 这个校址延续的时间似乎比较长。1934 年于广东省第十中学求学的陈其辉回忆说："雷师在仑岭街，位于海康图书馆隔壁，读书看报极为方便。""1934 年秋我与遂溪几位同学考上省第十中学高中班（一年后改为雷州师范）"。② 仑岭街应该就是嘉岭街。1926 年雷州中学校改名为广东省第十中学——1926 年前后，广东要求各地中学以省第几中学命名，如第一中学、第二中学、第九中学（当时高州中学）、第十一中学（廉州中学）等；1935 年则改名为雷州师范学校。当然也

① 温仲良：《雷州中学校办理情形之报告》，载《广东高等师范学校校友会杂志》1919 年第 3 期，第 12 页。

② 陈其辉：《征途拾遗》，内刊（湛印准字第 173 号），华南热带农业大学印刷，1997 年12 月，第 17 页。

有人认为校址是"广朝路"："民国十五年（1926）广东省教育厅把雷州中学校改为广东省立第十中学校，校长梁连岐，校长一职由省教育厅直接委任……1935年改雷师，校址在原十中校址——海康县城内广朝南路，即清雍正年间雷阳书院移建的院址。"①1938年在雷州师范读书的肖汉辉也回忆到："十中，校址原设在海康县城内广朝南路（即现在海康县人民政府所在地）。在十中时期，学校设有高中师范，初中各三个班，1935年的下半年省教育厅为了培养师范人才，将省立十中改为师范学校，厅长黄麟书来海康视察时，还亲为雷师题写校名……"②只是不知道仑岭街是否就在广朝南路？

同时，虽地处远离经济、政治中心的粤南边陲之地，但学校亦深受中国社会大环境的影响，外界的新鲜空气也间或传入学校，影响学校的教育气氛。1919年，"是年'五四'运动对我市雷州中学、遂溪师范等学校也有影响，进步师生要求废止使用商务印书馆发行的读经教材。"③

① 郑培兰：《雷阳书院——雷州师范》，政协海康文史资料研究委员会：《海康文史》1988年第1期（1988年6月），第29页。
② 肖汉辉：《抗日战争时期雷师建党工作的回忆——纪念雷师建党五十周年》，政协海康文史资料研究委员会：《海康文史》1989年第1期（1989年6月），第1页。
③ 程永年编：《湛江教育史话》，内刊，广东湛江教育学会、湛江教育志编辑室发行，1988年3月，第3页。

第二章

开创：谭平山、黄学增、黄杰等
红色先驱与雷州中学校

★ ★ ★ ★ ★

何以成范
岭南师范学院红色校史研究
（1913—1949）

教育对社会发展的功能是不言而喻的，无论是促进人的素养，抑或是推动社会物质的发展，都在发挥巨大的作用。虽然有学者认为，民国初期兴起的新式的学校实际上"成为地方精英去控制当地社会和物质财富的工具"。^①但不可否认的是，新式的学校在推动人员流动、引进新思维、新文化等方面，也给一些僻远的地方带来新鲜的血液，从而推动该地社会的变化。

第一节　谭平山：雷州中学校的视角

谭平山是中共早期领导人之一，是中共广东党组织、团组织创立者之一，是第一次国共合作主要参与者与领导者，他还全面参加了中共党的建设、统一战线、武装斗争、工运、农运、学运、宣传、教育等许多重大开创性工作。1986年习仲勋代表中共中央在纪念谭平山诞生一百周年大会上发言时指出：在旧民主主义、新民主主义和社会主义三个历史阶段中，谭平山都能"跟随着中国革命的历史发展不断前进，始终站在斗争的前列，不愧为一个无产阶级革命战士，一个杰出的信仰马克思主义的爱国主义者。"^②

一般认为其是1910年从两广优级师范毕业后，就到雷州中学从事教育工作。"一九一〇年，他（谭平山）从两广优级师范学校毕业后，来到广东的边远地区——雷州半岛，担任雷州中学数学教员，开始了他的执教鞭生涯"。^③"1910年，谭平山在两广优级师范毕业后，来到广东的边远地区——雷州半岛的雷州中学任数学教员。从此，他开始

---

① 丛小平：《师范学校与中国的现代化：民族国家的形成与社会转型：1897—1937》，商务印书馆，2014年，第7—8页。

② http://news.sina.com.cn/c/2009-03-18/075715326995s.shtml。

③ 元邦建：《谭平山传》，黑龙江人民出版社，1986年，第6页。

了执教生涯。"① "1910 年，谭平山
在两广优级师范毕业后，便到了本省
的雷阳书院（雷州中学前身）教书。
当时的雷州书院是三雷人才荟萃的地
方，在省内很有名气。"② 等等。大
致涉及谭平山早期这段历史，几乎是
类同的文字。但从这份新发现的谭平
山序文来看，他到雷州这所中学执教
鞭的时间却大约在 1913 年 3 月。

谭平山

谭平山这则档案史料是在一本
1913 年印刷的《雷州中学师范毕业
同学录》里。《雷州中学师范毕业同学录》③ 里共有五部分，分别为：
序文、职员姓名表、雷州中学校毕业同学录、雷州师范本科毕业同学录、
中学历年出校人名表。同学录封面是大红字：雷州中学师范毕业同学录，
其中"雷州中学师范毕业"弧形排列在上面，且"中学"两字与"师范"
两字并列；而"同学录"比上述八个字更大几号，居中。同学录里面的
序文共有 4 篇，谭平山的是第三篇，署名为谭鸣谦。下面是谭平山序文
的内容：

雷州中学师范毕业同学序

雷阳素称海滨邹鲁之邦，予以不学，滥中学师范算学一席，才四越
月，而诸生毕业。有同学录之刊请序于予，予维古者敬业乐群，论学取

---

① 陈登贵、巫忠：《谭平山传》，广东高等教育出版社，1999 年，第 5 页。
② 严军：《经历风雨也同舟——谭平山年谱解读》，中华书局，2012 年，第 9 页。
③ "省立雷州师范学校启用新钤的公函和学生毕业证明书、同学录及抄印的省中学、师范
　教员检定办法"，雷州市档案馆，宗卷号 1—1—80。

友，而仲尼之徒数盈三千；墨之钜子，偏于宋鲁，虽代远年湮，而蛛丝马迹尚得追见。昔日英才涵濡春风之盛，犄欤休哉。今凡百君子悉岭南粤峤之英，时彦觥觥，多士济济，昕昳切磋几十载，风雨联床逾五稔，日月不居，徂年如流，学业垂成，行将话别，同学录之辑，乌可以已乎？虽然礼隆乐群之义，诗歌伐木之章，岂曰树派标旌以矜庸人耳目哉。将以声应气，求砥行砺，德橥社会之模型，隳末学之绳墨也。盖孤陋寡闻不足论学，而独学无友将同无学诸子聚首一堂。递更寒暑而尤于敬业乐群、论学取友之义。兢兢焉，勤勤焉，钻研弗懈斯，录之辑知，非徒如常径恒蹊，重合悲离，藉烦鳞羽已耳，盖将有以也。夫思易其备者，须有其具苦盛暑之郁燠，宜储絺绤忧隆寒之凄怆当袭狐。今诸子潜心奥业道蓄，厥躬行芳而志洁，学邃而志醇，或博学教育中坚，或播斯世之木铎。虽殊途而同归，实百虑而一致，何啻披絺绤而拥狐貉，何伤乎？盛暑隆寒也。吾知必将卢牟六合，陶镕群贤，擎欧美之精华，襏东亚之异彩，他日按是编而稽曰某也贤，某也贤，油然邈溯乎。今日聚首一堂之盛而无愧乎海滨邹鲁之称也。民国二年七月高明谭鸣谦序于雷阳。[①]

　　谭平山，名鸣谦，又名聘三、诚齐，广东省高明县人。此序文是谭平山的可谓是切实无疑的。

　　颇为可惜的是有关谭平山在雷州半岛的资料不多，除了目前所见到这份档案材料，其他材料目前还没有发现。只是知道他其实在雷州中学校待的时间还是比较长的，从1913年到1916年秋都是在雷州中学校教书，当然教书之余，或许会从事国民革命的活动，毕竟目前已知道，他是同盟会会员。在1916年秋前往广东南路另一间学校阳江中学校教书，后在1917年前往北京大学入读哲学门专业。1920年从北大毕业

---

① 原文没有标点，标点是笔者标点上去的，可能有误。

后返回广州，后来成为创建广州（东）共产党党组织主要人物之一。广东党组织是 1921 年中共一大召开时，中国六大党组织之一。

　　谭平山于 1913 年于雷州中学校教书时，虽说是地处南疆偏僻之处，但教师们不少是正规的学校毕业。根据同学录的记载，当其时学校有教员（含校长与监学）22 人，职员 10 人。如校长周烈亚，广东高等师范毕业；历史地理教员高珺（字佩之，南海人），北京大学预科毕业；历史地理教员张鸿楷（字伯炉，山东人），京师优级师范毕业；理化教育博物教员王汝炤（字孔之，贵州印江人），京师优级师范毕业；理化教育博物教员兼监学梁稚威（海康人），广东优级师范选科毕业；经济法制外史国文教员黄宗海，广东高等学校毕业；甚至有英文教育——英文教员梁昌甲（字伯华，肇庆高要人），香港皇仁书院毕业；韩世泰（广州人），香港皇仁书院毕业；等等，此外，（前）校长祁杰（东莞人），北京优级师范毕业；（前）校长吴天宠，

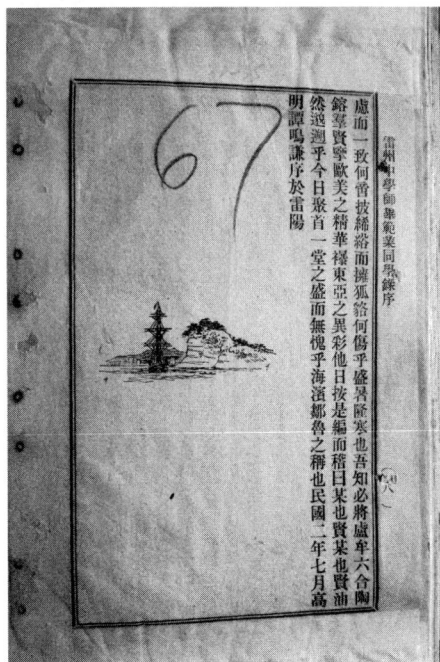

谭平山序 1

日本东京明治大学法科毕业，时任海康县知事。职员中有黄景星（字逸农，海康人），两广师范修业；黄后来收集了不少当地的民俗资料，有关雷州歌、雷剧的系统性材料就是源于黄景星的《雷州歌谣》；他也是雷州半岛早期的出版社——道南印务局创办人之一。同时，我们注意到的是，学生亦年龄较大。根据同学录，中学毕业的学生共有 37 人，其中 29 岁者 5 人，28 岁者 5 人，27 岁的有 2 人，25 岁的是 4 人，24 岁的是 9 人，23 岁者 6 人，22 岁者 4 人，21 岁的 1 人，19 岁者 1 人。师范本科毕业的学生人数共 48 人，其中 33 岁的 2 人，30 岁者 5 人，29 岁的 7 人，28 岁的 11 人，27 岁者 7 人，26 岁的 7 人，25 岁者 5 人，24 岁者 1 人，23 岁者 3 人。这些学生全部是雷州三属（遂溪、海康、徐闻）人士。而根据年谱，谭平山出生于 1886 年 9 月，[①] 年龄大致也就是 28 岁左右。这些学生中有后来回来当校长的廖学于。廖学于（字德聪，海康人），时年 28 岁。后就读于广东高等师范博物部，并毕业。曾任职本校校长、海康县立中学校长等职。[②]

第二节　黄学增：雷州中学校的骄傲

而该时期雷州中学校的红色人物除了谭平山外，另一著名的人物是遂溪人黄学增。

大约在 1916 年秋，黄学增入读雷州中学。可喜的是，1913—1916 年，后参与创办共产党广东小组的谭平山恰好在雷州中学教授几何、代数与图画，并留下他目前所见的较早一篇文献资料。新式知识

---

① 严军：《经历风雨也同舟——谭平山年谱解读》，中华书局，2012 年，第 3 页；中共佛山市高明区委宣传部编：《谭平山生平与思想研究论文集》，中共党史出版社，2013 年，第 248 页。

② 《民国广东省立雷州师范同学录》（1936 年），遂溪县档案馆，宗卷号 1—3—51。

随着谭平山等人的到来，传入雷州半岛，黄学增也在这股新鲜空气中吸纳着新鲜知识。有关黄学增在雷州中学校的材料与谭平山一样，不多——他入读雷州中学校的材料来源也是源自口述。但有关黄学增后期的红色历史却是比较丰富的，于此，值得一书。

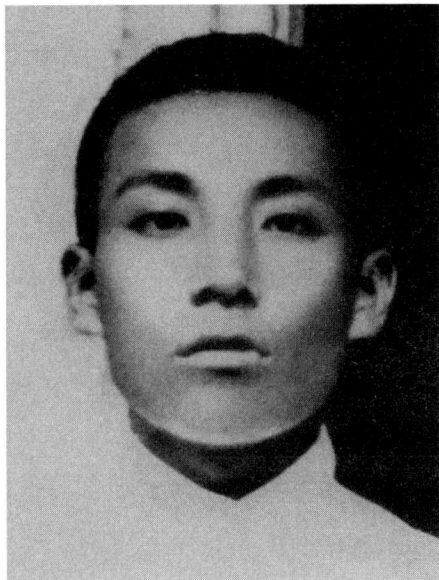

据 1980 年广东省早期党员谭天度回忆，1921 年上半年（陈独秀到穗的时间是 1920 年 12 月）黄学增已在广东省立第一甲种工业

黄学增像

学校求学。[①] 根据资料推断，黄学增入读"甲工"的时间大约是 1919 年，此时他已于家乡奉父母之命结婚，妻子名苏莲，邻近东边角村人。

当时，"甲工"有"红色甲工"之称，学生中不少是追寻新知识的新青年，如刘尔崧、阮啸仙、张善铭、周其鉴等，他们在俄国十月革命等的影响下，在五四运动的革命洪流中，开展了反帝反封建的斗争，使"甲工"成为当时广州革命活动最活跃的学校和广州学生运动的中心。"甲工"学生余勉群、罗百先二人后回忆他们读书时，学校内"关于社会科学以及马克思、恩格斯、列宁主义译本，各种各类图书、相当完备"。[②]

1921 年 6 月黄学增入读当时广州地区的"中上七校"之一的养成所。1921 年 11 月印刷的《广东省立宣讲员养成所同学录》记述黄学增是养

---

① 中共湛江市委党史研究室编：《黄学增研究史料》，广东人民出版社，1997 年，第 178 页。
② 余勉群、罗百先：《广东省立第一甲种工业学校》，中国人民政治协商会议全国委员会文史数据委员会编：《文史资料存稿选编》第 24 册，中国文史出版社 2002 年版，第 611 页。

成所专门班学员：姓名：黄学增，别号：道传，年龄：二十二，籍贯：
遂溪，通讯处：遂溪乐民市盐厂收转。养成所时任所长是陈公博，专门
班班主任是谭植棠。谭平山、杨章甫、谭天度、邓瑞仁等人任学校教员。[①]
养成所的课程有政治、历史、地理、评议、共产主义知识、三民主义、
社会教育和逻辑学等。其中谭植棠讲授《中国近代史》，谭天度讲授《社
会教育》、温仲良教授教育学等；谭植棠讲课最多。根据谭天度的回忆，
"功课的内容为反帝反封建，社会主义，群众运动，阶级斗争，宣传方
式等，新文化也讲"。[②]相对"甲工"而言，养成所培养富有马克思主
义理论知识的人才色彩更为明显。[③]

　　黄学增在宣讲员养成所读书时间大约为一年左右，期间加入中国共
产党，成为1922年6月时广东32名共产党员之一。谭天度曾回忆：
"他们（按，指阮啸仙、黄学增、刘尔崧、周其鉴等人）受陈（独秀）
的影响，思想倾向革命，接受马克思主义，因此他们加入中国社会主义
青年团（1925年改名中国共产主义青年团）的时间较早；至于黄学增
在什么时候参加中国共产党，我认为大概和我入党的时间大致相同（我
在1922年入党）。我们不在一个小组，只识其人，没有共同过组织生
活，不能具体知道他入党的日期。"[④]按，1929年7月黄学增在海南
不幸被捕时，曾谈及他在"广东工业专校毕业，民国九年"，加入中国

---

① 见贺步云整理：《广东省立宣讲员养成所同学录》，紫金县政协文史委员会编《紫金文史》
　　第10辑，政协紫金文史委员会，1992年，第52—53页。

② 谭天度：《广东党的组织成立前后》，中国社会科学院现代史研究室、中国革命博物馆
　　党史研究室选编：《"一大"前后：中国共产党第一次代表大会前后资料选编》（二），
　　人民出版社1980年版，第461页。

③ 梁复然：《广东党的组织成立前后的一些情况》，中国社会科学院现代史研究室、中国
　　革命博物馆党史研究室选编：《"一大"前后：中国共产党第一次代表大会前后资料选编》
　　（二），人民出版社1980年版，第446页。

④ 《访问谭天度记录》（1980年9月19日），见《黄学增研究史料》，第178页。

共产党。后相继主持广东南路、西江、琼崖等地的党的工作。以及在海口设立机关、率领红军与国民党部队作战等等。[①]民国九年，即1920年，若按照农历计算，至迟也是1921年2月，当时陈独秀已来穗，指导谭平山等人发展党员、创建广东党组织。这份史料因是黄学增自己提及，相对比较准确。虽因是孤证史料，亦可以提供一个佐证。无论如何黄学增是广东第一批早期党员已是无疑的。

1922年夏天，黄学增利用回乡机会积极联络遂溪、海康等地进步青年，宣传广州革命形势，介绍青年学生投身革命运动情况。他以家乡乐民区敦文村为据点，组织黄广渊、薛经辉、黄宗寿、黄成美、黄树烈、刘靖绪等数十人，成立了广东南路第一个传播马克思主义思想的民间社团——雷州青年同志社，开展反抗旧社会的活动。[②]

转移到广州后，雷州青年同志社这批社员相继进入当地学校，如农讲所、黄埔军校、省立一中等地学习，并投身当其时热烈开展的国民革命中去，如"九七国耻纪念大会"、推动革命青年联合会成立等；同时雷州青年同志社队伍不断扩大，韩盈、黄斌、陈荣福、陈荣位、田洒瑛、陈均达、陈光礼等同乡邑人相继加入。青年同志社大部分社员后来相继加入中国共产党，在后来的国民革命与土地革命中都发挥巨大的作用。

1923年，黄学增在朋友黄荣陪伴下从广州返回遂溪县寇竹黄宅村养病——黄宅村是黄荣的老家，时间长达数月。养病期间，他宣传农民运动思想，留下1921年"注意花县共产农团"传单等文献给村庄，在乡村播下了革命种子。[③]

---

① 上海《民国日报》1929年7月28日第二张第三版。

② 见《薛文藻自传》，存于广东遂溪县公安局刑事卷宗第五卷第十七册；及载中共湛江市委党史研究室编：《南路农民运动史料》，广东人民出版社1997年版，第243—244页。

③ 根据笔者田野调研。按，1960年2月周恩来总理过问黄学增亲人后，就在该村找到黄学增年轻时的相片以及1921年"注意花县共产农团"传单等。

　　1924 年国民党"一大"以后，根据中国共产党决议，黄学增以个人名义加入国民党，并在雷州半岛协助国民党发展基层组织。1924 年 5 月 26 日黄学增等人向国民党中央执行委员会发出的一封要求缉捕陈学谈的请愿书侧面反映了这段历史。[①]

　　1924 年 7 月，黄学增作为第一届学员入读农讲所。农讲所第一届毕业的 33 名学员中，23 名被中央农民部聘为第一批农民运动特派员派往广东各地农村。在派出农民运动特派员两个多月后的 11 月，农民部对此 23 名农运特派员进行考核，其中就包括黄学增："黄学增、侯凤墀应各每月加薪五元，用示奖励。（理由）黄学曾勇于任事，才能称职……可称佼佼，应予奖励，以为众瞻"；在上述 23 名农民运动特派员中，"凡撤差者三人，停止津贴者五人，应加警告者三人，留职者十人，奖励者二人。"[②] 奖励者是黄学增与侯凤墀。同年 11 月共青团广东区委代表大会召开，黄学增与蓝裕业、彭月笙、韦启瑞、邹师贞一起被选举为候补委员，与彭月笙一起担任工农部助理（部长是沈厚堃）。[③]

　　在深圳党史文献上，原任中共宝安县委第一任书记、东宝工农革命军副总指挥郑哲（原名郑奭南），对黄学增 1924 年下半年一段历史有如此回忆："1924 年下半年，上级党组织派广州农民运动讲习所第一届学员、共产党员黄学增、龙乃武，以国民党中央农民部特派员的身份来到宝安，他们在开展农民运动的同时。积极从事建党工作，吸收农民运动的骨干进党。1924 年底，黄学增、龙乃武在四、五区发展了第一批党员，……1925 年上半年，又在二区发展了一批党员，……以后，

① 《黄学增请愿书》，中国国民党汉口档案，卷宗号：9448，中国社会科学院近代史所藏。
② 中国国民党五部档案，卷宗号：13518，中国社会科学院近代史所藏。
③ 广东省档案馆、中共广东省委党史研究委员会办公室编：《广东区党、团研究史料（1921—1926）》，广东人民出版社 1983 年版，第 125—126 页。

党的组织继续发展到二区、一区、六区。"① 据郑夑南的回忆，宝安在1924—1925年建立的中共党小组包括11个之多；在与上级的联系方面，"开始，全由黄学增与上级领导联系，他调离后，龙乃武继之。"②

　　黄学增对于宝安建党、宝安各级党组织的建立、宝安地区（后来深圳地区）的革命历史，具有划时代的意义！黄学增到来后，宝安地区的党员和党组织得以建立和发展，宝安地区的马克思主义得以有效传播，革命的种子在宝安生根发芽！黄学增成为宝安地区、深圳地区革命的播火者！是宝安革命、深圳革命力量的激活者！

　　1925年是国共合作进行的第二个年头，国民革命在国共两党的共同努力下顺利推进。这一年，黄学增的努力也获得很大回报，工作能力得到国共两党认可，其代表农民部相关机关奔波在全省各地农运第一线上，活动轨迹频频出现在大众视野。

　　1月7日，花县田主维持会指使土豪卢永隆等率带土匪百余人、武装商乡团多人，蜂拥进入花县农会办公处，将会内农民自卫队的"枪支、印信、衣物、银两洗劫一空，并将孙大元帅肖像及农会旗帜器具等物捣毁无遗，并凌辱农民部特派员，四出寻觅九湖乡农军团长王军，意图杀害"。③ 在此背景之下，黄学增奉农民部之命来到花县，加强该地农民运动。1月18日，黄学增、何友逖、王福三带领少数农军到凤岭村逮捕内奸。归途中，遭到地主民团500多人堵截，双方展开激烈战斗。县农军从鱼苟庄赶来增援，却被地主民团堵截。危急关头，受过专业军事训练的黄学增与王福三商量，向园田村撤退，王福三不幸中弹牺牲，

① 郑哲：《深圳市早期党组织的活动》，载深圳市史志办公室编：《深圳党史资料新编》，海天出版社2007年版，第1页。

② 郑哲：《深圳市早期党组织的活动（补充材料）》，载深圳市史志办公室编：《深圳党史资料新编》，海天出版社2007年版，第6—7页。

③ 见梁尚贤著：《国民党与广东农民运动》，广东人民出版社2004年版，第143页。

黄学增强忍着悲痛率领农军边打边退，返回鱼苟庄集结农军，击退民团，保住了花县农会。

4月12日，广州各界举行孙中山先生追悼大会，廖仲恺主席、胡汉民主祭，刘少奇作为汉冶萍工人代表致悼词，黄学增则代表农界发表了主题"为平民谋利益"的悼词。[①] 5月7日，黄学增代表广东农会，与国民党中央执行委员会委员廖仲恺、中共中央委员、国民党中央执行委员谭平山、第二次全国劳动大会代表刘少奇等人一起出席广东各界举行的五七国耻纪念大会。到会工人、农民、军人约两万人，上述各人相继在会上发表演说。

5月2日，全国第二次劳动大会及广东省第一次代表大会共同在广东大学大礼堂举行开幕式。大会成立了相关委员会，黄学增被选举为省农代会提案及起草委员会和决议起草委员会委员，[②] 并当选为省农民协会执行委员会委员兼秘书。据统计，至这次农代会召开止，广东全省已有22县建立农民协会，会员逾20万人。

在"杨（杨希闵）刘（刘震寰）之乱"中，黄学增代表农会相继对番禺珠村以及清远农民自卫军的举措进行嘉勉。5月25日，"江屯事件"爆发。国民政府随即决定由中央农民部等部门派出廖仲恺、黄学增、陈公博、郑润琦、罗绮园、梁朴元等，组成"广宁乱事处分委员会"来处理该事件。这期间包括省农会、宝安农会在内团体纷纷声援广宁农民，[③]这些地方都是黄学增长期工作、战斗的地方。在省港罢工工人代表第七次大会上，黄学增也向工人代表报告了广宁事件的经过，陈述广宁农民

① 三民公司编辑：《孙中山评论集》第一编，三民公司1927年版，第77页；《广州民国日报增刊》1925年4月14日。

② 《广州民国日报》1925年5月5日。

③ 《广州民国日报》1925年7月31日、8月1日、5日。

所受之压迫与痛苦，大会作出声援决议。[①] 宝安农会、省港工人的声援，对政府解决"广宁事件"产生了一定影响。

"五卅惨案"后，全国掀起了新一轮反帝运动。6月2日，由工农兵学商领袖团体发起群众示威大游行在广东大学操场举行，赴会团体八十余个，人数万余，黄学增代表农界被推选担任大会主席团主任，与邓中夏、谭平山等分别发表讲话，号召要"加紧团结，打倒日英帝国主义"。随后，在6月19日震惊中外的省港大罢工爆发。7月3日，黄学增与廖仲恺、邓中夏、黄平等人，受聘为中华全国总工会省港罢工委员会顾问，指导省港罢工工人的斗争。[②] 7月14日，在广东省政府省务会议第五次决议案上，黄学增作为农界代表被孙科提名为18名广州市政委员人选之一。[③] 9月，黄学增被中央农民部定为一级特派员。

由于工作缘故，廖仲恺兼任中央农民部长，黄学增则一直担任中央农民部农民运动特派员，两人多交集，工作中结下深厚的友谊。1925年8月20日，廖仲恺被暗杀，黄学增悲痛万分！当广宁县农民协会在潭布举行"全县农民追悼廖部长大会"时，"已在外地工作的周其鉴、陈伯忠，广东省农协代表黄学增专程到潭布参加大会。经过大会宣传鼓动工作后，江屯地区的区乡农协人员情绪渐趋稳定。"[④] 将近一年后黄

---

① 《工人之路》第40号（1925年8月3日），湘潭大学出版社《红藏·进步期刊》系列影印本，2014年，第114页；《工人之路》第39号（1925年8月2日），湘潭大学出版社《红藏·进步期刊》系列影印本，2014年版，第109页。

② 《中共广东区委关于省港罢工情况的报告》（1925年7月），中央档案馆、广东省档案馆编：《广东革命历史文件汇集（中共广东区委文件）》（一九二一年——一九二六年），1982年10月，第33页。报告中虽曰"此原为应付民校起见"；但在公布的省港罢工工人组织系里，顾问是为"收集思广益之效"。见《工人之路》第23号（1925年7月17日），第52页。

③ 广东省档案馆编：《民国时期广东省政府档案史料选编》（1），内刊，1987年版，第7页。

④ 中共广宁县委党史研究室编：《中共广宁县地方史大事记（新民主主义革命时期）》，内刊，1998年版，第17页。

学增又以《仲恺先生死了吗》为题在《犁头》上发表文章悼念廖仲恺先生。

10月20日至26日，中国国民党广东省第一次代表会议在广州召开，选出广东省党部执行委员会，黄学增与彭湃、杨匏安、刘尔崧等共产党员在省党部中分担工运、农运、党务等方面工作。[①]中央农民部11月报告中，还提到"选派黄学曾为特别委员会委员。"[②]

1926年1月1日，中国国民党第二次全国代表大会在广州开幕，黄学增、刘尔嵩、宋庆龄等9人以国民党广东省党部代表的身份出席了会议。1月7日，大会提议黄学增为提案审查委员会委员，毛泽东等为宣传报告审查委员，邓颖超等为妇女运动报告审查委员。会议期间，高要县发生"高要惨案"，黄学增与韦启瑞、许可等根据当时的情况，于13日向大会提出《中山、南海、高要等县民团屠杀农民案》，要求严办凶手。"其具体办法如下：（1）高要县，一、令国民政府火速派得力军队前往救护农民；二、解散匪团；三、缉拿祸首；四、召集流亡；五、抚恤死伤；六、赔偿损失。（2）中山南海两县，一、通缉凶手；二、解散通匪民团；三、抚恤死伤。此案分两方面去做，一方面由大会令国民政府赶快去做；一方面由大会分电各县农民协会慰问。"大会认为："提议人所具理由，非常充分，此案应准成立，立即报告大会讨论执行。经众讨论，决议，交国民政府办理。"[③]1月18日，黄学增代表农民运动决议案审查委员会，首先向国民党"二大"全体与会人员介绍本次大会的《农民运动决议案》的主要内容和当前保护、促进农民运动发展的

---

① 中共湛江市委党史研究室编：《黄学增研究史料》，广东人民出版社，1997年，第256—257页。

② "农民部1925年11月报告"，《中国国民党广东省党部党务月报》第1期（1926年2月），第16页。

③ 《广州民国日报》1926年1月18日。

措施；这份《决议案》并得到毛泽东的修改。[1]后黄学增在大会上宣读《农民运动决议案》全文，获大会讨论通过。

在1926年2月22日，广东省农民运动特派员还召开一次扩大会议，黄学增参加了这次会议。除特派员外，参加者还包括广东省农民协会全体执行委员及各属办事处代表，不仅出席人数众多，且多是战斗在农运第一线的领导者，按阮啸仙所言："在广东农民运动史上有继往开来的责任"，[2]是广东省农民运动历史上一次重要会议。同年5月1日，广东省第二次农民代表大会及第三次全国劳动大会在广州国民党中央党部礼堂联同开幕，黄学增出席并担任大会秘书长一职。两会代表及各团体代表不下2000人，这次大会"已经不先是广东农民代表的大会，而已略具全国大会的雏形了"，[3]安徽、热河两省则寄来了反映该地农民运动状况的书面材料及祝词。[4]广东省第二次农民代表大会实际起到了全国农民代表大会的作用。会上，黄学增和罗绮园、阮啸仙、彭湃、周其鉴、韦启端、杨其珊、蔡如平、原基、郭竹朋、朱观喜、薛六、钟耀龙等被选举为省农民协会第二届执行委员，何友逖、周永杰等五人为候补委员。5月15日大会闭幕典礼上，由秘书长黄学增报告大会经过后，新当选之执行委员和候补委员就职，由周其鉴代表全体新委员致辞。毛泽东以第六届农民运动讲习所所长身份发表演说，内容是关于农民之经

---

① 中共中央文献研究室编：《毛泽东年谱（一八九三——一九四九）》上卷，中央文献出版社2013年版，第153页。

② 《广东省农民协会扩大会议》，载《阮啸仙文集》编辑组编：《阮啸仙文集》，广东人民出版社1984年版，第249页。

③ 罗绮园：《广东第二次全省农民代表大会之经过及结果》，《中国农民》第1卷第6、7期合刊（1926年7月1日），湘潭大学出版社《红藏·进步期刊》系列影印本，2014年版，第17页。

④ 见广州《时事新报》，1926年5月16日；转杨绍练、余炎光著：《广东农民运动（一九二二年——一九二七年）》，广东人民出版社1988年版，第236页。

济斗争与政治斗争之关系及敌人压迫原因。湖北、湖南等部分代表也相继发言。[①] 经过省农协等的努力下，至 1927 年 3 月，广东全省农协会员发展到一百二十万以上。[②]

自农讲所毕业以来，黄学增一直活跃在农民运动的第一线。

1925 年 3 月 23 日，"宝安县第一区农民协会在沙莆开成立大会，到会者男女约有三四百人，参加团体有农民部代表黄学曾、东莞县农会代表韦启端、东莞第一区农会代表蔡日新，霄边乡农会代表蔡启芬，涌头乡农会代表蔡日昇等"。宝安既是黄学增创立党组织的地方，也是他发展农民运动的重要区域。经过黄学增的努力，在 1925 年 4 月之前，宝安第二区薯田乡农民协会、宝安第二区燕川乡农民协会、宝安第二区合水口乡农民协会、宝安第二区塘厦涌乡农民协会、宝安第二区田料乡农民协会、宝安第二区楼村乡农民协会、宝安第二区水贝乡农民协会等相继成立。4 月 26 日，宝安县农民协会正式成立。[③]第二天，即 4 月 27 日，宝安与东莞两县在（东莞）霄边乡召开东宝两县农民联欢大会，黄学增均参与并发表了两次讲话。宝安县农民协会成立后，极力维护本地民众利益。[④] 在 5 月举行的全国第二次劳动大会中，宝安农民代表 5 人，宝安县农协成为全省 22 个县农会之一。

近代农村社会的最大变革当属社会的组织化，原来松散无序的农村社会一经组织从而紧密地联系在一起，将发挥巨大的作用。农民协会作为乡村社会的组织化形式，作为一种动员和组织农民的机制，在社会变

---

① 《广州民国日报》1926 年 5 月 17 日。
② 黄学增：《五卅运动后广东农民运动的状况》，见中共湛江市委党史研究室编：《黄学增研究史料》，广东人民出版社，1997 年，第 106 页。
③ 《广州民国日报》1925 年 5 月 1 日。
④ 郑哲：《深圳市早期党组织的活动》，载深圳市史志办公室编：《深圳党史资料新编》，海天出版社 2007 年版，第 3 页。

革过程中扮演重要的角色。

1925 年 9 月底，宝安"云霖惨案"震动全省，黄学增受命于 10 月前往宝安调查事件真相。经过认真细致的调研，黄学增从十七个方面向农民部详细报告了事件的前因后果，揭露了宝安县长与军队土豪劣绅串通一气谋害农民的真相，提出严惩凶手等意见及建议，全文长达近五千字，并在《广州民国日报》发表。

农运方面，黄学增显著的成绩更在于对广东南路农民运动的贡献上。

广东南路是一个地理方面的概念，指的是广东南部的相关区域。根据当时省农协的划分——也是确定农协南路办事处工作"所统辖"的范围，"共有阳江、阳春（两阳）、茂名、信宜、电白、化县、吴川、廉江（高州六属）、遂溪、徐闻、海康（雷州三属）、合浦、灵山、防城、钦县（钦廉四属）十五县"。① 虽然南路地域广阔，民众众多，但农民运动却一直没有发展起来。1925 年召开的广东省第一次农民代表大会，南路地区居然一名代表都没有派出来。国民党"二大"后，黄学增以身兼数职的身份（省农协南路办事处主任、国民党南路特委负责人、农民运动特派员、中共南路特委负责人等）指导南路农民运动、国民党南路改组工作、中共南路基层组织创建工作等。② 针对南路农民素无组织的概况，黄学增将发动农民、组织农民作为着力点。在 1926 年 2 月拟就的《南路办事处最近进行计划》中，除了通告、召集会议及调查计划外，

---

① 黄学增：《广东南路各县农民政治经济概况》，《中国农民》第 1 卷第 4 期（1926 年 4 月 1 日），湘潭大学出版社《红藏·进步期刊》系列影印本，2014 年版，第 389 页。

② 林丛郁 1980 年 9 月 16 日回忆到："省党部南路特别委员会，本来由黄学增负责，但大军出发时黄学增在广宁未回。当时我在广东大学读书，兼在广东海员会筹备国民党特别党部，新任第四军政治部主任张善铭（原政治部主任罗汉，在东江未回）找我当秘书，省党部就派我临时兼管'南特'工作。"（《访问林丛郁（林增华）记录（节录）》，《黄学增研究史料》，第 181 页）。

有关农民协会方面的计划是其工作一大重点："分配各特派员到各县工作，并因某特派员对于某县工作适宜而调遣之"；"已有农民协会组织之县，有海康、遂溪、化县、阳江及廉州，均须努力扩大其组织，并施行各种训练"；"茂名之茂南地方（公馆附近）有纯为组织用以反抗地主阶级之生理会，应注意改组其组织，变成农民协会，并以此地为茂名全县农民运动之发起点。吴川之第五区杨屋村、文屋村已有农民倾向农民协会，应以此着手运动，为吴川全县农民运动之发起点。"[①]工作进入正轨后，农协南路办事处在黄学增等人领导下，迅速投入筹办、规范、改组南路各地农会工作中去。[②]

农民自卫军是中国共产党早期掌握的一支合法武装力量。1926年，在黄学增领导的农协南路办事处努力下，南路农民自卫军也取得一定成绩。1926年三四月间，遂溪县一、二、四、六、七区都成立了农民自卫军，分别拥有枪支30余支、50余支、40余支、320余杆及110余支；尤其是第六区农民自卫军非常活跃，时"向各有匪乡进行，作剿匪示威。时到会操者二百七十余人"。[③]海康县亦有农民自卫军数百人，农民自卫军经常操练，到各乡作剿匪巡行。

针对广东南路的情况，黄学增依据国民党南路特委与省农协南路办事处两个机构赋予的合法权利，领导南路人民反对各类苛捐杂税，要求政府"解散不法民团，取消团局一切苛捐杂税——谷捐、牛只捐、人头捐、番薯捐"等等；[④]南路办事处还上书相关部门，明确表示"反对糖

---

① 《南路办事处最近进行计划》，载《犁头》第4期（1926年3月5日）湘潭大学出版社《红藏·进步期刊》系列影印本，2014年版，第95—96页。

② 以上据《广东省农民协会南路办事处通令、文件存稿》，见中共湛江市委党史研究室编：《黄学增研究史料》，广东人民出版社，1997年，第5—16页。

③ 黄学增：《广东南路各县农民政治经济概况》，《中国农民》第1卷第4期（1926年4月1日），湘潭大学出版社《红藏·进步期刊》系列影印本，2014年版，第414页。

④ 黄学增：《为电白农民求救》，《黄学增研究史料》，第86页。

煤油捐"，^①同时打击地主土豪。^②其中尤以领导吴川民众举行废除苛捐大运动及带领高州民众反对"大利公司"垄断大粪活动影响最大。

在广东南路开展农民运动时，黄学增还注重宣传教育，相继创办"梅菉市宣传学校""雷州宣传讲习所""雷州工农补习班"等学校、班所，宣讲先进理论。1926 年 12 月 24 日，《高州民国日报》的副刊《高潮》上，发表了黄学增的一篇文章《读官俊先生国民党和共产党的关系以后》，显示出他高超的理论水平和坚定不移的革命理想信念！

在宣传思想、推动农民运动的同时，依据上级党组织的指示，黄学增亦积极发展党员，推动国民革命。如在吴川地区，黄学增先后发展李仕芬、彭成贵、易经、易志学、陈时、龙少涛、李癸泉、李春瑞、钟炳南、卢洛光等人加入中国共产党，^③建立起中共梅菉支部、中共吴川支部。从此，吴（川）梅（菉）地区有了共产党的领导，工、农运动蓬勃发展。梅菉和吴川的各行各业基层工会也随之建立，农村普遍成立农民协会，梅菉市还成立"青年同志社""妇女解放协会"，工、农、青、妇等群众运动迅速兴起。^④1926 年，黄学增发展遂溪人周永杰加入中国共产党，随后派遣他来到廉江开展农民运动和建党活动。不久，黄学增针对北海的情况，从革命发展需求考虑，从廉江等地抽调江刺横、李雄飞、简毅等到北海开展工作，发展党员，筹建中共北海地方组织和共青团组织。

而在国民党改组方面，在黄学增、林丛郁的主持下，国民党南路特

① 《工人之路》第 272 期（1926 年 3 月 27 日），湘潭大学出版社《红藏·进步期刊》系列影印本，2014 年版，第 327 页。

② 中共湛江市委党史研究室编：《中共南路党史大事记》，广东人民出版社 1996 年版，第 24 页。

③ 李钦：《黄学增同志在吴川的革命活动片断》，政协湛江市委员会学习和文史资料委员会编：《湛江文史资料》第二十四辑，内部资料，2005 年版，第 174—176 页。

④ 见中共吴川市委党史研究室编：《中国共产党吴川地方史（第一卷）1925—1949》，中共党史出版社 2009 年版，前言第 3 页。

别委员会由韩盈、钟竹筠、薛文藻、杨枝水、陈克醒等分别负责党务、农运、宣传、妇女等部门，工作取得一定的成效。至1926年底，在梅菉、电白、阳春、吴川、信宜、廉江、遂溪、海康、茂名、徐闻等10个县市成立了国民党党部筹备处。次年1月，化县、阳春、电白、阳江、茂名等县先后成立了国民党党部。①

1927年2月，国民党右派已在南路加紧反共活动。3月10日，黄学增至广州出席广东省农民协会第二届第二次执委扩大会议。会议着重讨论如何挽救广东农运危机问题，并决定于五月一日召开第三次全省农民代表大会，研究进一步开展农民运动问题。会议期间，黄学增还代表省农协出席国民党黄埔军校特别党部全体党员会议。② 会后，黄学增即留省工作，不再回南路。虽然如此，"四一二"政变之后，黄学增还是被国民党政府以广东南路领导人的名义通缉。③ 大革命失败后，更是对黄学增展开全方位的通缉。④

事实上，早在反革命政变爆发期间，中共广东区委即获悉国民党右派及军阀"必定对C.P.和民众施行高压政策"，中共广东区委旋即下令各地准备应变，并派专员分赴各路负责指挥：罗绮园、周其鉴到北路，黄学增到西江，杨善集到琼崖，黄居仁到潮梅，何友逖到惠州，中路由区委直接指挥。计划在5月初全省举行暴动，并派专差送信给中共海陆丰地委。⑤ 4月16日，国民党右派在肇庆实行"清党"，西江党组织遭受严重破坏。黄学增临危受命出任中共广东省委西江巡视员，前往西江

---

① 中共湛江市委党史研究室编：《中共南路党史大事记》，广东人民出版社1996年版，第14页。

② 中共湛江市委党史研究室编：《黄学增研究史料》，广东人民出版社，1997年，第278页。

③ 《广东省政府特刊》《南路报告》1927年第二号，第22、51、73页。

④ "通缉茂名县黄学增梁本荣案"，《广东省政府周报》1927年第3期，第21—22页。

⑤ 《海陆丰苏维埃》，1928年3月1日，无著者，内刊，第13页。

指导当地革命工作。4 月 19 日黄学增秘密抵达高要禄步黄洲村，向隐蔽当地的罗国杰、周其柏、陈均权和许其忠等原西江党组织负责人和农军骨干传达广东区委的指示和举行武装暴动的决定，并与之一起研究作战的具体部署。其间曾成立"广东省西江拥护武汉政府大同盟农军"，并设立指挥部统一指挥西江武装暴动，黄学增为总指挥。同时，在黄学增等人领导下，高要重新建立起农民自卫军大队，机关驻地高要县的岭村。① 于此期间，黄学增曾"在高要县，遭防军的包围，爬城墙脱险"。②从 1927 年 4 月下旬至 8 月底，在黄学增组织领导下，西江地区相继发动了由高要、云浮、新兴三县农军组成的肇庆起义和郁南都城、罗定横岗等农军暴动，肇庆起义是当时西江地区最大规模的武装起义。

1928 年 1 月 1 日至 5 日，省委在香港举行全体会议，通过《目前党的任务及工作方针决议案》，提出从乡村到城市，初步确立了从局部割据到夺取全省政权的斗争步骤。在西江方面，省委根据情况提出"应以广宁为中心扩大到高要一带，以罗定为中心扩大到郁南、封川一带，形成两个割据的局面，与北江密切的联系。"③ 且针对"西江党是很糟的"④ 局面以及周围环境变动等情况，省委决定加强广宁县委，由西江特委书记黄学增兼任中共广宁县委书记，并通过《西江工作大纲》，以广宁、罗定两县为中心发展西江两岸的武装斗争。⑤1928 年 2 月 3 日《西

---

① 中共广东省委组织部、中共广东省委党史研究室、广东省档案馆编：《中国共产党广东省组织史资料》（上册），中共党史出版社 1994 年版，第 81、80 页。

② 中共湛江市委党史研究室编：《黄学增研究史料》，广东人民出版社 1997 年版，第 279 页。

③ 广东省档案馆、中共广东省委党史研究委员会办公室编：《广东区党、团研究史料（1927—1934）》，广东人民出版社 1986 年版，第 94—95 页。

④ 《中共广东省委给中央的报告——目前广东政治状况及党的策略》（1927 年 11 月），《广东革命历史文件集（中共广东省委文件）》（一九二七年），1982 年 10 月，第 158 页。

⑤ 《中共广东省委关于党务几件重要事情致中央的报告》，广东省档案馆、中共广东省委党史研究委员会办公室编：《广东区党、团研究史料（1927—1934）》，广东人民出版社 1986 年版，第 117 页。

江暴动工作计划》显示："……西江暴动主要任务，就是要实行土地革命，扩大各县暴动形成西江割据局面，以致汇合各方割据力量，由广宁以影响清远，由罗定以联络南路，使渐形成全省总的暴动。其次，西江为桂系进窥广东，扼守广西之门户，西江暴动之胜利，可以给极大之帮助于广西工作，根本动摇以致推翻桂系在两广的统治。……西江暴动第一个中心是在广宁，第二个中心是在罗定。"文件同时要求注意党的问题，依据上级党委的要求，整顿党的队伍。"西江暴动渐次扩大起来时，即须依照情形设立西江特委，直接指导西江暴动工作。"[①] 1928 年初黄学增从香港回到西江——随同一齐回来的还有黄埔军校第一期学生、曾在南路长期合作的薛文藻。[②]2 月初，黄学增在石涧秘密主持召开了全县农民代表大会，会议内容主要是贯彻省委指示，解决恢复工农武装以组织力量暴动，实行土地革命，建立苏维埃政权等。会后，调动农民赤卫队 300 余人在江尾一带集结，组建"广宁农民赤卫队"武装暴动指挥部，黄学增兼任总指挥。2 月 25 日，在黄学增率领下，广宁农民赤卫队攻占螺岗墟，宣布暴动。农民赤卫队 300 余人进驻螺岗，召开 3000 多人的群众大会，宣布成立西江地区第一个县级苏维埃政府——广宁县苏维埃政府，建立了西江地区第一个红色革命政权。[③]2 月 28 日，国民党广宁县政府纠合广宁、高要、德庆 3 县联防民团向螺岗发起进攻。由于敌我力量悬殊及敌人疯狂反扑，苏维埃政权仅存在 3 天时间，大批党员被迫转移疏散，转为地下斗争，县赤卫队向罗汶山区撤退，坚持游

---

① 《西江暴动工作计划》（1928 年 2 月 3 日），中央档案馆、广东省档案馆编：《广东革命历史文件汇集》（中共广东省委文件，一九二八年·一），内刊，1982 年 11 月，第 289—296 页。

② 《薛文藻自白书》，存于遂溪公安局刑事卷宗第五卷第十七册，1981 年 9 月中共广东省湛江党史办抄录版。

③ 中共广宁县委党史研究室编：《中共广宁地方史（1929—1949）》，中共党史出版社 2004 年版，第 97—98 页。

击斗争。

1927 年 10 月 15 日，中共广东省委改组，黄学增以省委西江巡视员兼中共西江特委书记的身份被选为省委候补委员。1928 年 4 月 13 日中共广东省委第一次扩大会议上，黄学增当选为省委委员，并被指派前往琼崖指导工作。但鉴于当时宝安武装暴动不利的情况，以及他在当地农民中的威信，长期担任救火队长的黄学增临时受命，前往宝安县指挥武装暴动。在黄学增等人的努力下，"四月二十九日我们集中百余武装，包围六区迳背反动派，益震动了豪绅地主统治阶级，许多反动乡村如四区之长圳、唐家村，五区周家村之塘尾 X（围），均搬迁逃走。三十日四、五两区豪绅地主有数十人在新桥会议，亦因内部冲突哄闹无结果而散。乌石岩、福永、云霖区长巡官均继续自己惊慌逃走，……全县大有风声鹤唳之概。"在发动暴动的同时，还发展党组织："四月份……全县共增八十三人，现在共计全县党员二百八十人。三区、四区、五区均已成立区委，一区与六区均成立独立支部。"[①]

前往琼崖之前，黄学增与彭湃等人共同以广东省农民协会名义发布檄文与紧急传单，号召全省农民"不交租，不还债，不完税，不纳捐，暴动杀尽一切豪绅地主，重新分配田地"，"建立我们工农兵自己的政权"。[②]

1928 年 6 月 16 日黄学增从海口行抵位于乐会第四区的琼崖特委

---

① 《中共宝安县委给省委报告——各区暴动斗争情况》（1928 年 5 月 2 日），中央档案馆、广东省档案馆编：《广东革命历史文件汇集》（中共广东北江、西江、琼崖等县、市委文件，一九二八——一九三一），内刊，1982 年 12 月，第 280—284 页。

② 广东省农民协会檄文（1928 年 6 月）及广东省农民协会紧急传单——为重兴农会事（1928 年），（中央档案馆、广东省档案馆编：《广东革命历史文件汇集》苏维埃、工会、农会文件，一九二七——一九三四），内刊，1982 年 12 月，第 405—406 页。

机关。①

此时的琼崖一方面承受着省委的重托，另一方面却是形势严峻，国民党军步步迫近，生存压力巨大。特别是3月国民党蔡廷锴部到来后，琼崖革命形势更为严峻。此前来琼崖指导工作的李源在给省委报告中说："在我未到前，以为琼崖的工作很好，……不知我到后一看，所得的不难说你知，……我到海口一看方知海口的群众运动可说宣布死刑。这种情形看来的条件，是否有可能夺取全琼崖的吗？"与李源同时从省委来的黄雍也在给省委军委的报告里提及："琼崖的情形，与前在港所言的全两样，各地的暴动尚是局部的消极的，各级党部更是存了'一次暴动应得到相当利益的失败主义观念'，因此，每次暴动后的损失看得非常之重，失败后被劫的乡村不特群众不敢去，同志也不敢去"；"各级党部对于暴动不能绝对的执行命令，总是取种敷衍的形式。同时各级党部无互〔通〕的精神，每每一区的事二、三区不知道，因此敌人可用各个击破的方法来进攻。""农军与红军及民众，现在每人都存有敌来我去的观念，甚至于一听敌人两字，即争先恐后上山逃命！"②

7月4日中共广东省委给中央的报告中提到："琼崖自蔡廷锴到后，同志即发生相当恐慌，……特委对蔡师进攻，毫无策略，……在这危险情形之下，省委曾详细讨论，除即派黄学增同志去主持一切外，对工作的决定是：'特委应马上改组，坚决领导群众反攻，明白告诉群众除反攻无出路，并且应切实调查民众的生活状况，抓住实际的问题，鼓动反攻，同时在海口以及东路、中路无条件的发动兵变，以摇动敌人军心，

---

① 《中共广东省委巡视员黄学增给省委的报告——琼崖特委改选、过去工作错误和红军活动情况》（1928年7月16日），中央档案馆、广东省档案馆编：《广东革命历史文件汇集》（中共广东区委文件，一九二八年四），内刊，1982年11月，第155页。

② 中央档案馆、广东省档案馆编：《广东革命历史文件汇集（中共琼崖、南路特委文件）》（1927—1935），内刊，1983年12月，第71—73页。

海口、琼山要创造出真正的群众暴动来。'"[1]随着黄学增的到来与努力，琼崖革命工作有所改观。7月16日黄学增给省委的报告中写道：在来琼崖不到一个月的时间里，"由乐会而万宁，由万宁而乐会，对内对外都做过许多工作。"即便如此，黄学增还是谦虚而实事求是地说："可是琼崖工作过去太坏，一时确难医治，故我虽如此努力，亦未能收得若何效果。"

琼崖特委改组后，由黄学增担任特委书记，特委原书记王文明改任琼革委主席，取消东、中、西各路名目，一律改为红军第几连，在每一县暂设一营长指挥，各连所有红军，均在军委指挥调动之下，并决定暂停反攻敌人，扩大游击暴动带领琼崖民众进行持续的斗争。经过努力，琼崖各方面工作获得一定的进展。至8月琼崖的党组织已在乐会、万宁、琼东、琼山、陵水、文昌、定安、澄迈等县建立了县委，并建立了67个区委，10个特别支部，712个支部，党员26913人；[2]当时广东全省的党员数量为64229人。已建立的政权组织有乐会、万宁、陵水、琼东等县苏维埃政府和文昌、定安等区、乡苏维埃政府；军队有红军7个连，1200余人，农军3000人，刀串队数万人；同时琼崖苏维埃政府也于七八月间成立了。这些革命力量的积累，无疑是为后期琼崖革命力量的发展奠定了基础。此外，在琼崖时期，黄学增还积极配合省委机构调整、策划南区特委的筹办。

经过长期的考验，黄学增的能力获得党组织的高度评价。1928年

---

[1] 《中共广东省委给中央的报告（第四号）——关于夏收暴动的策略和各路、各重要城市的工作及反帝运动情形》（1928年7月4日），中央档案馆、广东省档案馆编：《广东革命历史文件汇集》（中共广东区委文件，一九二八年·四），内刊，1982年11月，第28—29页。

[2] 《广东全省党的组织统计》（1928年8月7日），中央档案馆、广东省档案馆编：《广东革命历史文件汇集》（中共广东省委文件，一九二八年·五），内刊，1984年1月，第109—111页。

12月广东省委收集上来的干部分子调查表中，黄学增的情况如下："成分：知识分子。过去党工作的历史：历任广宁、西江各县县党部书记及农运、南路地委书记、西江巡视员、南路特委常委、省委委员、琼崖特委书记。现在党的工作：省候补常委。工作能力、活动范围：工作能力顶好，可做党的指导，及农运工作。特殊技能：空白。有无职业：无。可找到职业否：空白。家庭状况、家庭关系：空白。对党的认识程度：深刻。"黄学增工作能力一栏填写为"顶好"，对党的认识程度一栏填写是"深刻"，在收集上来的145人中同时得到"顶好"与"深刻"这种极高评语的只有两人！（另一人为15号何务光，"工作能力顶好，海员、CY支部书记、省常委，中路巡视员，亦为深刻，备注栏：在狱"。）其他的党员几乎都是"极好""颇好"甚好"尚好""很好""有工作能力"等；对党认识程度是"清晰"。①

1928年5月，广东省委宣传委员会还特约黄学增同周恩来、叶挺、朱德、苏兆征、邓中夏、阮啸仙、彭湃、周其鉴等十三人，为理论刊物《红期》"按期供给文字，以给予全省工农兵士的切实指导"。②这无疑也是对黄学增领导能力以及理论与实践水平的充分肯定。

1929年5月，黄学增返回省委，就琼崖的方方面面向省委做了详细汇报。"学增同志回省委，对于琼崖情形报告甚详，关于琼崖目前工作，省委讨论结果，有如下的指示，希详加讨论切实执行。"③指示中提及："过去琼崖完全放弃城市工作，甚至畏惧城市、烧毁城市，这是非常错

---

① 《干部分子调查表——干部的成份、历史、职务、工作能力、家庭状况和对党的认识程度》，中央档案馆、广东省档案馆编：《广东革命历史文件汇集》（一九二七—一九二八），内刊，1982年12月，第195—198页。
② 《红期》第21期（1928年5月6日）编者的话，见《黄学增研究史料》，第281—282页。
③ 《中共广东省委给琼崖特委、琼崖各级党部的指示——关于形势、组织、宣传、武装、兵运工作等问题》（1929年5月26日），中央档案馆、广东省档案馆编：《广东革命历史文件汇集》（中共广东省委文件，一九二九年·二），内刊，1982年11月，第57页。

误的。现在各级党部对于这样错误，还没有完全改正过来。按照琼崖党目前的力量，我们便应首先特别注意海口、嘉积、三亚港这三个重要城市"。① 汇报后，本应该留省工作的黄学增决定返回琼崖。而当时，琼崖对黄学增无疑如同龙潭虎穴——海口市委书记、乐四区区委委员、乐五区常委、共青团区委相继叛变，赤卫队大队长、交通员等亦不少成为可耻的叛徒！这些人都认识黄学增这位省委下来、常常深入基层工作的特委书记。琼崖又是岛屿，出入必经海口！省委因此对黄学增返琼态度十分谨慎："学增同志此次回琼是以省委巡视员的资格指导琼崖工作，不参加特委，学增同志此行，至多两个月须回省委。至要！"② 但或许因为对琼崖充满着极大的希望——"总之，省委对于琼崖工作，要格外注意，琼崖仍是有最大希望，切不可与前一样等闲视之。"③ 或许因为对此前的工作尚不满意，或许是心中那份信仰——"不过为着党和农民的利益，不得不去，而且一个真正的革命党人，时时是准备牺牲的，故大胆地绝不畏怯"！④ 在革命的道路上，黄学增曾被法国殖民政府通缉过，被国民党政府通缉过，被土匪绑架过，被地主武装民团追杀过，他是深知革命的危险性！为了自己的信仰，怀着对革命事业的无比忠诚，为着党与人民利益，黄学增毅然在五月又踏上了前往琼崖的路途。

① 中央档案馆、广东省档案馆编：《广东革命历史文件汇集》（中共广东省委文件，一九二九年·二），内刊，1984 年 1 月，第 64—65 页。

② 《中共广东省委给琼崖特委、琼崖各级党部的指示——关于形势、组织、宣传、武装、兵运工作等问题》（1929 年 5 月 26 日），中央档案馆、广东省档案馆编：《广东革命历史文件汇集》（中共广东省委文件，一九二九年·二），内刊，1982 年 11 月，第 69 页。

③ 《中共广东省委巡视员黄学增给省委的报告——琼崖特委改选、过去工作错误和红军活动情况》（1928 年 7 月 16 日），中央档案馆、广东省档案馆编：《广东革命历史文件汇集》（中共广东区委文件，一九二八年·四），内刊，1982 年 11 月，第 165 页。黑体字是笔者所加。

④ 黄学增：《吴川遇险情形》，《犁头》第十一期（1926 年 7 月 21 日），湘潭大学出版社《红藏·进步期刊》系列影印本，2014 年版，第 290—291 页。

回到琼崖的黄学增迅速投入工作。"一九二九年上半年，工作得到恢复和发展，……红五月的时候，黄学增同志来文昌县委，和谢冠洲、云龙等同志在竹堆村开会，讨论布置化装深入到锦山市消灭该市民团局。根据黄学增同志指示，由我带一路短枪班从左边冲入敌人兵房，但是由于敌人设有两层岗哨，严密监视，不能进去，所以我另外想办法，叫一位女同志冯月华，和我装扮成夫妻俩走进去，后被敌人发现，拖入团局办理，我们即借这机会，一直冲进去杀伤敌人，部分敌人惊慌失措，举手投降当了俘虏，我们缴获长短枪三十余支，子弹四千多发，并没收反动商店二三间，取得了胜利。回来后，文昌县委发给各人二丈布料，暂时解决部队的衣服困难。"① 但不幸的是在 7 ~ 8 月，中共琼崖特委、团特委机关在海口市遭敌人破坏，黄学增在教会福音医院被捕，不久被国民党军杀害于海口红坎坡，时年 29 岁。对于 1929 年 5 月主动返琼战斗的黄学增概况，在黄学增被捕后，国民党上海《民国日报》刊登陈铭枢报告中有部分内容提及：黄学增"此次来琼，系以省委视察员的资格、巡视及指导琼崖"共产党工作，"初寓太平旅店，旋迁福音医院，即就捕。……除先将该犯黄学增执行死刑，另文呈报"。②

1930 年 1 月 17 日，中共广东省委发出《"二七"纠集宣传提纲》，号召全省党员纪念包括黄学增在内革命先烈，继续奋斗："在二七纪念中，我们要纪念英勇的先烈！我们永远不忘记施洋同志的反抗精神，我们永远不忘记林祥谦同志临死不屈的态度……我们同时要纪念一切的革命烈士，特别纪念广暴的领袖张太雷同志，省港大罢工的领袖苏兆征同志，海陆丰农民运动领袖彭湃同志，东江工人领袖杨石魂同志和南路农

---

① 冯安全：《海南革命斗争亲历记》，中国人民政治协商会议广东省委员会文史资料研究委员会编：《广东文史资料》（第三十辑）（内部发行），广东人民出版社 1981 年版，第 127—128 页。

② 上海《民国日报》1929 年 7 月 28 日第二张第三版。

民领袖黄学增同志！我们要号召群众募款来捐助烈士的家属！我们要起来反对国民党军阀的白色恐怖！我们要为革命的先烈报仇！"[①]

黄学增，是 1922 年 6 月广东中共党员 32 人中一员。1924 年参加广州第一届农民运动讲习所，毕业后，相继担任过中国国民党中央农民部特派员、广东省农民协会执行委员兼秘书、中国国民党广东省党部南路特别委员会委员、广东省农民协会南路办事处主任等职。革命斗争中，又担任过中共南路地委书记、西江特委书记、琼崖特委书记、中共广东省委委员、候补常委等职，1929 年 7 月，他在海口被国民党缉捕杀害，牺牲时年仅 29 岁。一个人的 19 岁至 29 岁，恰好是人生最美好的时光，在大革命时期、土地革命时期、抗日战争时期、解放战争时期，有多少诸如黄学增这样满怀信仰的共产党人走在奋斗的路上！

南海惊涛拍，百年青山在。黄学增崇高的理想信念，敢为人先、勇于担当、对党忠诚、廉洁奉公、一心为民的革命精神和他的英名，将永远铭刻在共和国的丰碑之上，与日月同辉，永垂青史！他和无数革命先烈抛头颅、洒热血开创的伟大事业，将薪火相传，更加辉煌！

第三节　黄杰：雷阳中学堂时期的红色校史人物

在早期的雷州中学校历史中，除了谭平山、黄学增外，还有一个人物是值得关注的。就是雷阳中学堂时的黄杰。

黄杰，字子全，又名虎臣，1884 年出生于海康东洋乡（今雷州附城）北营村一个地主家庭，家境稍好。据 1921 年雷州中学校师范科毕业生蔡鹏超（第一届，1913 年毕业，遂溪人）所撰写其祖父黄甫悼词中所言，

[①] 中央档案馆、广东省档案馆编：《广东革命历史文件汇集》（中共广东省委文件，一九三零年·一），内刊，1982 年 11 月，第 41 页。

"翁敏而勇，屡赴童子试，弗售，乃遵清例纳圆桥肄业。家殷饶，寿且康。"[①] 该悼词落款名单有不少显贵之人也可见其家族的影响，如前任海康知事、广州澄海地主审判厅民庭长吴天宠（吴氏也曾任职雷阳书院学监），广东省议会议员陈景鋆、陈骏嵩、林麟年，海康商会会长梁禹畴、海康地方保卫局长林兆桐、海康农会会长许克生、梁潘华等人。还包括不少雷州中学校师生：校长廖学于，学监陈士汉，文牍黄景星，职员何之龙、苏忠汉、陈延龄，教员陈树铭、陈星煜，中学毕业生唐衍濂、李谱传、陈汝霖、陈炳煐、蔡寿槐、蔡世昌、唐文祺等人。还有后来接廖学于之职任中学校长的梁连岐（时任海康第二高小校长）。有文献说黄杰在 1904 年 "考上县城高等小学堂（校址设在西湖濬元书院内），后又在雷阳中学堂接触了新文化"。[②] 但据蔡鹏超所言，黄杰应是雷州中学校师范科毕业，且深得祖父疼爱："翁干家之劳不数年，而三孙并起。长虎臣勇于学，单级师范毕业，汲汲趋公，人皆爱其慷慨，然翁则喜其若寇之隽敦，睦族都不书，与其若孟尝君之豁达大度也。"[③] 可以看出黄杰性格豪爽，且有助人为乐的性情。雷州中学校毕业后，黄杰 "应海康县城黄景星创办的道南印务局的聘请，当了《粤南名联》的采稿员"。[④] 据目前收集到的《粤南名联》统计，里面涉及人物共有 387 人，是广东南路区域人物，如莫天赋、李晋熙、陈昌齐、林召棠、陈兰彬、李崇忠（信宜，进士）。1923 年 7 月，由于经商带来的债务纠纷问题，黄杰前往广州。这段时间，广州国民革命风起云涌，国共两党正酝酿合

① 蔡鹏超：《清国学士黄琼林翁悼词并序》，1921 年，油印页。
② 洪元：《海康农民运动先驱——黄杰》，政协海康文史资料研究委员会：《海康文史》1984 年第 2 期（1984 年 12 月），第 4 页。
③ 蔡鹏超：《清国学士黄琼林翁悼词并序》，1921 年，油印页。
④ 洪元：《海康农民运动先驱——黄杰》，政协海康文史资料研究委员会：《海康文史》1984 年第 2 期（1984 年 12 月），第 4 页。

作。同时，雷州府不少青年也在广州投身于革命，黄学增、韩盈、黄荣等人都在广州参与革命活动。黄学增更是在 1922 年前后已加入中国共产党。1924 年 7 月 29 日，黄学增连同黄杰、黄荣、陈材幹、黄广渊、余冕、田迺瑛、陈荣福等雷州籍人士一齐上书中国国民党中央执行委员会，诉控法租借地赤坎公局局长陈学谈及其"恶探陈怀琦"罪行："土匪头陈学谈受逆命，擅称雷州伪善后处长之时，该探以捣乱时机已至，始则合同陈逆学谈解散雷州各县国民党分部，捕杀遂溪国民党分部党员黄汝南、梁竹生，通缉党员黄学曾、黄荣、方景等。继则陈逆学谈以该探长于残贼手段，遂委海康分庭检察，专职以资肆害，其凡陈逆学谈之开铸伪银，强夺公枪，协编民团，勒诛商民，及拿捕学生各事，该探实在在皆主其谋。至此次潜来省垣，确系唧奉逆命刺探军情，以思害国祸乡，尽人皆知"；要求广州国民政府"严办被拿恶探陈怀琦"。① 陈怀琦受命于陈学谈前来广州刺探军情。当时正处于国共合作时期，黄杰是以中国国民党第一区特别区分部海康籍党员身份署名。这份名单中，如黄学增、韩盈、方景等人皆为中共党员，相必此时黄杰已加入中国共产党。1924 年 8 月 21 日，黄杰进入广州农讲所第二期班学习。② 该届农讲所主任是罗绮园，教员有罗绮园、谭平山、阮啸仙、彭湃等。期间（9 月 20 日），该班学生与广州工团军一起赴韶关训练。到韶关后，"遵照孙中山的指示，分为十个小队，分别往各乡村及城内调查，作宣传活动，了解农村阶级状况和生活状况，启发农民组织农民协会及农民自卫军。"10 月，他们又随阮啸仙前往广宁参加县农会成立大会，学

---

① 《党员黄学曾等请愿书》，中国国民党汉口档案，档案号：12379.1。中国社会科学院近代史所藏。
② 广州农民运动讲习所旧址纪念馆编：《广州农民运动讲习所资料选编》，人民出版社，1987 年，第 100 页。

习广宁农运经验。[①]10 月 30 日毕业，是 142 名毕业生之一（第二届农讲所招收学生是 225 人）。毕业后黄杰以中国国民党中央农民部农民运动特派员的身份被派回海康开展农民运动，是广东南路最早从事农民运动的中共党员之一。黄杰与当时另外一名农讲所的同学陈钧达到家乡后，由于当时也是处于邓本殷统治下，随即利用乡亲关系，秘密地号召农民，组织农会约共 41 乡，[②] 包括一区城角乡、西门，四区雾社陵乡，六区西宁乡、桥头乡、大桥乡、麻廉乡等；"这是南路最早的农会。"[③] 后为当时海康县长陈炳焱知觉，声言要拘押运动农民者，黄杰、陈钧达的活动受到限制，陈钧达转移到遂溪，并在广州国民政府南征时期，本计划奉命上去报告农运情况，"到水东因战事影响船不通行后回"来遂溪继续从事农民运动。[④] 而黄杰以"雷州改良蒲包会"演说的身份为掩护，继续从事农民运动。他深入海康各乡村市镇，继续宣传组织农民协会的好处，并帮助农民认识自身团结的必要，提高农民的思想觉悟。1926 年初邓本殷集团被击败，广东南路归于广州革命政府的管辖之下。1925 年底，黄学增亦奉命回家乡发展农民运动，并于 1926 年初担任广东省农民协会南路办事处主任，领导整个广东南路农民运动的发展。黄杰遂在黄学增领导下，以农民运动特派员的身份在广东南路各地开展农民运动。如"令第十八号四月二日……令驻海康之农民运动特派员黄杰等就近制便，仰即转知该区各乡协会备款领取"。"令特派员黄杰等……经已商定补救方法如左……所有筹备处一切员役尽行解散，只留

---

① 陈登贵：《第一次国共合作时期广州农讲所的创办及其历史功绩》，载广东省档案馆、毛泽东同志主办农民运动讲习所旧址纪念馆编：《广州农民运动讲习所研究文集》，内刊，1986 年 1 月，第 55—56 页。

② 见黄学增：《广东南路各县农民政治经济概况》，载《中国农民》第 4 期（1926 年 4 月 1 日）。

③ 中共湛江市委党史研究室编：《广东南路农民运动史略》，中共党史出版社，2012 年，第 15 页。

④ 中共湛江市委党史研究室编：《南路农民运动史料》，广东人民出版社，1997 年，第 19 页。

程廖一人干理后方一切事务，其用膳已商允县党部暂行供给，仰该特派员即便遵照可也。……该特派员并须注意入会分子并选出职员，切不可潦草从事，致违定章。如会员中有不守纪律者，尤须极力淘汰，毋稍姑息。"① 1926 年元旦在雷州城召开的"庆祝琼崖收复广东统一"大会上，黄杰上台向广大农民教唱的雷州歌《劝告全体农工歌》，动员广大农民积极参与国民革命："敬告雷州各民众，一切兵农商学工。革命军民共合作，乜事无由不通融。伊为救民偌奋勇，肃清土匪征西东。土豪劣绅概打倒，军阀横行更不容。帝国主义思蠢动，走狗时常暗沟通。看邓本殷这首恶，总霸八属入牢笼。革命军，誓不跟伊同天共，救出雷民水火中。伊窜琼州图霸占，现将收复闻天哄。偌体广东归一统，北伐旗扬更威风。凡有民族受压迫，总联起，世界定然见大同。人人合力就有用，最占多成是农工。由此去，各县区乡设农会，无论已田租田雇工都同类。大家联络共设农团队，总要村村能自卫，又相互救莫推诿，万众一心结成堆。无给富主勒租贵，都邀手艺打工伙计同心水，设会相帮志莫退。蜈蚣足多都可畏。以后有谁勒索欺负人，就将条命共伊配，认真实行民族民权民生三件主义莫违背。革命军，中华国，雷州人，农工界，三呼万岁万万岁！啊，永享升平大光荣。"据说这首雷州歌在海康流传非常广。② 1926 年 4 月，广东省农民协会南路办事处委托中国共产主义青年团雷州支部（即"雷枝"）在海康城举办雷州宣传讲习所，黄杰与当时主要共产党人黄学增、薛文藻、陈荣位等先后为讲习所讲课。实际上，黄杰在开展农民运动时也从事创党工作，成为中共海康县党组织的创建人之一。1926 年 4 月中共海康支部成立，黄杰担任支部委员；1926 年

---

① 陈国威、许冰：《黄学增年谱》，新华出版社，2021 年，第 186—187 页。
② 洪元：《海康农民运动先驱——黄杰》，政协海康文史资料研究委员会：《海康文史》1984 年第 2 期，1984 年 12 月，第 5—6 页。

4月17日海康农民协会成立，会址设在城内宾兴祠；黄杰以国民党中央农民部农民运动特派员身份当选为委员，主持农会工作。经过黄杰与黄学增等人努力，广东南路农民运动开展得轰轰烈烈。至1926年10月，广东南路农民协会得到极大发展，农协会数量及会员人数由少数实现迅速增长："化县乡协会数1，会员人数359人；遂溪区协会数5，乡协会数51，会员人数28000人；……总计区协会数13，乡协会数44，会员人数10093人。"① 至年底，南路各地"农会会员亦从1926年夏天的5万人增至约12万人。"②

　　1927年"四一五"反革命政变后，黄杰遭受国民党政府的"通缉"，但他不畏强暴，毅然与其他中共党员一起发动、领导了海康东海仔暴动，在东海仔淡水蔗荣岭一带从事武装斗争，武装反抗国民党反动派。暴动失败后，黄杰带领八十余人撤入雷州西部的覃本山，因粮食匮乏，黄杰外出联系时，不幸在扶茂村（现雷州龙门镇淘汶乡）被捕，遂被押回雷城，并被监禁在城内"仙城会馆"——仙城会馆是明清时在雷经商的广府商人汇集之地，仙城取自五羊仙城之意，不久他被国民党杀害于西湖南边。③ 据言，黄杰惨遭国民党剖腹、挖肝、砍头的酷刑。1987年，雷州师范学校的毕业生翁泽民曾写一首诗悼念校友黄杰："血染征程六十年，难忘第一举旗人（笔者注：黄杰同志在1924年入党，他是海康最早的一个入党人）；成仁取义拯黎庶，洒血抛头斗鬼神；不朽英名传马列，长存浩气转乾坤；开来继往承先烈，勇作新征接力军。"

---

① 广东省档案馆、中共广东省委党史研究委员会办公室编：《广东区党、团研究史料（1921—1926）》，广东人民出版社1983年版，第331页。按，原文如此，会员合计数字有误。
② 中共湛江市委党史研究室编：《广东南路农民运动史略》，中共党史出版社2012年版，第59页。
③ 洪元：《海康农民运动先驱——黄杰》，政协海康文史资料研究委员会：《海康文史》1984年第2期（1984年12月），第6—7页。

第四节 1917 年后雷州中学校的变化

虽然大革命时期，雷州中学校投身革命的人员并不是很多，他们主要也只是在当地从事简单的革命工作。如麻章区湖光镇（当时称为潮满区）鹿渚村《黄氏族谱》（1928 年 2 月重修谱），重修谱里面有一篇序言是由该村黄时熙撰写。根据该族谱记载，黄时熙，毕业于雷州中学校，后在遂溪第六高小当教员，遂溪教团民校长，雷州三属安良会文牍员。此处所言的安良会指的是除暴安良会，它是大革命时期，由共产党人创办的一种民间社团组织。遂溪除暴安良会在乐民圩成立，共产党员陈荣位任主任，会址设于乐民圩尤进已的店铺。该会是由共产党人领导的革命群众组织。①

但自 1917 年前后，雷州中学校的规模也在发生改变，各种配置也在不断完善，培植人员也在不断扩展。下文是 1918 年，雷州中学校遭受当地军阀乱战时，深受影响。时任校长温仲良向上级汇报时，撰写的一份报告，里面涉及不少当时雷州中学校的情况，既可以从中看到雷州中学校的变迁，学校管理情况、教学情况、办法思路，也可以看到 20 世纪 20 年代雷州中学校艰难的办学概况，为作史料留存，特将部分内容录入，附于本节文后。在文中提及，1917 年 12 月 16 日，传闻振武军进入徐闻城，"各生急欲挈行李离校"，虽学校一时制止离校，但第二天"各生极鼓噪，第二课几不能上堂"。到 24 日，战事发生，振武军与警卫军"两方军队开始攻击"，"一七生的半山炮之弹子从南门城楼越过操场附近而去，继以最近之步枪声，同人即走避，严锁前后校门，负墙而立，俟枪声稍疏，始群趋校内之仰止楼下为避险之所。"第二天，在学校操场就捡到炮弹一枚。后来战事停息后，温仲良校长曾将"检拾

---

① 中共湛江市委党史研究室编：《中共南路党史大事记》，广东人民出版社，1996 年，第 11 页。

校内落下各子弹陈列之越三日。"① 由此可见，当时雷州半岛由于各军阀混战不止，严重影响到学校的正常运作。

虽然如此艰辛，但 20 世纪初期的雷州中学校还是在艰难地发展，且在学业上还是比较严格的，并没有因为环境的恶劣，而降低学生的成绩要求。如在 1919 年：

> 呈悉郑绍康、刘国炳二名第四学年成绩不及格，照应留级补习。惟据呈缴学年报告表文内声叙无级可留，业经令饬发给修业证书，听其转学他校，其余蔡乃骝等二十九名学历尚符成绩及格，应准毕业，仰即遵照表存。此令。中华民国八年九月廿二日

> 附抄毕业生姓名：蔡乃骝、邓其形、陈恢廷、张德相、游赓藩、黄兰清、王显基、苏海国、黄木森、唐文祺、王家骝、杨文沛、陈用举、陈育浓、蔡树槐、黄宗章、张奋鹏、骆象形、唐焱、黄乃鹤、黄尊荣、陈耀齐、梁善庆、陈宝琳、林森、何鸿雅、何文康、陈惠元、陈宏猷。②

据了解"学校从 1903 年办雷州中学堂起至 1934 年止，办学三十年来，已毕业的学生计有：旧制师范班一班，民国二年（1913 年）毕业；高中班自民国十八年（1929 年）设立，毕业三届；旧制中学连新制初中共毕业十三届，由第一届至第七届均属旧制；民国十五年（1926 年）八月改办新制，由十八年（1929 年）七月至廿三年（1934 年）七月毕业六届，总计历年毕业人数约六百名。三十年来，只培养六百名学生，每年约二十名，本来是一个很小的数字，但在文化教育极端落后的雷州半岛，能够有六百名中等文化程度的知识分子，所起的作用也是不

---

① 温仲良：《雷州中学校办理情形之报告》，载《广东高等师范学校校友会杂志》1919 年第 3 期，第 12—17 页。

② 《广东省长指令第三二二五号令省立雷州中学校据呈缴蔡乃骝等毕业成绩表请核示由》，《教育公报》，第 21 页。

小的。"^① 很长时间内，学校因为经费问题，办学条件一直是处在举步维艰的状态，甚至在 1922 年因为经费问题，不得不延期开学。有文献则言之是年停办："雷州中学是年奉令执行新学制，但因该校办学经费发生困难，停办一年。"^② 新学制是指"壬戌学制"，要求各地学校仿欧美教育制度，小学六年，中学六年——其中初中三年，高中三年。以致在 1923 年，时任校长梁连岐向广东省长诉苦，这份诉苦报告甚至直接登在省教育厅的《广东全省教育大事记》中："雷州中学校校长梁连岐呈省长文云：窃自连岐受职之初，备悉校款久无接济，特与海康遂溪两县人士磋商，暂减协款为每县千元，假定徐闻县协解八百元，俟匪乱稍定，税收如常，复依原案协定。旋以徐闻观望，海遂两县亦无追加，各项田租亦因乱停歇，故两年来艰难万状，几乎无法撑持。只以第六班毕业有期，不得不由连岐特别减薪，一面裁员节费，始招第七班新生，俾得易聘教员，不知几历阽危，幸已度过前班毕业，而欠薪未发，崩屋难修，以及一切必需之校具图书均无从出，迫得再赴遂溪重提后此减协之数，奈又并此谢绝，若徐闻则更无余地商量，似此遂徐实脱离斯校，已成绝望……"^③ 但令人吃惊的是，这位诉苦的、说自己减薪来办校的梁校长，不久却因为贪污学校田租经费，被校友、时任中国国民党南路特委委员黄学增直接写入报告里面："县城内有省立雷州中学一间，校长梁连岐，经邓贼本殷蹂躏，不开课已二年有奇。该校原有学田，租为梁连岐收为私有。"^④ 作为省立学校，学校校长一直归属省教育厅直接

① 广东湛江教育学会、湛江教育志编辑室：《建国前雷州师范学校沿革史料》，载程永年编写：《湛江教育史话》，内刊，1988 年 3 月。粤西农垦印刷厂印刷，第 130—131 页。
② 本书编写组：《湛江教育志（1898—1987）》，广东教育出版社，1991 年，第 6—7 页。
③ 广东湛江教育学会、湛江教育志编辑室：《建国前雷州师范学校沿革史料》，载程永年编写：《湛江教育史话》，内刊，1988 年 3 月。粤西农垦印刷厂印刷，第 129 页。
④ 黄学增：《广东南路各县农民政治经济概况》，载《中国农民》第 4 期（1926 年 4 月 1 日）。转见陈国威、许冰：《黄学增年谱》，新华出版社，2021 年，第 219 页。

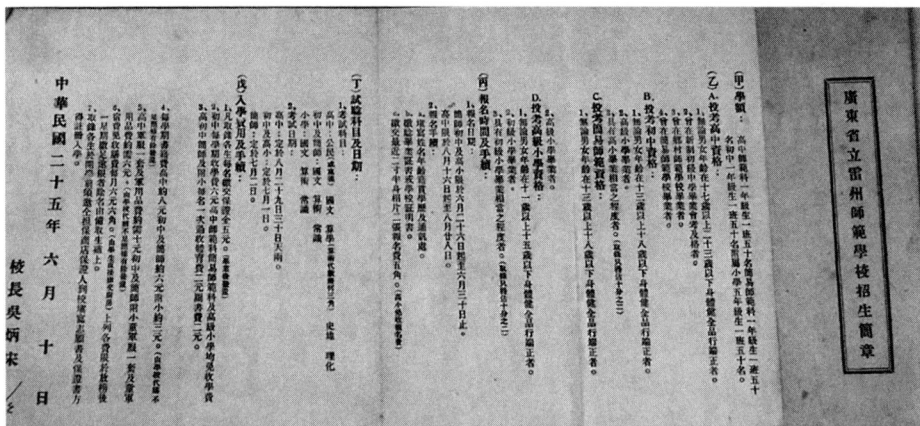

1936 年招生简章

委派，经费或由省上面拨划，或由雷州三县（海康、遂溪、徐闻）共同
筹办，只是连年的兵匪祸害，地方财政极其紧张，自然常常拖欠拨款。
同时，校园也常常被军队借驻，严重地影响学校正常教学。面临如此的
境况，学校一度也谋划改革："省立第十中学校开本学期第二次校务会
议，议决要案多起，内有该校校长罗应祥提议一案，系拟定改进该校计
划大纲。闻议决按照所拟计划，分年逐步进行，俾臻完善云。兹探录提
议书原文于后：雷州半岛，省校仅有本校一所，地位实甚重要，顾成立
迄今，已逾卅载，犹未臻于完善，以前种种，姑不深论，比年以来，校
局安定，以员生之合"。[①] 但不知道何种原因，省十中时期学校还是没
有进行很好的改革，还是缓慢地进行："学校从民国十八年（1929 年）
起，又招高中师范科一班，这是学校第二次办师范专业班。至 1934 年
学校的办学规模是：高中师范科两班，35 人；高中普通科一年级，25 人；
初中三班，146 人；合共 6 班，206 人。这时学校经费是由省库拨支增
班经费每月 1649.5 元，全年共计 19794 元；海康、遂溪两县协款每月

---

① "省立十中拟定改进计划大纲"，《雷州民国日报》1934 年。

各170元，全年计4080元；校产田租年约3000元；原有初中两班学费1440元，合共全年收入为28314元。这是学校办学经费最充裕的时期。校舍也略具规模，有教室七间，学生宿舍四十间（每间住三至四人），办事处一间，教职员住房六间，礼堂一座，图书仪器室一间，学生成绩室一间，膳堂一座。还有图书数千册，价值数百元的仪器一批。"① 到了学校又一次改名时，财政经费严重不足的当地政府甚至把眼光转向学校的田租经费："请教厅令饬省立雷州师范学院要府圣宫学租项下照例拨款，恢复府圣宫春秋两祭，以续祀典，而崇圣教案。提议人：王元亮、邓武，连署人：林麟年、莫炳麟、冯应时、谢琦。理由（略）。办法，函请县府，转呈教厅，饬令雷州师范学校，在所管之雷州圣宫学租项下，每年拨款四百元，会同海遂徐三县参议会、县党部、县教育会各机关，□办府圣宫春秋两祭。议决，修正通过。"②

附录：《雷州中学校办理情形之报告》③

"本校叠经改革，近颇能引起地方人士之注意，以是参观者日见多。又去年冬雷城发生战事，同人冒险维持，校舍校具，得免残毁。爰述校内办法及处变情形，想为各校友所乐闻也。

本校之设备

本校成立于民国纪元前九年，距今十有六年矣。校址旧为雷阳书院，在雷州城南门内嘉岭街。员生住室列器室厅事等，均仍其旧。教室二间，

---

① 广东湛江教育学会、湛江教育志编辑室：《建国前雷州师范学校沿革史料》，载程永年编写：《湛江教育史话》，内刊，1988年3月。粤西农垦印刷厂印刷，第130页。

② 《雷州民国日报》1935年10月10日第三版。

③ 温仲良：《雷州中学校办理情形之报告》，载《广东高等师范学校校友会杂志》1919年第3期，第12—17页。

则修改旧舍为之，中座前有亭翼然，为改校后甩建者。民国六年春，仲良不惮艰苦，于校之东北隅，增广操场之面积，并改建操场之门以便出队。是年秋因多开中学生一班，又于校之西北隅，修改旧日会食堂为第三年级教室，而迁会食堂地点于文昌宫，并于校之南，修葺学生宿舍七间，而以旧之图书为手工室。

本校除教室宿舍操场外，另有治事室、藏书楼、仪器室、应接室、学生阅书报处、各科成绩陈列处、会食处、浴室、调养室、学校园课余贩卖部等，均以原有堂舍余地为之。藏书楼即校内之仰止楼，面积狭窄，然此外亦无适宜地方，所藏经史子部数约在二百种以上，约值六百余金。理化用仪器药品，除开校时购办外，历年略有添置，约值七百金。然前经地方变乱，及蚁蚀霉烂，颇有损失。学校园介于两教室之间，用小木牌揭示门类科目。浴室四间，用士敏土填地，为去年春所改筑者。

本校前以校舍损坏剥落颇多，不得不酌量修葺，并于教室宿舍内外，粉新墙壁，力求清洁，约费五百余金。此项用款，除经邓前校长呈准省长公署于经常费内节存余款指拨五百金外，所不敷者，复由仲良于追收历年欠租入款揸节挪用。民国六年秋，添招中学生一班，修筑教室宿舍，迁移会食堂，添购床板用具，亦约三百金左右，均由补收上期欠租三县欠解协款项下拨支。

本校之经费

本校自民国纪元前九年开办，（即清光绪二十九年）由陈君伯祥准以全府牛皮捐每年五千元，及原有雷阳书院田租十余元，作为常年经费。后牛皮捐加至一万二千余元，又由票捐一千元，各项杂捐千余元。此为经费最足时代。改革后，奉裁府制，本校停顿一年，所有牛皮捐，已由海遂徐三县分批，而由票及各项杂捐，概行取消。民国二年，周前校长集议规复，仅得书院及府学拨来田租共二千余元，复由三县协款五千余元，征收学生学费数百元，每年共约八千余元，定为学生两班。曾于预算案内声明，递年节存余款，以为逐渐补购反正时损失书具之用，不意比岁叠遭兵祸，其陆续添补及原有各件，亦渐多毁散。去年仲良接事以来，以雷州全属之中学，仅得学生两班，殊为缺点。经开校员会议，添招学生一班，惟是经常费，比较前此支出，略有增益。除就原有预算多方面撙节外，其少数不足之款，定于新生学费或协款中，酌量加多。此举为培植人才推广学额起见，当为地方人士所乐于赞助也。

本校之训育

民国六年，本校选定校训为诚爱勤洁勇五字，以此矫正学生之行为，养成善良之学风，尚无窒碍难行之处。

本校学生之训育，以土语之扞格（按，互相抵触、格格不入的含义），及囿于向来之积习，诱掖奖劝诸术，有时而穷。仲良自视虽无似，然对于学生之训练，未尝不以身作则。而于学生自动之能力，亦极思有以发之。除有临时发生事件，亲在教室训告外，复于校内各部分之整理，均派值日生分任。又设学级日记，使记录该级中之行事，以学生于礼节上，尚有未整齐者，当请隆镇守使莅校演说，就此点发挥。至本城战务将发生之际，又请其一再布告，非有确实危险，不得辍业，仲良亦力持镇静，以符校训勇字之要旨。

养成学生之侠义心爱群心，亦为训育上所不忽视者。去年秋，警卫军李连长剿匪阵亡，遗孤孀幼子，仲良特向各年倡议周卹（恤）之，即员工共集资百余元。又当复辟问题发生，即于操场建立旗杆，高举国旗，对各生为痛激之演说，使其对于政治之观念，真切明了。此于世道人心，或有稍补也。

对于学生个性之考察，为管教员所宜注意。仲良于去年暑假第三班毕业生举行礼时，曾对来宾为个人之品评。某也长于治事，某也优于学识。其结果，此次毕业生甚得政学界之见信。同时有六人为各小学校所延聘。庶不负养育人才之旨。

本校学生全寄宿晚上点名一次，稽核人数，每舍编列寄宿者姓名。从前各生之住宿，取混合制，现为管理上之便利，采用分级制，就三班学生，以南舍中舍别之。

本校之智育

本校学科课程，悉遵部定中学校课程标准办理。前以地方变乱，各生返校延滞，致各科用书，不能如期教完。仲良莅校后，屡开校员会议，设法补救。修身科除就偶发事项特别注重外，兼重一般之实践。国文两星期作文一次。旧班生曾加入应用文牍一门，由本校黄文牍员担任。英文成绩，在本校各科中为最低，此由各生口音间有未正，亦以本处高小各校多无英文教授，基础无也。历史地理二科，学生颇觉有兴味，观各生所画地图，色泽鲜明，界线精细，得以知之。数学科旧班生甚注意，练习各问题，强半完备。新班生则略逊矣。理化以仪器药品之不完备，以是实验上时有停顿。在仲良意见，化学试验，必须学生自行实习，则理化实验室，为中学校设备中所不可少，此间未能办到也。博物科之图说，在各生笔记中，比较上亦算完备，惟实地采集标本一层，各生尚乏兴味耳。图画近注重图案及写生。手工则为厚纸工竹工黏土石膏工等，木工金工未能办到。于以上各科外，增设农业簿记二科，每周各一小时。簿记除现设课余贩卖部实地应用外，农业以雷州地势平衍，宜于耕植，不得不提倡之。现辟校旁余地，为练习种植之用。

去年七月十五日起至十七日止，本校举行第一次成绩展览会，先期将陈列科目及办法，分函各县各机关，请派员莅临参观。计展览品物二千一百零七件，各科均备。参观者男女约五万人。此举不惟各生之学业成绩有所比较，而地方人士对于本校之信仰心，亦日益增高也。

本校之体育

本校体育，除兵式操外，有器械操足球网球等。民国六年秋，曾与附城各校组织体育会，定为月终会操一次。当第一次会操时，本校进步之迅速，颇为外界所惊异。

民国六年春，于校之北偏，增辟运动场一区，拟继续设置各种运动器具。嗣以经费不敷，未能设置完善，现只有浪桥钢架网球等而已。

仲良初来时，见各生身体羸弱多病，不耐劳动，故于校内卫生，异常注意。曾请西医生检查各生体格，列表悬挂外，复于各室增开窗户，刷新墙壁，添设吐壶字纸篮扫除用具等，四时举行大扫除，夏秋间加用硫磺炭酸等。以是年来校外发生各病症，得不至传染也。

雷州连年疫症之盛，能今谈者变色。然未尝不由饮食起居之不洁有以酿成之，以是仲良对于学生寄宿之清洁，为特别之注重。时至各舍考察。去年冬，管理广东天主教事务之光若望主教（原驻省城石室者）偕法国教士人来校参观，对于各宿舍之清洁，颇见称许，并言中国人办学已日得有进步。

去年四月十五日，本校举行开校以来第一次之旅行，联合附城三校为之，目的地为英山雷祖祠。此为研究雷祖历史者，所不可不到也。余在祠内演说大旨，为旅行与锻炼身体之关系，及学生宜有爱乡土爱国家心。九月二十四日，复为秋季旅行（此行兼为整齐新生服装起见），目的地为邦塘村。该村数百家，鲜有人入学校肄业者，此行为开通风气故也。随在村后旷地赛足班唱歌游戏，返校时路经公共植树场，巡视所植树苗。

本校当战务发生时之维持

······本校地址，迫近城之东门，据城内之最高点······是日午仲良与萧学监直倩、林教员玉如、梁教员士翘、曾教员少晖、陈教员延龄，陈庶务汉臣、温支应昌候及学生陈育浓、刘国炳、李芳园、陈元鼎、黄希尧、唐文祯六人，在仰止楼下拍照，以为此次脱险之纪念，并捡拾校内落下各子弹陈列之越三日······"。

第三章

断裂："四一二"政变后雷州半岛党组织的概况及广东省第十中学的红色校史人物

★ ★ ★ ★ ★

何以成范
岭南师范学院红色校史研究
（1913～1949）

雷州半岛，由于地处中国僻远的南疆边陲地带，远离中央政权及中原文化，长期深受兵匪的祸害，社会状况一直处于封闭的态势。1904年新式学校——雷阳中学堂开设；1913年由中学堂改名而来的雷州中学校也迎来来自外地先进地带的教员，包括谭平山，这些人员的到来，给雷州半岛带来了一股新鲜的空气。1924年，对中国社会颇有影响的两大政党——中国国民党与中国共产党第一次合作，作为当时国民党主要据点的广州成为国民革命的中心，同处广东区域的雷州半岛深受影响，即使当时雷州中学校随后改名为省立第十中学，虽然迅速掀起热烈的革命之风，但也受到影响，革命的书籍也流入校园。可惜的是，1927年"四一二"政变之后，国共两党合作破裂，1925年兴起的雷州中共党组织发展受到了牵连，更在1928年遭受法殖民者与国民党两者共同破坏，整个广东南路陷入沉静之中。但革命之风已吹入的省立第十中学（雷州中学校）也出现一些后期投身革命事业的师生，他们也是学校红色校史人物构成部分。

第一节　校长罗应荣遭通缉、中共南路特委遭破坏

在广州中共三大会址展馆中，展出的1921—1922年中共广东支部32名成员名单中，来自雷州半岛的校友黄学增的姓名赫然在上面，且排在比较前的位置：陈独秀、谭平山、陈公博、谭植棠、林祖涵、杨匏安、阮啸仙、刘尔崧、周其鉴、张善铭、杨章甫、黄学增、冯菊坡、王寒烬、梁复燃、罗绮园、黄裕谦、郭植生、谭天度、陈式熹、郭瘦真、赖玉润、施卜、杨殷、潘兆銮、张瑞成、沈厚培、梁桂华、钱维芳、周侠生、王卓如、佘广。大致可以认定黄学增是广东南路、雷州半岛的第一名共产党员。至于何时雷州半岛出现共产党组织？目前还没有特别明确的资料。在1924年5月黄学增向当时广州国民政府的国民党中央执

行委员会发出一份请愿书,要求通缉时任雷州伪善后处处长陈学谈(兼任法殖民政府赤坎公局局长)。里面谈及:"于本年二月四日捕党员黄汝南梁竹生(均遂溪人),在雷垣惨刑处死。复相继通缉党员黄荣、黄学曾、黄河丰、方景、黄汝清等,种种罪恶实为罄竹难书。噫雷祸极矣"。①目前知道黄荣、方景两人后期具有共产党员身份。黄荣,遂溪寇竹黄村人,毕业于甲工,与周其鉴等人是同学。方景是遂溪人,1927年"四一五"政变后曾回来重组过党组织。另外,也清楚在1925年10月,中国共产主义青年团雷州特别支部(简称"团雷州特支",代号"雷枝")在遂溪成立,书记韩盈,成员有黄广渊、薛文藻、苏天春。虽然雷州中学校这样的省立中学存在,但雷州半岛的团组织似乎发展不是很好。至1926年,团"雷州支部7人",原因是"交通不便",②后来,团粤委认为团雷州支部存在着"组织不健全,负责人且时多变动,少努力吸收同志,少报告"等问题。③到1926年3月,"原有13人,三月份增加12人,现有25人,其中7人是学生"。④至于此7个团员学生是否是来自于雷州中学校?目前没有相关材料说明。但至少在1926年3月,中共南路特委已存在,此时黄学增已担任着国民党特委主任委员、广东省农协南路办事处主任等职务。随着广东南路党员不断的增多,任务的加重,1927年1月中共南路地委在高州成立——此时农协南路办事处已迁徙到高州,书记为黄学增。但随之而来的"四一二""四一五"政变,整个广东南路社会发展受到冲击,包括雷州中学校长罗应荣也受到

---

① 陈国威、许冰:《黄学增年谱》,新华出版社,2021年,第172页。
② 中央档案馆、广东省档案馆:《广东革命历史文件汇集》(群团文件,一九二六年·一),内刊,1982年10月,第46页。
③ 中央档案馆、广东省档案馆:《广东革命历史文件汇集》(群团文件,一九二六年·一),内刊,1982年10月,第289页。
④ 中央档案馆、广东省档案馆:《广东革命历史文件汇集》(群团文件,一九二六年·一),内刊,1982年10月,第294页。

通缉。1927 年 6 月 15 日，《广东省政府委员会令〔军字第七八（按，应是一七八）号〕》认为："该县党部执委黄斌、陈荣位、工会陈炳森、日报社罗应荣等，联络南路特别委员会书记杨枝水，谋杀前县长苏民函案后；该执委知事机败露，相继畏罪潜逃。""理合将实情呈报钧座核夺，伏乞转呈总座，迅赐派员前来海康县，实地调查；并将黄斌、罗应荣、陈炳森、陈荣位等，一并通缉归案严办，以儆效尤，而维党纪，实为公便"，且要求是"从严严踊缉"。^① 在这里，国民党政府以莫须有的罪名诬蔑罗应荣等人。当其时，陈荣位具有共产党人身份，担任共青团雷州支部书记一职。黄斌、陈炳森也是大致具有共产党身份，陈炳森担任雷州总工会负责人，后曾被法国殖民者秘密逮捕。黄斌在 1924 年与黄学增、陈荣位恢复雷州青年同志社，国共合作时任国民党海康县党部执委（陈荣位任书记长），同时在海康从事农运。黄斌妻子何青云，广东宝安人，农讲所第四期学生，时任雷州妇女解放协会主席。罗应荣大致也具有共产党员的身份。1926 年 5 月共青团雷州支部曾向共青团广东区委汇报到："雷州学生运动前时候操在反动分子之手，现在已经由他们手上转过来了。现决定成立海康县学生会，已经着手筹备，定于六月二十日成立。"^② 当时海康县中学只有一间——雷州中学校，海康县立中学至 1926 年 11 月 23 日始宣告成立。^③ 罗应荣校长之职，国民党这份通缉令里面也直接指出："至民国日报社，亦全是黄斌及中学校长罗应荣包办"。而在另外一份档案中，国民党称罗应荣是雷州中学主持人，大致也说明罗应荣是校长。1926 年 12 月，雷州国民党一份呈文说道："十二月二八日，为海康县立中学校举行成立典礼，该黄斌亦躬

① 《通缉海康县捣乱派黄斌等四名案》，《广东行政周刊》廿三期（1927 年 11 月），第 20—22 页。

② 中共湛江市委党史研究室编：《南路农民运动史料》，广东人民出版社，1997 年，第 31 页。

③ 本书编写组编：《湛江教育志（1898—1987）》，广东教育出版社，1991 年，第 369 页。

亲列席,且发挥其不伦不类之言论,迨后未曾见该报有登过半只字,及海康中学成立盛典,虽经教育界中人请求黄斌登载,亦未允办。该对于罗应荣挂名主持之无形解散雷州中学,则为之大吹大擂"。这份呈文甚至诬陷雷州中学已是解散。黄斌对之反驳说道:"试问谁不知现在规复雷州中学伊始,芬丝待理,而罗应荣同志晋省聘教员、办校具呢?况该校学生六十余人继续上课,何谓无形解散?则斌又大吹大擂之何有?诚可谓司马昭之心,路人皆知矣"。[1] 国民党广东省政府这份通缉令也呈"国民革命军总司令蒋",估计也送到蒋介石手中。罗应荣的情况如何?以及他之前的经历如何?由于缺乏相关史料,无法得到。

国民党的"四一二"政变可谓是破坏了雷州半岛社会发展良好的形势,该区域的中共党组织、农民协会等遭受破坏,"广州湾有十余同志,但无组织"。[2]《中共南路特委关于茂名沙田暴动决议案》(1928年4月26日)则记载:"全县各区乡支部以上之机关都破坏了,并封了许多房子。反动政府复勾结法帝国主义者,把在广州湾负责交通之同志拿去。"[3] 甚至造成社会上一般群众产生波动:"我们自党势孤,一般农民多存害怕心理,无法发动进取,口退入山中。在山中困身月余,因粮食缺乏,和土水病,不能持久,遂化整为零,分别散回各人家乡。"[4] 面对广东南路党组织这种困境,上级也相继派出方景、彭中英、杨石魂、黄平民等人前来对广东南路党组织进行整顿——"四一五"政变时,当时中共南路地委书记黄学增在广州协助省委进行工作,并在1927年4

---

[1]《宣布黄斌十大罪状》,中国国民党汉口档案,卷宗号:汉9236。(台北)中国国民党文化传播委员会党史馆所藏。

[2] 中央档案馆、广东省档案馆:《广东革命历史文件汇集》(中共琼崖、南路特委文件,一九二七——一九三五),内刊,1983年12月,第215页。

[3] 中央档案馆、广东省档案馆:《广东革命历史文件汇集》(中共琼崖、南路特委文件,一九二七——一九三五),内刊,1983年12月,第221页。

[4]《苏浴尘(苏天春)自白书》,1950年2月4日笔录,广东省公安厅档案。

月 19 日奉命前往西江地区进行武装斗争。广东"南路有周颂年……杨石魂等，他们……的精神，且最近在省委的兵变策略下，发动高州及茂名的兵变，奄奄一息的南路于是在这兵变声中给群众及同志一个很好的兴奋剂，省委对于这事另有指示。"① "1928 年春，南路的茂名、化县、廉江、雷州等地的工农武装起义失败后，中共南路特委主要抓了如下工作：第一，健全了特委的组织机构，由杨石魂、周颂年、卢永炽、吴家槐等 7 人为委员，杨石魂、周颂年、梁文炎为常务委员，杨石魂为书记。"② "这次交黄□民同志带来之三百元，除给各地党部津贴及各种使用外，现在一元都没有了。……因此有许多很重要的工作，也无办法进行，如想派李复同志去北海，决定邱九同志返东兴，派何瑞同志到各地去调查军队状况（只去到梅菉因无钱而又回），通通因为没有钱的原故，而不能实行。请省委快些设法来接济。"③……但由于当时是处于敌强我弱的态势，虽然有相关的努力，广东南路党组织在 1928 年底还是遭受到当时法殖民者与国民党联手的严重破坏，中共南路特委被毁灭性的破坏，时任特委书记的黄平民及委员朱也赤等人被捕，并被杀害。当时的《申报》也给予这件事件报道："广州通信 南区共党朱也赤黄平民等，迭在茂名信宜各县设立（机）关，杀人放火。朱自称为共党南路总司令，黄则自称为共党前南路执委，纠率党羽，到处糜烂地方。后经十一军第二十四师积极围剿，朱黄等遂窜匿广州湾，仍暗设暴乱机关，及分派党羽，潜入内地散布印刷品。二十四师一面派队在梅菉水东各处搜缉其党羽，一面派探赴广州湾侦查其机关。当先后查悉其总机关名曰

---

① 中央档案馆、广东省档案馆：《广东革命历史文件汇集》（一九二七——一九二八），内刊，1982 年 12 月，第 161 页。

② 黄振位：《中共广东党史概况》，广东高等教育出版社，1994 年，第 151 页。

③ 中央档案馆、广东省档案馆：《广东革命历史文件汇集》（中共琼崖、南路特委文件，一九二七——一九三五），内刊，1983 年 12 月，第 333 页。

大学堂，中机关名曰中学堂，小机关名曰小学堂，设置异常秘密。于是会同梅菉警察局长及南区善后署特派员，赤坎公安局警兵，在广州湾之赤坎埠，破获共党机关三处，拿获朱等反其党羽共十余人，并搜出广东南路总指挥大印一颗，各种印信重要文件反动宣传品三担，设法引渡朱黄等。旋据法领函覆，除将无确□犯罪证据者释放外，其余悉照引渡，并谓此后广州湾政府，始终帮助。"[①]而在1929年1月1日，中共广东省委就发出"悼黄平民、朱也赤、黄中等十余死难同志"的悼文，指出："他们死于代表豪绅资产阶级屠杀工农的刽子手国民党、法帝国主义者与本党叛贼梁超群之手！""黄、朱诸同志之死，罪魁是豪绅资产阶级、帝国主义和无耻的叛贼梁超群。"号召广大党员向黄平民、朱也赤等人学习。[②]此事之后，虽有陈信材"卖身"——通过"卖猪仔"的方式前往香港寻找党组织，但失败，整个广东南路党的活动一度深入低迷状态。

第二节　胡云翼、郑为之、郑星燕、陈以大等：土地革命时期省十中的红色校史人物

虽然目前还没有发现在大革命时期、土地革命时期雷州中学校（省立第十中学）有关党组织活动的材料，但在相关党团文件中还是发现到一丝踪迹。如1924年12月6日团粤区给团中央的报告，提出理应向全省各地学校赠送《向导》《中国青年》等报刊，其中就认为"雷州中

---

① 《申报》1929年1月29日。
② 中央档案馆、广东省档案馆：《广东革命历史文件汇集》（中共广东省委文件，一九二九·一），内刊，1982年11月，第1页。

学书报室"有赠阅之必要，要求团中央邮寄。[①] 而到了 1928 年，学校甚至迎来了一名才华横溢、具有进步思想的胡云翼。

胡云翼（1906—1965），原名耀华、韶春，又名萍青、宗湘，字南翔，笔名南屏、北海、拜苹女士等，湖南省桂东县人。1924 年考入国立武昌师范大学（武汉大学的前身）中文系，在郁达夫等新文学作家的支持和指导之下，与同学刘大杰、贺扬灵等组织"艺林社"，创办《艺林旬刊》，从事新文学的创作、评论和古典文学的研究，时人称之"武汉三才子"。1925 年，时年 19 岁的胡云翼开始发表文学作品和词学论文，出版了《中国文学概论》、《文学欣赏引论》和《词人辛弃疾》三本书；二十岁出版词学史上第一部有系统的学术专著——《宋词研究》（到 1928 年已出到第三版）。1927 年大学毕业之后，做过多间中学的教师（如长沙岳云中学、华南女中、湖南省立一中、江苏无锡中学等）及商务印书馆、中华书局编辑等。抗战期间，投身于抗日救亡活动，担任过浙西地区战地政工总队副总队长；抗战胜利后，主要在上海从事文学工作，先后出版了《唐宋词选》《唐诗选》《明清诗选》《唐文选》等。上海解放后，胡云翼先后任教于南洋模范中学和上海第一师范学校，后进入上海师范学院任教。1965 年去世。

对于 1927 年胡云翼从武昌师范毕业的去向，目前学界有不同的说法，如说他"做过一段时间撰稿人"；[②] 有说他"失业在家。以后，应何炳麟之邀回母校长沙岳云中学任教"。[③] "他赋闲在家。1929 年 2 月，受何炳麟老校长的邀请，胡云翼回到了岳云母校从事教育工作。"[④] 而

---

① 中央档案馆、广东省档案馆：《广东革命历史文件汇集》（群团文件，一九二二—一九二四），内刊，1982 年 10 月，第 518 页。

② 曾大兴：《胡云翼先生的词学贡献》，《文学遗产》2006 年第 2 期，第 147 页。

③ "胡云翼"，http://ren.bytravel.cn/history/10/huyunyi.html 。

④ "云中之翼胡云翼 ——记岳云中学校友胡云翼先生"，岳云中学杨光辉工作室网站。

湖南省桂东县人民政府在"桂东人物"一栏刊登了湖南省桂东县政协常委、学习文史委主任陈俊文文章《旷世逸才——胡云翼》，文章里面提及："1928 年 8 月，胡云翼受广东省海康县第十中学聘请，走上了教坛，从事教书育人工作。1929 年 2 月，受老校长何炳麟邀请，胡云翼沐浴着早春的暖风，回到了母校岳云中学从事教育工作。不久他还兼任了湖南大学，南华女中的教学课程。"① 颇可惜的是作者不清楚在雷城的第十中学的关系，误称之为"海康县第十中学"。

而由于对胡云翼本人不了解，湛江当地的相关记载中也对胡云翼的介绍并不是很准确，但都认可他在 1928 年前后来到广东省立第十中学教书："1928 年前后，新文化运动作家胡云翼来到省立第十中学（雷师前身）当教师，他给学生们讲新文艺、介绍新文学作品。学生们积极阅读陈独秀、瞿秋白、鲁迅、郭沫若、蒋光慈、吴虞等人的著作及后来的左翼作家联盟的'左翼文学''普罗文学'（无产阶级文学）等进步报刊和小说。他指导学生写白话文，不写文言文；指导学生出填墙报，办校刊，让学生们自己教育自己。在进步教师的指引下，学生们对国民党政府屠杀人民，投靠和勾结帝国主义深为不满。"② "1928 年前后，胡云翼（出版过《西泠桥畔》《宋词选》等作品）来到我县的省立第十中学当教师，他给学生们讲新文艺、介绍新文学作品。"③ 雷州师范学校时期的校友宋锐也回忆到，"国文教员胡云翼（作家）、数学教员梁鋈深（广西）、理化教员陈ⅩⅩ（广西）、数学教员李一鸣、英语教员

---

① http://www.gdx.gov.cn/20329/20400/content_1363783.html。

② 《建国前雷州师范学校沿革史料》，载程永年编写：《湛江教育史话》，内刊，广东湛江教育学会、湛江教育志编辑室发行，1988 年 3 月，第 131 页。

③ 洪毓清整理:《野火烧不尽　春风吹又生——第二次国内革命战争时期海康革命斗争片断》，政协海康文史资料研究委员会：《海康文史》1984 年第 2 期（1984 年 12 月），第 1—2 页。

文辙（四川，曾任商印书馆编译）等人都学有专长，深受学生欢迎。"[①] 虽然宋锐回忆在时间方面有误。结合相关的材料，大致可以判断胡云翼在1928年是在广东省立第十中学从教。另有文献也提及胡云翼与郑为之等人有交集："1927年秋，遂溪第三区平石村进步青年学生郑为之（郑寿衡）、郑仲涵等人从麻章圩县立第七小学毕业后，考入雷州省立第十中学。由于他们在大革命时期有机会接触在平石村搞农运工作的颜卓等共产党人……在学校进步教师胡云翼和进步同学吴克波的影响下……郑为之在一次领导罢课学潮中被学校开除，郑仲涵、周怀贻也被迫退学……1929年秋，郑为之、郑仲涵、周怀贻……到上海求学。郑为之先在建设大学学习，后转学浙江之江大学、上海暨南大学……"[②] 而1928年入读省十中的郑星燕明确提到："当时省立'十中'有一位老师，是'五四'时期新文化运动的作家之一胡云翼（出版过《西泠桥畔》《宋词选》等），直接为我们讲新文学，介绍一些新文学作品，他同时从事创作，对我们的影响也较大。我到了省立'十中'以后，还很认真地阅读了敢于打倒'孔家店'——即打倒孔孟之道的英雄吴虞及其著作《吴虞文录》，他公开的尖锐的提出反对孔子、孟子的常说，反对封建旧礼教，这对我们思想解放影响很大"。[③] 郑为之、郑仲涵是1927年入读省十中。

从胡云翼后期的经历来看，他也算是一个革命性的人物，理应是岭南师范学院红色校史人物之一。

[①] 宋锐：《记省立第十中学二三事》，政协湛江市委员会学习和文史资料委员会编：《湛江文史》第十三辑（教育专辑），1994年，第253页。

[②] 中共遂溪县委党史研究室编：《遂东烽火——中共遂溪东区革命斗争史》，内刊，2008年10月，第34页。

[③] 郑星燕：《赤帜征程——早期革命斗争回忆片断》，内刊，中共广东省委党校出版，1998年，第156—157页。

正是在雷州中学校（省十中）红色文化、先进教师等的影响，土地革命时期的省立第十中学仍然涌现出后期参加革命的先进学生。其中郑为之就是其中的一员。郑为之（1914—1993），又名郑寿衡、郑维，男，中共党员，广东省遂溪坪石人。1930年前后前往上海，并参加革命。抗战期间前往延安，并进入部队。1950年担任解放军某部师政委一职。校友黄轩曾在新中国成立后回忆到："1950年初……我到了北和后就带几位同志到解放军师部向有关领导慰问，不料遇见一位师政委郑为之同志，无意中听他讲一句雷州话，我便他是哪里人。他说，'是遂溪县坪石人'。我便问他认不认识郑仲瑞和郑仲英同志。他说，'认识认识，是我的同村人'。他说：'郑仲英到延安后，不久参加了部队，早年在战斗中已牺牲'。我向他讲了郑仲瑞是我在觉民学校读书时的校长。他听了很高兴。他说他本人在抗日时期已到延安，后到了部队的。我心里感到雷州半岛有人到解放大军当上师政委，是了不起的，很高兴。当时，郑为之政委和师部领导非常热情招待我们……"[①] 遂溪坪石村为一革命村庄，早在1899年雷州半岛抗法斗争就是主要的阵地。有关文献也显示，土地革命时期，已有共产党人的活动："（遂溪）第三区方面，有大地[主]乡村名平石，不多人，周[围]的大乡村都穷，都耕他们田，故革命要甚革，我们曾派人去宣传即成批一二十人加入党。"[②] 可惜的是这批党员的资料没有留下来，他们的历史也一无所知。坪石村村民主要操雷州话系。郑仲瑞就是郑星燕，1935年曾在东海岛觉民小学担任校长。郑为之是1927年夏从麻章县立第七小学考入省十中，与他同期

① 南路革命研究所编：《黄轩革命斗争回忆录》，中共党史出版社，2017年，第109—110页。
② 中央档案馆、广东省档案馆：《广东革命历史文件汇集》（中共琼崖、南路特委文件，一九二七—一九三五），内刊，1983年12月，第240页。

入学还有同村人郑仲涵——郑仲涵在战争年代逝世。[①] 入读后不久，他就与 1928 年入学的郑星燕接触到大批进步书籍，有机会阅读陈独秀、瞿秋白、鲁迅、郭沫若、蒋光赤、吴虞等人的著作，随后更是在学校写白话文、出墙报、办校刊。郑星燕回忆到："先后从北京、上海、广州公开宣传介绍到'十中'的新文化的'文集''文存'、小说、诗歌、戏剧等，书名就多达一百多种，从《独秀文存》《胡适文存》《吴虞文存》到《红楼梦》《水浒》《儒林外史》《老残游记》等等。后来由接触'五四'（原文误为四五）运动新文化运动，发展到接触创造社及左翼作家联盟的'左翼文学''普罗文学'（即无产阶级文学）。"[②]1929 年初，在一次学潮中，郑为之（郑寿衡）与郑仲涵遭受到学校无理的开除。为继续寻找真理，追求革命，郑为之两人等前往上海求学，入读建设大学。1930 年被上海闸北公安机关以"共产党嫌疑"罪名逮捕——时年 17 岁。在狱中，结识不少共产党人。1931 年 8 月正式办入党手续，并成为一名支部书记。1937 年，在寻找前往延安的过程，与党失去联系，遂于 1937 年 10 月与郑星燕返回家乡遂溪从事革命活动。1938 年到广西那马县一间中学任教。[③]1938 年通过广州八路军办事处的关系前往延安，并入读位于洛川的抗日军政大学第六大队。在读期间，恢复党籍，"党龄后来决定从 1931 年夏起计算"。[④]抗大毕业后，随军转战南北，在 1949 年曾任第四野战军的政委。中华人民共和国成立后，郑为之不

---

① 郑星燕:《赤帜征程——早期革命斗争回忆片断》,内刊,中共广东省委党校出版,1998 年,第 156 页。

② 郑星燕:《赤帜征程——早期革命斗争回忆片断》,内刊,中共广东省委党校出版,1998 年,第 156 页。

③ 郑星燕:《赤帜征程——早期革命斗争回忆片断》,内刊,中共广东省委党校出版,1998 年,第 103 页。

④ 郑星燕:《赤帜征程——早期革命斗争回忆片断》,内刊,中共广东省委党校出版,1998 年,第 111 页。

久进入外交部，历任中国驻荷兰武官、驻巴基斯坦和印度尼西亚大使馆参赞、驻丹麦大使、美澳司司长、驻阿根廷大使、驻委内瑞拉大使、驻比利时兼卢森堡大使并兼任驻欧洲共同体外交使团团长等职。第六届全国人民代表大会外事委员会顾问，第七届全国政协委员。1983 年 2 月任研究所所长，1986 年 7 月离任。

"海康革命青年在省立第十中学（后改为雷师）对反动派的斗争，始终没有停止，从大革命失败后至一九三四年'十中'曾闹过多次反对反动校长压迫学生、压制民主、禁锢自由的学潮。"[①] "1928 年左右，在一次罢课学潮中，学生会领导人之一郑为之（遂溪人，后来到上海，'九一八'事变前后参加共产党）被学校开除了。"[②] 1937 年毕业于雷州师范学校高中部的温国英（即后来的温莎）在《我的三伯——温应盛》记载："（三伯温应盛）1920 年赴法国巴黎留学，1929 年返海康……三伯回海康的第二年出任广东省立第十中学校长，在任约年余……精神病发作……医治了六七年，才渐复正常。1935 年，雷州师范（十中于这一年改名雷师）校长、留法学生吴炳宋才聘请他出任雷师教员，直至解放。广东解放后，雷师校长吴林把他解聘了，他找到原先教过的学生、海康县长萧汉辉，才把他安排到企水附近一家小家（学）。1952 年病逝于工作岗位上。第十中学学生郑为之……郑仲瑞（即郑星燕）……"是温应盛的学生。[③] 在温国英记忆应有误，郑为之在 1929 年夏已离开省十中，郑星燕 1928 年入读，1931 年夏毕业于十中——可能与之有

① 洪毓清整理:《野火烧不尽　春风吹又生——第二次国内革命战争时期海康革命斗争片断》，政协海康文史资料研究委员会:《海康文史》2 辑（1984 年），第 2 页。

② 《建国前雷州师范学校沿革史料》，载程永年编写:《湛江教育史话》，内刊，广东湛江教育学会、湛江教育志编辑室，1988 年 3 月。粤西农垦印刷厂印刷第 131—132 页。

③ 温国英:《我的三伯——温应盛》，政协海康文史资料研究委员会:《海康文史》1988 年第 1 期（1988 年 6 月），第 11—13 页。

交集。这可能与温应盛是他的亲人有关，或者想说明温应盛也多少做出过贡献。

而郑星燕就读省十中一事，是其本人亲自回忆："由于我过去在麻章高小、雷州省立第十中学读书时，成绩优良，考入学试时年纪小，但考了第一名。省立第十中学有几位同学都是东海岛人，对我很熟悉，曾推荐介绍，校董会的负责人通过东海岛的同学了解，知道我在学校时成绩好，思想进步，到上海考入中法国立工学院，积极参加学生界反日救亡运动，因而决定聘我任东海学校校长。经过东海岛的中学同学们介绍该学校的情况后，我欣然答应了。当时我的病还没有完全好，暂时去不了上海读大学，认识到东海岛做点革命启蒙的宣传教育工作，是有益的。"①在另一份回忆录里明确入读的时间是1928年夏："一九二八年夏，我从'七小'高小毕业后，也考上'省立十中'。"后人也记述："郑星燕，又名郑仲瑞、郑汉，广东湛江遂溪县第三区白石行政村，平石村人，1914年农历九月出生。1931年夏，他在湛江广东省立第十中学毕业后，到上海，考入中法国立工学院学习"。②在学校里，他与同村的郑寿衡（郑为之）、郑仲涵等人阅读进步书籍、接近进步师生，追求革命和民主自由，"对当时校长压迫学生，继续采取斗争、罢课、闹学潮，反对学校无理压迫和开除学生。"③在1931年夏，他从省立第十中学毕业，随后前往上海升学。当时郑为之、郑仲涵、周怀彝（遂溪人）等十中同学已在上海上学。1931年9月，他入读中法国立工学院。1931年11月，

① 郑星燕：《受聘东渡海岛任教 进行革命启蒙教育》，湛江市革命老区建设委员会办公室、中共湛江市郊区委员会党史研究室、东海革命斗争史料编辑组编著：《东海革命斗争史料》第一辑，内刊，1992年12月，第3页。

② 何锦洲：《郑星燕战斗的一生》，政协湛江文史委：《湛江文史》第二十二辑（2003年），第304页。

③ 郑星燕：《赤帜征程——早期革命斗争回忆片断》，内刊，中共广东省委党校出版，1998年，第156—157页。

加入共产主义青年团（因未满 18 岁，只有 17 岁），然后在上海从事革命活动。1932 年，为利于开展革命工作，从中法国立工学院转入中国公学。1933 年因病，加上中国公学停办，遂回家乡治病休养。1935 年病好后的郑星燕受聘在东海岛教了三个月左右的书、当了三个月的校长，后来接到郑为之的来信，随后就辞职前往上海继续求学。他在东海岛学校虽然任教时间不长，但却培养众多杰出人才，如黄明德（曾任湛江专区书记）、沈斌（雷州半岛抗战时期与解放时期中国共产党重要领导人）、庄梅寿、黄轩（后入读雷师）、黄葵（新中国成立后曾任雷州师范学校校长）、陈义伟、陆锦纶等，以及革命烈士郑开钧（后入读雷师）、王平（又名王烈，是早期团级干部）等等。学校仍为东海岛革命的摇篮。1938 年赴延安，入读抗日军政大学（即著名的"抗大"），并在"抗大"加入中国共产党。不久又从"抗大"考入马列学院——"延安当时的最高学府，由党中央总书记张闻天同志亲任院长。毛泽东、周恩来、朱德、刘少奇等中央领导同志，都做过演讲和讲过课。"[①] 郑星燕并在 1942 年以延安文艺界抗敌协会党组书记的身份参加了延安文艺座谈会。在延安的时间长达 8 年，随后与延安大批干部一起，转战在晋、察、冀、热、辽广大地区。1952 年奉命南下，参加了广东的土改和建设，历任中共粤北区、粤中区党委副书记，中共佛山地委、韶关地委书记，中共广州市委书记及中共广东省委党校校长兼党委书记等职务。1998 年 5 月因病逝世。

陈以大，又名陈自可，是霞山区调罗村人，1938 年 1 月参加革命工作，同年加入中国共产党，1938 年 10 月，中共西南特委根据中共广东省委的指示，委派林林前来广东南路地区开展抗日统战工作，建立党组织。林林于 1939 年 4 月在菉塘村建立了广州湾党支部，成员由林

---

① 郑星燕：《回忆延安马列学院的峥嵘岁月》，《岭南学刊》1989 年第 2 期，第 45 页。

其材、陈以大、林熙保组成。抗战时期及解放战争时期陈以大历任中共广州湾支部委员、粤桂边区纵队漠南江游击大队政治指导员、中共茂名地下党县委委员、中共湛江市工委委员等，是解放战争年代高州党组织的主要领导者。后曾任湛江市省第四建筑公司党委书记等职务。有关陈以大入读雷州中学一事，源自他的讲述："1931年，我负笈羊城，因病弃学，暂住一学旅，偶遇李进阶同志二哥李荣嘉及我在雷州中学同学李明及其他战友。此时，我家经济拮据，李明商于李荣嘉介绍我到遂溪县寮客小学执教（寮客村是李的故乡）。1933年8月，我便抵遂溪寮客小学。当时，李进阶同志在遂溪中学三年级读书。"① 至于他何时入读雷州中学校，仍有待考证。另外陈以大一家除了他读过雷州中学校外，还有他的叔父："吴彬先生原籍湛江市太平镇良昌村。他的父亲吴武莹是个知识分子，曾任法帝统治广州湾时的太平区公局长多年，与陈学谈友好，吴彬先生从小酷爱读书，青少年时在益智中学就读，故与我较早相识。我的叔父与他的父亲又是省立十中同学，所以我们之间既是好友，又是世交。"②

其实，相关材料显示，1937年"七七"事变之前，省十中整个范围都在洋溢着一股革命的气氛。1933年某日的《雷州民国日报》以"十中学生化装宣传"为题，报道："当此暴日侵略日急，国势垂危之时，又值孙总理逝世八周年纪念日，省立十中学校学生特乘总理逝世八周年纪念当中，组织化装宣传队出发宣传，期以唤醒民众，共赴国难"。③1934

---

① 陈以大：《李进阶同志永远铭记在我心中》，《怀念李进阶同志》编辑委员会：《怀念李进阶同志》，内刊，1995年6月，第158页。
② 陈以大：《忆民主人士吴彬先生》，政协湛江文史委：《湛江文史资料》第7辑（1988年），第12页。
③ 《雷州民国日报》1933年，雷州市档案馆，宗卷号1—1—692。

年9月21日,海康各界昨日纪念朱执信。十中何鸿豪现身纪念会。①1935
年3月29日县城各界在体育场召开"黄花岗烈士殉难纪念日",当时
"国民党党部头子池天璜发表反动言论,反对学生抗日活动……读书会
的成员陈其辉,以学生代表的身份走上讲台,揭露国民党胡作非为的罪
恶"。②而《雷州民国日报》1934年某日一则"十中学校训育会检查函件"
为标题的新闻多少也说明当时的气氛:"广东省立第十中学校,现奉教
育厅令,以迩来各校时有可疑函件发现,深恐学生为反动力所转移,学
生收受外来函件,学校当局,必要时应检查之等词。该校奉令后,已由
训育会主席负责检查外来函件,方得递送云。"③而当时校长吴炳宋在《广
东省立雷州师范学校同学录》序言里也明确指出:"是年夏,本校初中
第十五班毕业诸生,编印同学录,藉通声气,请序于余。余以诸生之毕业,
正值国势阽危,外侮频盈之秋,默察诸生平日在校,痛心国难,恒作深
思之索虑。夫忧患者立德之基,危难者乃青年之试金石也。诸生年华英
俊,进德修业,正获其时,勿谓今兹已毕所业,引以自满,试观古今圣
贤豪杰,靡不具有渊博优美之学问,坚定不拔之志向,始克以竟其伟大
之事业。丁兹内忧外患,交相煎迫之今日,益当振发其精神,磨砺其意
志,以潜心于学问,精益求精,务期救敝起衰,共纾国难。则教育救国
之功为不朽矣。尚其勉旃。"④吴炳宋,新会人,31岁,法国国立巴黎
大学化学科毕业,曾任国立北平大学农学院讲师,国立北平研究院副教
授。吴氏大约是在1935年接罗应祥的职务担任校长一职的。"省立十
中学校易长":"省立十中学校校长罗应祥,自长该校以来,业已三载,

---

① 《雷州民国日报》1934年,雷州市档案馆,宗卷号1—1—693。
② 洪毓清整理:《野火烧不尽 春风吹又生——第二次国内革命战争时期海康革命斗争片断》,
　　政协海康文史资料研究委员会:《海康文史》第二辑(1984年)第3页。
③ 《雷州民国日报》1934年,雷州市档案馆,宗卷号1—1—693。
④ 《广东省立雷州师范学校同学录》,遂溪县档案馆,宗卷号1—3—51。

对于校务无不积极整理，现闻教厅已更委吴炳宋为该校校长。吴校长经定于本月廿日到校接事云。"罗应祥，东莞人，国立北平大学工学士，曾担任广东省立第一师范学校教员、私立广州大学教授等职务，接温应盛一职，1932年担任省立十中校长。① 省十中的学生似乎并不是两耳不闻窗外事那种学生："十中学生旅行雷祖庙：省立十中学校学生，昨发起组织秋季旅行团，往本城附近雷祖庙等处观察，以增见闻。查该团定本（廿九）日上年（午）十时，列队出发。"指的1934年9月29日。1937年毕业的温国英也回忆到："1937年，我毕业于雷师高中，全班到广州旅行。……七七，轰炸广州，雷师同学全返海康。"② 1934年9月17日，广东省教育厅另派杨炎协助十中进行军训，杨氏担任该校高中部军训少尉队副。③

　　其实在1934年，已包括黄其江、唐才猷、李进阶等在省十中求学了。李进阶，1916年12月出生于遂溪洋菁镇寮客村。1935年投身于革命事业，曾任中共恩平县委候补委员、珠江纵队中山游击大队政训室副主任、广东中区解放军团政委、中央工委土改工作团队长等职务。1949年北平解放后，叶剑英同志入北平时指名要进阶随行，做他的秘书，学习接管大城市的工作……作为华南解放军候补代表，参加了这次具有历史意义的盛会（全国第一届政治协商会议），参与讨论制订新中国的建国政治纲领。全国解放后，他曾任广东南路专署专员、华南农垦总局副局长、省委农村部部长、省纪委副书记、省顾委常委等领导职务。李进阶大约在1934年入读省十中，后又到广州读书，然后参加革命。"（李）

---

① 广东湛江教育学会、湛江教育志编辑室：《湛江教育大事记（1840—1987）》，内刊，1988年，第7页。

② 温国英：《吴华与我》，政协海康文史资料研究委员会：《海康文史》1990年第1期（1990年6月），第23页。

③ 《雷州民国日报》1934年，雷州市档案馆，宗卷号1—1—693。

进阶同志初中毕业后，对于升学
读高中，读什么学校，到那里去
读，他是有理想，有选择的。主
要要求是有进步的教师，有党领
导的学校，同时也要有一个时代
化的社会环境，能够有机会投身
革命……因时间急迫，先考读十
中高中作为过渡，这是省立学校，
读书风气好，思想活跃，比较自
由，但十中也非理想之地；读半
年后争取机会，转学到广州……
1934 年秋，进阶同志考入了十
中高中，读了半年，翌年，就按

唐才猷

他原来设想，转学到省城市一中去了。"① 黄其江也回忆到："我和李
进阶同志相识较早，那是 1934 年他进雷州师范读书，我和他同学一年。
1935 年，他转学到广州市一中，二人就分手了。但 1937 年春，我到
江村师范读书，二人又在留省遂溪学会见面。"②

　　据了解，至"七七"事变全面爆发时，雷州师范学校已建校三十
多年了，"据该年校刊统计，全校共有高中师范班一至三年级各一班，
79 人；简师一班，46 人；初中一至三年级各一班，144 人；附小二班，
56 人；合共 325 人。学生人数是历年最多的，学校专业门类也较齐全，
有高中师范、简师，还有附小，可以提供学生实习基地。学校的设备也

---

① 陈以大：《李进阶同志永远铭记在我心中》，《怀念李进阶同志》编辑委员会：《怀念
　　李进阶同志》，内刊，1995 年 6 月，第 159—160 页。

② 黄其江：《深切怀念李进阶同志》，《怀念李进阶同志》编辑委员会：《怀念李进阶同志》，
　　内刊，1995 年 6 月，第 40 页。

较充实，各种标本、仪器及化学药品约值七千余元。除原有的课室、学生宿舍、教师宿舍、礼堂、办公室外，还新建了会食堂（大饭厅）、盥漱所等。"① 在雷州师范这些学生中，不少人已在学校中萌发革命的信念，种下革命的种子了。

---

① 《建国前雷州师范学校沿革史料》，载程永年编写：《湛江教育史话》，内刊，广东湛江教育学会、湛江教育志编辑室，1988 年 3 月。粤西农垦印刷厂印刷，第 134 页。

第四章

复苏与赓续：广东南路党组织的重建从
雷州师范学校出发

★ ★ ★ ★ ★

雷州师范学校，作为当时广东南路、雷州半岛比较重要一所中等院校，它培养了不少优秀的学生，不少有志青年在这里种下革命的种子，萌发革命的信念。随着形势的发展，1928年遭受破坏后的广东南路党组织也由这间学校的学生开始重建。广东南路各地不少党员的发展也与这间学校的学生息息相关。革命的种子自此布下，革命的火种再次点燃。

第一节　年少有壮志：广东南路"找党"从省十中启动

1935年9月24日，初三学生唐才猷写一首题为《奔》的诗，刊于《雷师期刊》第二号（按：刊物由广东省立雷州师范学校学生自治会出版部编印），因为此诗也许反映当时雷师部分学生面临当时的社会境况而表露出的某种心态，故特录如下：

深秋的太阳晒不起光亮，／他们的脸像巴拿马十月的浓云，／每人都锁住一个沉重的心，／在坡岗上投射下枯瘦的影子。／朦胧的黄昏摇着一个大的凄凉，／吱吱的鸟声柔和地伴着他们的步子，／饥饿的光芒渐渐地在鼻尖上长大，／异乡的影子更觉渺茫；／山后的家乡变了那么一个模样，／吓得他们再也不敢转回头来。／凉爽的晚风在原野中轻轻地扫荡，／一幅可怕的图画不禁摆在他们的面前：／枯衰的稻泛不起金黄——／海潮抚摸后而留下的惨痛！／连年的希望都打了空，／娘儿们荷着腹皮嚷！／家中几件值钱的东西都已当尽，／没有什么可再换得钱来。／真奇怪，米缸织满了蜘蛛网，／苍蝇在湿地上晒着太阳，／狗儿缩在角落里闪着饥饿的强光，／篱棚下显得那么凄凉。／屋脊上泛不起缭绕的炊烟，／猪屎公公死在病榻里有谁知？／门前张师爷咬紧牙根在嚷，／三七租算是天大的情面，／一月不交那就更糟！／萧条的空气里浮荡着呻吟，／然而你听：／在这呻吟的声音中，／也混合着悦耳的音乐。／这可使谁都不明白：／上帝既造了人，／为什么分割得这么不像样？／

抗战时期雷师学生自治会出版的《雷师期刊》封面

年龄略小些，但书籍的阅读，家国情怀，令他们不由自主地思考："上帝既造了人，/为什么分割得这么不像样？/难道祖宗种下了遗孽，/留给后代的子孙来担？/屋子崩塌得住不下人，/乱七八糟像什么模样？/什么税捐都一天一天地增多，/人们为什么不睁开眼睛瞧瞧？

雷师学生新的思想是读书、交流、思考的结果。陈其辉曾回忆到："雷师学生会的会刊，也宣传抗日民主救国的道理，努力争取青年学生抗日救国的民主自由。此时，新任的雷师校长吴炳宋，稍具抗日民主的思想，对学生的抗日救国运动，采取同情和支持的态度。因而，学校学生抗日救国的活动又活跃起来。但学校的训育主任、军事教官，仍是加紧禁锢学生思想，不允许学生有抗日救国活动的自由。"[1] 黄其江在这一期的《雷师期刊》也发表一篇名为《飘泊者》的新诗，落款时间为 1936 年 2 月 20 日于广州。而《湛江教育大事记》提及 1934 年学校曾闹过学潮：

---

[1] 陈其辉：《回顾雷州青年抗日民主运动》，政协湛江文史委：《湛江文史资料》第 7 辑（1988 年），第 24 页。

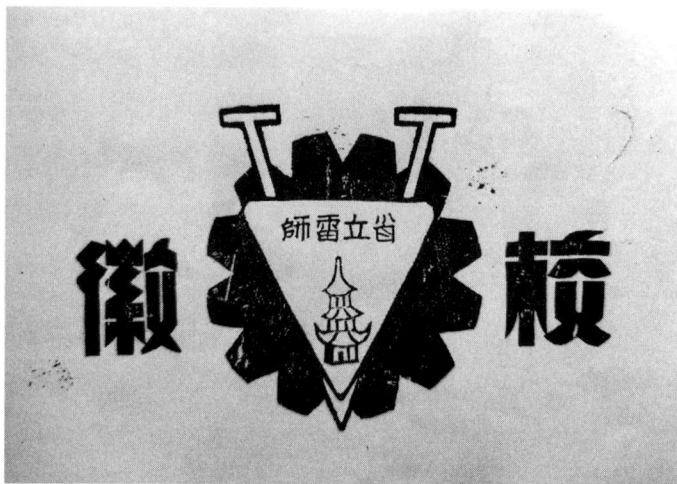

民国时期校徽

"是年，省立第十中学曾闹过多次反对学校当局压迫学生、压制民主、禁锢自由的学潮。"[1]吴炳宋是在1935年学校更名为雷州师范学校不久接替罗应祥担任校长一职。1935年，原来省立第十中学根据省教育厅，更名为雷州师范学校，同时学校更偏重于师范教育。"本省师范教育之发轫，远在前清光绪末叶，迄今已三十余年。制度凡六七变。二十四年至二十六年间，则为发展最速之时期。其时增设之师范学校，省立者有六校，县立者有三校，即左列九校是也：1. 省立雷州师范学校；2. 省立钦州师范学校；3. 省立老隆师范学校；4. 省立长沙师范学校；5. 省立梅州女子师范学校；6. 省立梅州师范学校；7. 惠阳县立女子简易师范学校；8. 高要县立湖山简易乡村师范学校；9. 大埔县立第一简易乡村师范学校。"[2]根据广东省教育厅的安排，省立雷师负责高雷区（南路区）中小学师资力量，包括训练国民教育师资培训工作等，是广东南路地区唯一一间省立师范学校。

据后期投身革命的陈其辉回忆："1934年秋我与遂溪几位同学考

---

[1] 广东湛江教育学会、湛江教育志编辑室：《湛江教育大事记（1840—1987）》，内刊，1988年，第8页。

[2] 《广东师范教育概况》，见《广东教育战时通讯》第50期（1942年1月1日），第34页。

上省第十中学高中班（一年后改为雷州师范）……校长吴炳宋是巴黎留学生。他颇具民主思想，对师生有爱心，支持和同情进步的学生。……学生开始组织进步书刊读书会，先由初三级组织，后再扩大到高中，最后发展到班班都有读书会。读书会定期学习，学习读进步书刊蔚然成风。当时主要的读物有邹韬奋等人的《读书生活》、《大众哲学》、《政治经济学》，还有鲁迅、茅盾、蒋光慈等作家的作品。同时学生会和各班的读书会，都经常在晚上或星期天组织学生下乡宣传,唤起民众抗日。"①这个读书会应该是改名为雷州师范学校时第一个读书会。"1935 年……最早提出这一建议的是高中师范班的学生陈其辉、王文劭、曾锡驹等人……加入这个组织的便有陈其辉、曾锡驹、王文劭、邓麟彰、陈其瑱、岑绵彭、宋锐、洪志敏、黄其炜、唐才猷、唐勤、沈潜等二十多人。""这个读书会有一个颇为完整的章程，是上述几个发起人共同起草的。其宗旨活动等项都有很好的规定。每份五页，复印二十多份，发给了每一个与会的成员。一方面征求会员的意见，期于至善；另一方面也让大家更为了解它的目的与要旨，更为明确会后的努力方向。……成立那天的地点在海康县城远东茶楼的南边小厅（今镇中西街与广朝南街交接处的照相馆二楼之南）。这个小厅与大厅隔一道板壁。大厅人来客往，热闹哄哄，而小厅则只是我们二十多个青年学生，清静得可以。""为了筹集资金，我们写稿赚稿酬，决定先为县城发行的《雷州民国日报》的副刊撰写稿件。……我们所有投寄该副刊的稿件，一般不署真实姓名，即使在稿件后面也多用化名，反正领取稿酬的印章可以随意雕刻。例如陈其辉署名'鲁军'，王文劭署名'野火'，岑绵彭署名'铁牛'，洪志敏署名'黎庶'，宋锐署名'迷羊''朱希'等等。也许就是这个缘故吧，读书会以外的

---

① 陈其辉：《征途拾遗》，内刊（湛印准字第 173 号），华南热带农业大学印刷，1997 年 12 月第 17 页。

任何人都不了解这一内情"。"有了这些稿酬，我们便从上海等地邮购了一批批新书刊，而我们所需要的读物，也就源源不断地得到补充。除了原有的《大众哲学》《街头讲话》《西行漫记》以及鲁迅、郭沫若、蒋光慈等人的著作外，还从上海租界方面的书店买到了一些很不易得到的《共产主义教程》之类的好书。"① 虽然在这里，宋校友的回忆有一些错误，如《西行漫记》（又名《红星照耀中国》）是美国记者斯诺的纪实作品，中文版约在 1938 年 2 月出版，英文版在 1937 年 10 月在英国出版，虽然当时雷州师范学校当时已开展英文教学，但宋校友指的应该不是英文版。但这个读书会存在还是可信度很高的。陈其辉回忆，当时这个读书会大约有二十多人："一九三四年，遂溪中学一批青年学生到了雷州师范，便与原在雷州的进步学生二十多人秘密成立了一个读书会。读书会会员经常阅读高尔基、鲁迅、茅盾、丁玲、郭沫若、蒋光赤等人的进步文学作品，学习马列主义理论，并宣传和组织抗日民主的救国运动。读书会中有些成员用笔名向《雷州国民日报》副刊投稿，用小说、诗歌、散文和故事宣传抗日道理，激发青年学生抗日救国热情，所得的稿酬，则捐给读书会购买进步书刊。"② 除了读书会，部分雷州师范学生也利用一些便利的条件与外地先进学生进行座谈，拓展自己的眼界："1934 年至 1935 年我在省立十中即雷州师范读书。记得有一件这样的事，那时朱文畅在广州读书，1935 年假期他回到十中，召集遂溪同学开了一个座谈会，参加座谈会的有 10 多人，我也参加这次会议。"③

---

① 宋锐：《雷师的第一个读书会》，《湛江师范学院学报（哲学社会科学版）》，1994 年第 1 期，第 130—131 页。

② 陈其辉：《回顾雷州青年抗日民主运动》，政协湛江文史委：《湛江文史资料》第 7 辑（1988 年），第 23 页。

③ 殷英：《在遂溪召开部分革命老同志座谈会上的发言》，中共遂溪县委党史研究室编：《历史回顾——新民主主义时期遂溪革命回忆录》（第一辑），内刊，2003 年 11 月，第 103 页。

既然举行读书会，理应有图书来供应。"为满足学生对进步书刊的要求，我们发起办一间书店，推举王文劭同志负责，与上海各出版社直接联系。学校学生会便利用这间书店，配合读进步书刊，使抗日救亡工作深入发展。这时学校师生得知苏区红军已突围长征，并胜利到达陕西，大为鼓舞。"①我们也在《雷师期刊》里发现有署名王文劭撰写的诗歌《都市的黄昏》。王文劭，字兆民、号蛋、化名王国柱、王树槐。1916年生于海康县城，1933年考进省立第十中学。初中毕业后，升入该校高中师范班继续学习。1937年"七七"事变后，"王文劭发动雷师同学四十多人聚资创办雷州图书杂志社。每人集资五元，在雷州城内嘉岭街的中山图书馆（华光庙北的煜公祠）对面（今海康邮电局宿舍）的洋楼底下开展工作。这个社，销售《新华日报》《救亡日报》以及毛主席著作《论持久战》、朱德《论抗日战争》等书籍、杂志、报纸。"②而在有关另一个校友徐闻，林飞雄的记载里，则有如此之说："1935年7月，考进省立雷州十中就读……他同进步同学陈醒亚、唐才尤、唐多惠、莫怀、沈潜、卜国桂、于竹林等，合资在雷州城创办了雷州图书杂志社……1938年7月，林飞雄在雷师毕业后，参加抗日救亡工作宣传队。"③无论如何，这个图书社应该是存在的，它在启发雷州师范学生新思想方面，发挥着巨大的作用。

正是在这种氛围下，部分富有理想追求的雷州师范学校的学生开始考虑寻找进步力量，以求指导自己的行动。通过种种途径，他们认为共

① 陈其辉：《征途拾遗》，内刊（湛印准字第173号），华南热带农业大学印刷，1997年12月，第18页。

② 洪志敏：《王文劭同志生平》，政协海康文史资料研究委员会：《海康文史》1988年第2期（1988年12月），第18页。

③ 林礼鑫：《林飞雄同志事迹片断》，政协徐闻文史委：《徐闻文史》1985年第2期（1985年10月），第4页。

产党、红军是真正革命党，是可以带领中国人民消除社会的不平的，所以这部分雷师学生的一大举措就是考虑"寻找"中共党组织。他们了解到，共产党是工人阶级政党，应该是在工人中做工作的，所以只有到工人中去，就可能找到共产党。当其时，黄其江了解到香港有人到惠阳开钨矿，要招收一批工人，如果到那里去做工作，共产党知道了便会来找你。参与"寻找"党的唐才猷回忆到："1936年夏天，我接到黄其江从广州寄来的信，他提出一起去找中国共产党，要我筹一笔钱做经费。接信后，我很高兴，决心投奔革命，不想再上学读书，初中毕业后我就回家筹钱。"① 为了筹集经费，唐才猷决定回家"偷"金器和珠宝——他偷了他二嫂和老婆（后离婚）的金戒指、金项链和其他嫁妆，并兑换成港币作路费。然后唐才猷与黄明德、邓麟彰、黄彪、谢兆琇等人会合一起到广州找黄其江，计划"找党"——因为其他原因，黄明德没有上到广州。唐才猷，遂溪县城月镇吴村人，父亲唐维经经商发了财，家里相对富裕，唐才猷也在14岁左右根据父亲的安排与唐父商业至交的女儿徐莲英成婚——后两人虽离婚，但徐莲英亦在1946年加入中国共产党。对于这次自己不参与找党，陈其辉有如下的回忆："学生虽然仍在上课，阅读进步书刊，下乡宣传抗日，但经过与池天横（按：当时海康国民党书记长）斗争后，他们在思想上发生很大的变化，有的激进学生，即准备去香港找共产党，如黄其江、邓麟彰、唐才猷等人；有的打算下学期转学广州继续读书；有的打算到小学当教师，不想等待毕业分配；有的则在校坚持下去，看形势变化，再作选择，不急于离开学校。""到香港找党的事，他们曾告知我。他们说找到党后，便通知我。我表示赞

---

① 《1936年我与雷州半岛一批青年学生找党的经过》，唐才猷口述，湛江市委党史办张宏整理（1990年11月22日），载高良坚、唐翠波主编：《南路革命名将唐才猷》，中山大学出版社，2021年，第13页。

同。当时我是雷师学生会主席，如我立即离开，将对学校师生影响很大。""决定去香港找党的学生，我在路费上支持他们。"[①]随后唐才猷、黄其江等人到香港后找到收钨矿的人，但因收购价低，钨矿开采不了。香港"找党"也就宣告失败。"我们在香港住了几个月，想办报、开矿都不成，也找不到党的线索。"[②]这时，适逢广东陈济棠与广西的李宗仁、白崇禧等公开反蒋，并在香港的报纸上刊登在广西招考"青年抗日军官团"的广告。于是大家决定回东海岛再筹措路费，再到广西参加学生军，通过学生军这一途径找党。当黄其江、邓麟彰、唐才猷、谢兆琇等回到东海岛与陈其辉、黄明德、谢其乐、王玉颜等人会合筹措到100多元准备前往广西时，白崇禧、李宗仁却向蒋介石投降了，广西也去不成了。陈其辉回忆到："不久黄其江等人在香港没有找到党，又回到遂溪来。他们找我和黄明德商量再次去广西找党，但仍然找不到。其他同学便回雷师读书。黄其江则留在觉民小学和我一起教书。"[③]黄明德在《邓麟彰革命事迹简介》中也说道：1936年"5月，与黄其江、唐才猷、黄明德、陈其辉、谢兆琇、黄彪、王文劭等集资前往香港寻找共产党，奔走半个多月，宏愿未遂。继拟往广西抗日青年军官训练团找党，因该团发起人李宗仁、白崇禧投靠蒋介石，而无成就。尔后，他重返徐闻县甲村小学任教。"[④]邓麟彰，又名李敏、李华、李明华，革命时期

---

① 陈其辉：《征途拾遗》，内刊（湛印准字第173号），华南热带农业大学印刷，1997年12月，第19页。

② 《1936年我与雷州半岛一批青年学生找党的经过》，唐才猷口述，湛江市委党史办张宏整理（1990年11月22日），载高良坚、唐翠波主编：《南路革命名将唐才猷》，中山大学出版社，2021年，第15—16页。

③ 陈其辉：《征途拾遗》，内刊（湛印准字第173号），华南热带农业大学印刷，1997年12月，第20页。

④ 黄明德：《邓麟彰革命事迹简介》，中共湛江市东海岛经济开发试验区委员会、湛江市老区建设委员会办公室编著：《东海革命斗争史料》，内刊，1996年7月，第75页。

曾化名亏老邓，1913 年生于湛江市东海岛民安镇邓屋村；1932 年春进广东省立第十中学读初中。1933 年秋后，与黄其江、唐才猷、黄彪等秘密组织读书会，研读左翼文学及马列主义基础知识，立志走革命道路。1935 年秋，省立十中易名雷州师范，邓麟彰升读雷师高中班。"一二·九"爱国学生运动后，他与陈其辉等在雷师带头搞学运，被校方勒令退学。在 1938 年 8 月，邓麟彰在遂溪加入中国共产党。先后担任遂溪县工委及县委副书记、高州县委组织部长等职务。1946 年因身份暴露，奉命与黄其江等人曾北撤至山东。1950 年后曾担任广州中医研究院党委书记等职务。根据目前见到的一份 1936 年雷州师范初中十五班的同学录（全班共 32 人）①，唐才猷的姓名在其上：唐才猷，别字三文，籍贯：遂溪，家长姓名：维经，住址：吴村，通讯处：沈塘市仁生堂转交。这份同学录上后期参与革命者还有不少，如：沈汉英、洪荣、曾锡驹……

　　其实也难怪黄其江、唐才猷到香港找党没有找到。后期曾在南路特委担任职务的王均予回忆到："因为广州起义失败后，广州党组织受到严重破坏，从 1933 年起就没有党组织活动了（这是我在上海听何干之讲的）"。②1935 年 7 月在上海与党组织失去联系的王均予根据之前合作关系，来到广州。因不是党组织委派，故王均予只能采用其他的名称——"中国青年同盟"，开展抗日救亡活动。"'中青'（中国青年同盟）的工作主要是搞学生运动，宣传马列主义，宣传抗日救亡，学习时事政治。"③ 1936 年 4 月，经原同事的牵线，王均予与中共北方局接上线。经审查，于同年 5 月恢复组织关系，并奉命回到广东恢复党组织。7 月回到广东后，王均予发展"中青"骨干分子麦蒲费、钱兴、曾生、

---

① 《广东省立雷州师范学校同学录》，遂溪县档案馆，宗卷号 1—3—51。
② 中共广州市委党史研究室编：《王均予》，广东人民出版社，1999 年，第 7 页。
③ 中共广州市委党史研究室编：《王均予》，广东人民出版社，1999 年，第 7 页。

林振华、张定邦、温焯华等人入党。不久，根据王均予的要求，粤籍党员薛尚实（化名老孔，又名罗根，广东梅县人）来粤，并在香港组织广东党组织的领导机关"中共南方工作委员会"（考虑与后期张文彬主持的"中共南方工作

1936 年雷师初中班同学录一页

委员会"（南委）区别，又称"南临委"），及在广州成立中共广州市委。虽然后来薛与王因为某些原因，引发了"南市委纠纷事件"（亦称"薛王纠纷事件"），但广东党组织大致已走上正轨。也大约是在1936年秋，广东的党组织也已注意到雷州师范学校那部分学生"找党"的情况，故让人寻找黄其江等人，让他们转学来江村师范求学。"1936年冬派沈汉英回来找我们，我们经过商量，决定我和陈其辉进江师。1937年2月，我和陈其辉即进了江师，当天，陈进礼即找我们谈话，说他们动员我们进江师，不是为了捞文凭，而是为了革命工作……后来省委批准我的参加革命工作时间从1937年2月（即我进入江师的时间）算起。于是，

我便享受了老红军待遇。"① 而陈其辉亦是如此的回忆："江村党组织派人到东海通知我们，要我们到江村师范，以读书为职业，掩护做学生运动的工作，我便和黄其江于一九三七年二月到江村师范，接受党的任务，由该校陈进礼同志直接领导和布置我们在学校的工作。"② 而 1935年就在江村师范、并于 1938 年入党、后担任中共湛江市委副书记的王国强也回忆道："我 12 岁到广州读书，1935 年考入广州江村师范（现省一师）。1936 年黄其江、沈汉英、陈其辉等也从雷师转来江村师范就学。"③ 如此看来，1936 年雷州师范部分学生找党的努力还是带来一定的效果。正是在江村师范，黄其江、陈其辉他们加入中国共产党，并奉命回到广东南路发展党员，恢复广东南路党组织的活动。"陈进礼于 1937 年放暑假后，在未回乡之前，找我谈话，说他要介绍我参加一个革命组织（我领会是参加共产党），等回乡后，他亲自到家里同我详谈这个问题。可是，他回家后，却患急性肾炎辞世了。1937 年下学期开学后，省委派党员干部刘秉钧（刘天行）到江师接替陈进礼的工作他到达江师的第二天即找我谈话……1938 年 6 月 23 日，刘秉钧介绍我参加了中国共产党。"④ 按，陈进礼是遂溪人，当时在江村师范学校求学，共产党员。"刘秉钧（按：班主任）同志便找我谈话，表示要吸收我入党。我便于一九三八年六月廿三日在广州海珠路他的住所举行入党宣誓，他

---

① 黄其江：《怀念我的未见过面的引路人——王均予同志》，中共广州市委党史研究室编：《王均予》，广东人民出版社，1999 年，第 207 页。
② 陈其辉：《征途拾遗》，内刊（湛印准字第 173 号），华南热带农业大学印刷，1997 年12 月，第 20 页。
③ 王国强：《谈南路革命斗争的一些情况》，第 73 页。
④ 黄其江：《怀念我的未见过面的引路人——王均予同志》，中共广州市委党史研究室编：《王均予》，广东人民出版社，1999 年，第 207—208 页。

的爱人是我入党的监誓人。"① 陈其辉也有如此之说。在 20 世纪 80 年代，湛江等地在整理早期党史资料，黄其江又回忆到："1938 年 9 月，温焯华又要我在江村师范发展党组织，我在江村师范介绍了 8 人入党，他们是沈汉英、陈兆荣、支钟文、陈德生、陈风、叶信芳、谢兆琇、瞿永康。随后，江村师范成立了党支部，支委是一个教师和我等 3 人。"② 校友陈兆荣也回忆到："我是 1938 年春到广州江村师范读书的……约在 9 月，（在广州）由黄其江吸收我和沈汉英、叶信芳 3 人加入中国共产党，且成立党小组，我任小组组长。"③

陈兆荣，1915 年生于遂溪县陈川济村，1933 年前后在省十中求学；④ 1938 年 9 月在广州江村师范加入中国共产党，同年 11 月参加遂溪青年抗敌同志会。1939 年 3 月，组建成立中共陈川济村支部并任书记。1940 年至 1942 年，先后在化县、廉江青平、徐闻县、遂溪西区负责党组织领导工作。1944 年参与组织和领导遂溪老马抗日武装起义，任遂溪人民抗日联防大队政治委员。1945 年任遂南抗日游击大队政委，1947 年任中共遂溪中心县委委员、雷州工委委员、粤桂边区人民解放军新编第二团政委。1948 年至 1949 年，历任中共高雷地委委员、

① 陈其辉：《征途拾遗》，内刊（湛印准字第 173 号），华南热带农业大学印刷，1997 年 12 月，第 23 页。

② 黄其江：《在广州的部分南路革命老同志座谈会上的发言》，中共遂溪县委党史研究室编：《历史回顾——新民主主义时期遂溪革命回忆录》（第一辑），内刊，2003 年 11 月，第 49 页。

③ 陈兆荣：《回顾在遂溪的战斗历程》，中共遂溪县委党史研究室编：《历史回顾——新民主主义时期遂溪革命回忆录》（第一辑），内刊，2003 年 11 月，第 170 页。

④ 按：唐才猷的回忆："我那时喜欢读左派文学，对《文学》《现代》看得很入迷，并经常与陈其辉、陈兆荣、王文劭、邓麟彰、曾锡驹、谢兆秀等一批进步同学来往。"（见高良坚、唐翠波主编：《南路革命名将唐才猷》，中山大学出版社，2021 年，第 13 页。）及黄琦《沈塘区革命斗争片断》（《海康文史》1987 年第 1 期（1987 年 6 月），都提到陈兆荣是省十中、雷州师范学生。）

雷州地委委员、高州地委副书记、粤桂边纵队第五支队副政委。[①]1951年任中共电白县委第一书记。后入清华大学读书，1954年调任中央电力工业部电力建设总局机关党委书记、政治部副主任。1978年任国务院水利部电力科学研究院政治部主任、党委书记。

第二节　赓续：雷州师范学校党组织的建立与发展

1938年4月，中共广东省委成立，张文彬主持工作。正是在该时期的前后，中共南方工作委员会及其后的中共广东省委，通过各种途径，派党员到广东南路开展抗日救亡运动，并在运动中发展党员、重建组织。1938年6月入党的原雷州师范学生黄其江、陈其辉二人党组织关系由江村师范支部转交广东省委组织部干事温焯华。根据中共广东省委的指示，温焯华布置黄其江、陈其辉利用暑假返回家乡遂溪开展工作，任务有两项：一是发展党组织；二是组织青年团体，开展青年运动。黄其江、陈其辉迅速集结雷州师范的同学、好友等青年，谋划开展青年运动，推进抗日救亡活动。这期间黄其江与陈其辉首先发展唐才猷等7人加入中国共产党，唐才猷等7人是自1928年底中共南路特委遭受破坏后，在广东南路第一批发展的党员。黄其江回忆说："我回到麻章，和陈其辉商量应发展谁加入党组织的问题，商量结果决定介绍7人入党。陈其辉介绍2人：招离、殷英；我介绍5人：邓麟彰、支仁山、唐才猷、殷杰、何森，入党时间在1938年8月下旬。"[②]在此7人中，邓麟彰、唐才猷、殷英三人是雷州师范的学生（毕业生）。一来党员人数不多，二来当时

---

① 陈超：《回眸往事》（一），中共党史出版社，2014年，第40页。

② 黄其江：《在广州的部分南路革命老同志座谈会上的发言》，中共遂溪县委党史研究室编：《历史回顾——新民主主义时期遂溪革命回忆录》（第一辑），内刊，2003年11月，第49页。

雷州师范还是在海康城内，而黄其江、陈其辉等人主要在遂溪及广州湾一带活动，所以学校没有成立党组织。

随着广东南路党员的发展，1939年1月，黄其江根据中共广东省委的指示，在法租借地广州湾赤坎潮州会馆内，主持召开遂溪县党员会议，宣布成立中共遂溪县中心支部，黄其江任书记，邓麟彰、陈其辉、殷杰、殷英为委员。中心支部下设两个支部，于1938年8月成立的"青抗会"工作队的党员唐才猷、沈汉英、陈兆荣、支钟文、陈方、陈德生为一个支部；在麻章第七小学的党员支仁山、何森、招离为一个支部。遂溪县中心支部成立后，根据"青抗会"开展的形势，作出了"面向农村，发展农民党员"的决定，决定首先在农村地区发展党员，建立党的组织。在遂溪中区——以洋青为中心的一带，包括洋青、调丰、泮塘等地，中共遂溪中心支部先后派唐才猷、支仁山、唐多慧、曾锡驹、陈方、黄乔英、王文劭、支秋玲、谢兆琇等党员到中区开展建党工作。这些党员，不少是省十中、雷州师范的学生、毕业生，如唐才猷、唐多慧、曾锡驹、王文劭、谢兆琇等人。1939年5月，成立中共泮塘党支部，支部书记陈醒吾，党员10多人。1939年5月，成立其连山党支部，支部书记卜国柱，党员7人（其中外来党员2人）。1939年上半年成立风朗党支部，支部书记谢兆琇，党员10多人。1939年6月，成立竹山党支部，支部书记唐才猷（12月唐才猷调走，陈洪宜任书记），党员21人。1939年7月，成立文相党支部，支部书记陈方，党员25人。1939年11月，成立其连山妇女党支部，支部书记支秋玲，党员10人。1939年12月，成立南门圩（含南河、南门田）党支部，支部书记洪田，党员20人。而在西区——遂溪西部地区，以界炮中心，中共遂溪中心支部也先后派殷英、邓麟彰、黄明德、莫怀、何森、王玉引、支秋玲、马叔良、支尧光、罗培畴等党员到西区开展工作。殷英、邓麟彰、莫怀、罗培畴或是省十中、雷州师范的学生、毕业生。1939年上半年，成立山家新村党支部、山家东村党支部、山家老村党支部、同文党支部、斗仑党支部、金围党支部、北潭坡党支部、山党小组。山家新村党支部书记李华安，山家东村党支部书记李华明，山家老村党支部书记李绍香，以上三个支部共有党员 39 人。老马下村党支部书记叶卓锋，党员 14 人。同文党支部书记王玉引（后邓成惠），党员 7 人。斗仑党支部书记周锡典，党员 7 人。金围党支部书记张立明（后张世标），党员 30 多人（其中女党员 11 人）。北潭坡党支部书记伍文，党员 3 人。山内党支部书记李鸿基，党员 6 人。碰山党小组，组长洪世芳。1939 年 11 月，党组织派何森到杨柑小学任教，成立杨柑党支部，支部书记何森，党员 4 人。在遂溪东区——包括麻章、陈川济一带、靠近法租借地广州湾，中共遂溪中心支部则先后派黄明德、陈兆荣、沈汉英、苏少婉、邹文西、郑善兴等党员前往开展工作。陈兆荣、沈汉英等人或是省十中、雷州师范的学生、毕业生。1939 年，成立甘霖党支部、丰厚党支部、陈村仔（即陈川济村）党支部、黄略党支部、九东党支部、支屋党支部。甘霖党支部书记许旺（后梁汝新）；丰厚党支部书记郑善卿（后邹文西）；陈村仔党支部书记陈兆荣（后陈明景）；黄略党支部书记王骏；九东党支部书记王恩洪；支屋党支部书记支陈新。1940 年，成立黄略妇女支部，支部书记王柏芝，党员 9 人。此外，中心支部曾锡驹、陈同德、陈元清、陈理祥等党员到遂溪南部沈塘一带工作，1940 年夏成立了茂莲党支部，支部书记曾兆山，党员 8 人。曾锡驹、陈元清、陈理祥等人或是省十中、雷州师范的学生，或是后来入读雷州师范。1939 年 10 月成立中共遂溪中心县委，辖东区、中区、西区三个区委会，党员发展到 450 人。[①] 中心县委书记为黄其江，副书记邓麟彰，支仁山、殷杰、唐才猷、王福秋等为委员。东区区委书记为

---

① 中共湛江市委党史研究室著：《中国共产党湛江历史（1921—1949）》（第一卷），中共党史出版社，2011 年，第 188 页。

沈汉英，中区区委书记是陈醒吾，西区区委书记是殷英。在这些党组织中，黄其江、邓麟彰、唐才猷、沈汉英、殷英等人皆是来自省十中、雷州师范的学生。

时人曾回忆："（遂溪）县委还分我抓学生工作，1940年学生工作开展得比较好的有遂溪中学、雷州师范、益智中学、南强中学、四维、勤勤商学院（由广州迁来的）等学校。党组织基础较好的有雷州师范和遂溪中学，都建立起较坚强的学校党支部。如雷州师范有党员10人，党支部书记起初是邓其敏，改组后是唐勤，党员有肖汉辉等，其他党员姓名我都记不起了。遂中有党员7人至8人，党支部书记由梁和担任，组织委员由李晓农担任，党员我还记得有王静侯，还有一个女人。"[①]
而湛江市档案馆收集的一份材料也提到："在1938年黄其江、沈汉英、陈其辉、王国强等同志从广州回湛江建立遂溪的共产党组织后，雷师学校学生中也由黄其江等同志进行革命活动。□先后在学生中，发展了一批党员。1939—40年雷师已成立了共产党总支部，有□（邓？）其敏、唐群、陈理祥等人负责。并且在党的领导下，出版了校刊，对学生宣传党的抗日政策，教国际歌和其他进步歌曲。唐群□写过一些进步文章，主张国共合作、团结抗日，反对内战，反动校长白字初知道后，要开除唐。党领导全体学生开展斗争。在一次会上将校长赶下台，并联络向反动政府请愿，反对无理迫害学生抗日、校长破坏抗日就是汉奸，要惩办，迫使反动政府后来只好彻换了校长了。同学经过斗争胜利后，都提高了政治觉悟，共产党更紧密的团结群众开展斗争，一直到解放，在这学校的党组织一直坚持着领导同学们斗争，她一批批地□南路革命斗争培养

① 陈华：《在遂溪活动的几件事》，中共遂溪县委党史研究室编：《历史回顾——新民主主义时期遂溪革命回忆录》（第一辑），内刊，2003年11月，第157页。

和革命送了不少优秀干部。"①如此看来,至少在1940年之前雷州师范学校已在学校内部建立一个学生党组织。

对于这段历史,参与其中的肖汉辉在1989年曾回忆到:1938年,"唐勤、唐庆时、邓其敏、丁起鹗、黄其炜、周治平、肖汉辉等接着又考上雷师高中师范班读书……一九三九年一月下旬,正值学校放寒假,日机分批轰炸雷师,把宿舍和教室都炸成平地。同年三月,雷师被迫迁往遂溪古芦山村复课。与此同时,学校当局通知高师二、三年级两个班去高州参加军事集训,剩下高师一年级和简易师范一、二年级两个班的学生共一百多人(这时附小已停办了)随校迁往古芦山村读书。"经过王文劭的介绍,学生中有7人首先加入中国共产党,"唐勤、唐庆时、肖汉辉、邓其敏、丁起鹗(以上五人是海康籍),黄其炜、周济平(二人是遂溪籍)……六月中旬……立即成立党支部……这是雷师学生地下党组织的第一个党支部,至今已整整五十年了。""1939年10月,在简师班又发展吸收翁泽民、方茂盛、郑启成、陈锡庸、朱日成、陈履(理)祥等数人参加党组织。1940年,又先后分二批吸收谢鼎、黄雪霞、周立人、唐庆远、黄色伍、周德安、邱希浚、肖位才、林德等入党。到1940年底,雷师全校学生便有地下共产党二十余人。"②郑启成就是郑开钧,"别名志杰,学名郑其成,又名郑文。1920年出生在湛江市郊东海岛东山圩……15岁到原南强中学就读。1939年7月考入雷州师范,同年12月加入中国共产党。1944年不幸被捕,受尽酷刑,最后壮烈牺牲,

---

① "南路人民革命斗争资料",湛江市档案馆,宗卷号2—A12.2—002。
② 肖汉辉:《抗日战争时期雷师建党工作的回忆——纪念雷师建党五十周年》,《海康文史》1989年第1期(1989年6月),第1—3页。

年仅 24 岁。"① 方茂盛，字瞳昇（号长脚方），1921 年 7 月出生于海康县松竹区塘仔。1938 年考入雷州师范学校，并于 1939 年参加中国共产党；1940 年撤离雷师，后到海康南兴小学、沈塘小学等地教书，从事革命活动。肖汉辉回忆到，当时雷州师范学校学生党组织，"隶属遂溪党委领导"。即使到了 20 世纪 80 年代，校友肖汉辉对这段雷州师范学校的前后发展似乎记忆犹新："1935 年下半年，先将 1934 年下半年招收的普通高中一年级那个班相应地改为高中师范二年级；再从这一年的秋季起，高中改招高中师范班新生；初中三个班当时还未改，还招考最后一届（第十七届）初中班新生（我就是考上第十七届初中班的）。初中班是从 1937 年夏起，每届毕业后才逐年改为招收四年制简易师范班学生。1932 年秋起十中已设立附属高级小学校五、六年级两个班，到 1938 年下半年雷师迁校前，全校便设有高中师范三个班、简易师范三个班、附小二个班，共有八个班，全校师生员工共有四百多人。在当时，它是雷州三县所有中等学校规模较大、教学设备较好、并设有高师和简师培养师范人才的省立学校。"② 20 世纪 80 年代，肖汉辉还保留着当时的同学录，里面有同学们的毕业赠言及大部分师生的相片。颇为可惜的是，目前这本同学录不知道流传在谁的手中？

当其时，黄其江等人根据广东省委发展青年运动的要求，在组织"青抗会"同时，亦加紧在雷师等学校发展党员，成立党组织。1939 年，中共遂溪党组织"派王文劭到雷师发展党员，当时高二班只有二十多人，约 6 月份首先发展了唐勤、唐庆时、邓其敏，接着发展肖汉辉、黄其伟（炜）

---

① 周德安、黄耀春、陈耀南：《无私无畏　正气凛然——缅怀亲密战友郑开均烈士》，湛江市郊区政协文史资料编辑组编：《湛江郊区文史》第二辑（1990 年 4 月），第 23 页。按，周德安亦为雷州师范学校毕业。

② 肖汉辉：《抗日战争时期雷师建党工作的回忆——纪念雷师建党五十周年》，《海康文史》1989 年第 1 期（1989 年 6 月），第 1 页。

据言雷州师范学校在庐山村的旧址

（遂溪）、周志平（遂溪）、丁其鹗（海康调免）。发展后，接着成立支部：支书邓其敏，组织委员唐勤，宣传委员唐庆时。"①另一个校友周立人也回忆到："1939 年 5 月，遂溪县党组织派党员王文劭到雷州师范学校开展建党工作。6 月，王文劭在雷师发展了高一班学生邓其敏（后脱党）、肖汉辉、唐勤、唐庆时（后脱党）、黄其炜、丁起鄂（后脱党）、周治平（后脱党）等 7 人参加中国共产党，并建立了中共雷州师范党支部。邓其敏任支部书记，唐勤任组织委员，唐庆时任宣传委员。……1939 年 12 月，中共雷师党支部又在简易班中吸收翁泽民、唐

---

① 抗日战争时期座谈会（1983 年 11 月 2、3 日），地点：县政府小招，与会者：肖汉辉、翁泽民、陈兆男、张芝经、林子枫、王永茂、方联珠、林华、洪元、方春炳、关祥、许盼宁。藏于雷州市委党史办。

庆远（后脱党）、郑其成、陈锡庸、方茂盛等加入中国共产党。"①周立人是遂溪官田村人，在 1939 年 3 月学校从海康迁移到庐山村时，以第二名的入学考试成绩考入雷师。庐山村距离官田村只有十余里远。也就是说，在 1939 年 7 月前后，雷师已经建立起党组织——中共雷师学生党支部。组织的成立，加快了党员的发展。雷师学生党支部在 1939 年 12 月又发展翁泽民等 7 人入党，1940 年发展了金耀烈等 9 人入党。党员队伍的扩大，促使学校呈现出一股奋发的氛围。"为了我们这几个同乡能多读课外书，金耀烈发动我们组织起一个读书会，书籍来源尽可能集中各人所有，或者谁有条件谁购买，或者向同学借来，所有的书籍通通地由我来保管；读书会建立起读书生活会议，每周一次，主要是交流学习心得，与讨论有关重要的政治观点，和订立下周的学习计划，对学习与生活上也进行批评与自我批评。"②1940 年入读雷州师范简师班的朱日成回忆到。金耀烈时在高师班。后来朱日成也在金耀烈的介绍下，加入中国共产党。而周立人等人则由黄其炜介绍入党："我与同房住的同班同学周超群等人……黄其炜经常来我的宿舍与我们谈学习、谈时事、谈八路军、新四军抗战战绩，谈共产党领导的正确英明等，不断对我和周超群等人进行思想教育。这时，我向他表示了参加共产党的迫切要求……不久，黄其炜正式介绍我和周超群、林宝珍三人参加共产党。当时还没有正式的《入党志愿书》发给我们填写，只是出几条题目要求我们作答，题目是：（1）共产党是什么组织？（2）共产党的性质、宗旨是什么？（3）党的纪律是什么？（4）你为什么参加共产党？（5）党的利益和个人利益冲突时，你服从哪个？等等。我们写好这些答案，

---

① 周立人、王琬玲著：《往事回忆——周立人、王琬玲革命斗争回忆录》，内刊，2021 年 6 月，第 5 页。

② 朱日成：《芳草：朱日成革命回忆录（一九四〇——一九五〇）》，内刊，2000 年 3 月，第 41 页。

交给黄其炜之后不久，他就叫我们三人到学校后面的山林里，宣布上级党组织批准我们三人加入中国共产党，并举行宣誓，他为监誓人"；"我和周超群、林宝珍成为中国共产党党员，候补期半年，党龄从 1940 年 10 月算起。"[①]按照朱日成的说法，拥有党支部的雷州师范——"雷州师范的地下共产党，究竟有多大的力量，我是无法知道的，但自从我进校以来，亲自参加一系列的斗争，在学生当中讲进步话，做进步事的人比比皆是，一些不问政治的书呆子，以及一些半阴半阳的人，已是寥寥无几。党支部斗垮了白学初，斗输了邓时乐，把雷师的革命阵地一天天地巩固下来"。[②]1941 年 1 月"皖南事变"发生，全国各地国民党加紧对共产党人的迫害，到处逮捕共产党员，实行白色恐怖。地处偏远乡村地带的雷州师范也不例外，雷州师范校园里也面临着巨大的压力。"遂溪县委根据上级党委关于'积蓄力量，隐蔽精干，长期埋伏，以待时机'的指示精神，对各地一些暴露同志安排撤退转移。三月下旬，党组织通知邓其敏、唐勤、唐庆时、肖汉辉、黄其炜五人准备撤退。邓其敏传达上级党组织这个通知时，唐勤、肖汉辉、黄其炜三人表示服从党组织的决定，随时听党的调遣。而身为支部书记的邓其敏却说还有几个月就毕业了，现在撤退不是时候，表示不愿意撤退。唐庆时也是这种思想。""上级党委领导同志听唐勤会[汇]报后，指出邓其敏身为支部书记，在党调动他的时候，不带头响应党的号召，而不服从组织决定，这不是一般错误。"后来邓其敏自己提出要求退党，还表示不出卖党不出卖同志。[③]

---

① 周立人、王琬玲著：《往事回忆——周立人、王琬玲革命斗争回忆录》，内刊，2021 年 6 月，第 7 页。

② 朱日成：《芳草：朱日成革命回忆录（一九四○——一九五○）》，内刊，2000 年 3 月，第 45—46 页。

③ 肖汉辉：《抗日战争时期雷师建党工作的回忆——纪念雷师建党五十周年》，《海康文史》1989 年第 1 期（1989 年 6 月），第 4 页。

后来唐庆时也脱党。事实上，在当时，能够接受一个中等师范的教育，是很不容易的，在社会上也是有一定的地位的。朱日成曾回忆他接到遂溪师范录取时的情况："（1939年）我考上了遂溪师范第八名，捷报轰动了田西，父老们纷纷登门祝贺……十年窗下无人问，一举成名天下知，而我只不过是个一年级的简易师范生，但在社会上名声远扬，平时作威作福的乡公所，现在他们也得在这个师范生的面前表示尊敬。假期回家，也可以随随便便地闯他们的衙门，有时还招待一二餐便饭。乡公所如此，双村大氏族也是如此，不独陈河丰见我素称老表，连陈河丰的大儿子也称起朱兄，过去我见到陈槐荫仍是以师生之礼，而他只用鼻孔唔了一声就过去，可现在就不同了，当我称他先生时他感无比光荣有我这样的学生，他的体面也大了，把我招呼到他的客厅，又是茶又是烟，问寒问暖，问了我，还问我的家。"①何况省立的雷州师范远比遂溪师范出名——朱日成在1939年9月通过考试转到雷州师范。1941年初，雷州师范党支部进行改选，由黄其炜任书记，唐勤任组织委员，肖汉辉任宣传委员。不久有的成员因身份暴露只好撤退。留下的党员学生继续战斗："（'皖南事变'）我们雷师的全体共产党员分头到新圩、太平、芦山及其周围村庄散发传单，披露'皖南事变'真相，揭露国民党顽固派假抗日真反共的阴谋。我记得当时在雷师读书的同学中党员有我、周德安、周超群、陈慎辉、黄轩、郑开均等，我和黄轩、郑开均同在一个党小组过组织生活。"②1941年7月，雷州中心县委派梁和、全国明（子瑛）、李俊瑜等重组党支部，梁和任书记，全国明任委员。

　　校友黄轩也回忆到："我就是这样于1942年7月间到省立雷州师

---

① 朱日成：《芳草：朱日成革命回忆录（一九四〇—一九五〇）》，内刊，2000年3月，第32页

② 周立人、王琬玲著：《往事回忆——周立人、王琬玲革命斗争回忆录》，内刊，2021年6月，第8页。按，黄轩是1942年入读雷师，入读后，周立人仍在雷师求学。

范报名考试……我考试取得第二名，于 9 月 1 号正式上课读书……这年雷师正从雷州城搬来遂溪县办校，初时没有校舍，考试场设在县城南的树荫底下，校址设在县城内正街边的旧祠堂等处。我们党同志在雷师读书的，记得有：周德安、周超群、陈慎辉、我、周立人、陈辉、郑志洁（原名郑开钩）、宋成隆、陈达元等人。这年我们党同志在雷师读书发挥了很大作用。一面在各班学生会中能起控制作用，一面团结周围进步同学和老师，展开宣传我们党的主张和抗日工作的活动。""在雷师读书时，我的党关系是属于郑开钩、周立人同志负责联系，同一个党小组过组织生活。"① 其后，党的活动、党组织一直在雷州师范校园延续。如 1943 年雷州半岛沦陷后，雷师就搬迁到化州县林尘镇，"学校原有的党组织因此都转移到敌后去活动了"，但是，通过校友、中共化县特派员陈醒亚等人努力，"决定，派董子相通过关系转入雷师去任教师，搞内线工作；黄鹄、李锋一起考入雷师读书为掩护，搞学生运动。1943 年秋，董子相已进入雷师任教，李锋考入雷师的高师班，黄鹄考入简九班"。黄鹄在雷师姓名为黄玉瑞。1944 年，李锋等人就在学校开展"反宋"学潮。将校长宋其芳吃教师空额，拖欠师生粮食补贴，贩卖鸦片，搞投机倒把，奴化教育等罪恶公之于众，迫使广东省教育厅撤职宋氏。黄鹄还回忆到："我们在学校秘密宣传发动积极进步同学，组织地下游击小组、地下军，进行了政治学习和军事知识训练，全校高师、专师和简师等共有四五十人，为抗日起义积聚了力量。1945 年 1 月 8 日我和董子相、李锋奉命先到化南木威塘小学（那时李鸿已在此做武装起义准备工作），和李鸿大队 9 日到良光红埇农场，参加陈醒亚为总指挥的化吴廉人民抗日武装起义。雷师学校的地下游击小组、地下军也在

---

① 南路革命研究所编：《黄轩革命斗争回忆录》，中共党史出版社，2017 年，第 31、32 页。

1945 年 1、2 月先后参加了游击队。"①即使到了 1946 年，雷师的党组织继续在活动："当时雷师的党员有：杨金波、王英（女）、杨惠文（女）、谢妙、沈自励、黄鑫、林荣义、黄海藏等，海康一中的党员：唐学清、陈意、陈济民、邓成俊等（邓成俊后脱党）……杨金波、唐学清分别为党支部书记和副书记……1947 年上半年，两个学校分开成立党支部，雷师党支部书记杨金波，海中党支部书记唐学清，海中后由陈意负责。"②

第三节　迁徙中的斗争——在遂溪庐山村与茂名等

雷州师范学校自雷州中学校、广东省立第十中学，再 1935 年改名雷州师范学校（由当时广东省教育厅厅长题校名），一直都是在当时雷州半岛的核心地带——雷城。但自抗战起，尤其是 1938 年日本对广东发起进攻后，校园也遭受到影响。1938 年底，校园开始累受日本炸弹的轰炸，为安全计，学校从雷城迁出，前往时属遂溪管辖的古庐山村："抗战军兴，各校多受战事影响，然常能于艰难困苦中维持课业。敌机滥炸粤南都市，各校为避免无谓牺牲计，大都迁移乡间，照常上课……计经迁址之校，可得而述者，则有省立韩山师范学校由潮安韩山迁至揭阳占沟，韶州师范学校已由曲江县城迁至仁化水南，雷州师范学校由海康县城迁至遂溪古庐山村，长沙师范学校由开平长沙迁至台山口海，老隆师范学校由龙川铁场坑迁至"。③雷州师范学校自此走上一条不断迁徙的道路。在迁徙路途中，为了更好的出路，革命的雷师师生除了投身

---

① 黄鹄口述、李晓鹄整理：《抗战时期之雷州师范风云》，茂名炎黄文化研究会主办：《炎黄之声》2015 年第 1 期（总第 7 期），第 48—49 页。
② 南路革命研究所编：《黄轩革命斗争回忆录》，中共党史出版社，2017 年，第 31、32、59 页。
③ 《广东师范教育概况》，见《广东教育战时通讯》第 50 期（1942 年 1 月 1 日），第 35 页。

革命的洪潮之外，也同种种不公行为作斗争。

1939 年春，由于在雷城的学校校园遭到日本飞机的轰炸，出于安全考虑，随后决定迁往靠近法租借地的太平庐山村。但并没有在该村进行如何建设，只是在该村四间祠堂另建草棚为教室，同学甚至老师，都借用民房住宿。雷师迁徙庐山的第一任校长白学初，是海南人。[①] "雷州师范同样遭到敌机的轰炸，除了保留一部分图书，以及部分台凳校具之外，连人带马全部换新地从雷州城迁到遂溪古卢山村（庚山村）（按：即庐山村）。由校长白学初组阁，带来的老师皆是从海南岛逃难的难民，这样学校是逃难，校长老师也是逃难，有人说雷师是一所难民的学校。"[②] 亦有学者认为是张锡镛，提出张锡镛担任校长的时间是 1938 年 9 月至 1939 年 8 月。[③] 若是 1939 年 2 月迁至庐山村，那张氏至少在文本上是校长，估计他当时并没有随校前往，学生们对他没有什么印象。

也正是在庐山村这个临时的校址上面，发生了两场颇有意义的抗争。一场是与白学初有关，一场是与另一个校长邓时乐有关。

校友们回忆：1939 年 "12 月，在简易师范 2 发展：翁泽民、唐庆远（唐宅人）、郑其成（东海）。方茂盛、周德安、周立人在 40 年上半年入党。40 年下半年雷师闹学潮。翁（泽民）于（19）40 年下半年定为'丁'字操行，赶出学校。学潮主要是反对白学初（校长），斗争比较激烈。（19）40 年 4 月，白学初出布告开除唐庆时。当时引起学潮的原因，是白学初的老弟白学龙和教官十分反动。" "当时唐庆时出

---

① 周德安、洪勉、洪春山：《雷州师范在庐山村的罢课学潮》，政协湛江郊区委员会文史资料编辑组：《郊区文史》第 1 辑（1987 年 4 月）；洪志敏：《抗战初期的雷州师范》，政协海康文史资料研究委员会：《海康文史》1987 年第 2 期（1987 年 12 月）第 31 页。

② 朱日成：《芳草：朱日成革命回忆录（一九四〇——一九五〇）》，内刊，2000 年 3 月，第 35 页。

③ 广东湛江教育学会、湛江教育志编辑室：《建国前雷州师范学校沿革史料》，载程永年编写：《湛江教育史话》，内刊，1988 年 3 月。粤西农垦印刷厂印刷，第 133 页。

了反对学校的墙报，出布告开除唐庆时的学籍，当时全校 100 多人……40 年下半年邓时乐代替白学初。"这是肖汉辉的回忆。翁泽民的回忆也大致类似："我是在简易师范第二班（38 年下半年入的）去雷师前也参加过'青抗会'。在第二学期元月，同唐庆时、庆远三人参加下乡宣传队到大家教书、宣传抗日。学校搬去古芦山后，王文劭带去草白教书，我到草白二日，邓其敏即到草白叫我回雷师读书。当年 12 月就吸收我入党。当时校长白学初，我曾写了两篇文章《我所知道的雷州》《卢山暗影》，登在湛江《南光报》，被查处，40 年下半年就被定为'丁'字操行，赶出学校，我回海康城。金耀烈、黄雪霞是我走后才入党的。……我回海康后，县城只有我一个党员，曾锡驹为我的直接领导，曾在沈塘办图书社，我捐了 40 多大银。41 年开始，我就同陈同德到平余教书。"①按：湛江是 1945 年才称呼的。而校友朱日成的回忆更具体，甚至将事件的前因后果都谈及。1940 年，当时学校校园里在"五四"来临之前，出了墙报。"墙报针对这个时局（按：指汪精卫之投降，国民党之妥协）为主题，同学们写了许多的文章、诗歌，更为动人的是好几幅插图漫画，十分生动。其中有一幅，画题为'放狗屁'，画的是一条哈巴狗，翘着尾巴跪在一个日本军官的面前，屁股放出一股浓烟，浓烟冲出'曲线救国'的四个字样。此画艺术水平不是一般，因而吸引了同学与老师们川流不息地观看。……墙报轰动了全校"。②估计这就是上述肖汉辉回忆唐庆时遭受开除的原因。5 月 4 日，学校召开纪念大会，"因为学校是临时迁到这里，没有礼堂，凡是大会或纪念周，都在洪氏祠堂院内。这

---

① 抗日战争时期座谈会（1983 年 11 月 2、3 日），地点：县政府小招，与会者：肖汉辉、翁泽民、陈兆男、张芝经、林子枫、王永茂、方联珠、林华、洪元、方春炳、关祥、许盼宁。藏于雷州市党史办。

② 朱日成：《芳草：朱日成革命回忆录（一九四○—一九五○）》，内刊，2000 年 3 月，第 36 页。

次纪念大会与往常一样，并没有特殊的布置，老师站在正厅的两旁，全体学生列队站在大天井。"大会开始时，首先是"林懿传老师宣读了一份祝词，接就是校长训话。"白学初，或许诚如后人所言，"生活艰苦朴素，平易近人……新中国成立后，他曾任海口市文化馆长，还是广东省一届政协委员"，[①] "新中国成立后曾赴北京出席教育界群英会"。[②]训话时，"一方面赞扬'五四'运动反帝反封建的旗帜鲜明，还说什么中国青年有志气等等。很快他就把话头调转过来说什么可惜'五四'之后，许多当年参加运动的人，走了上歧途，变成赤化分子，出卖灵魂，投靠苏俄，……最近本校部分学生，不安分守已，放荡不羁地对政府抨击，破坏抗战……"面对"校长白学初之顽固"，"当他走下讲台时，学生代表唐庆时大步踏上讲台，针锋相对地把白学初所讲的谬论，一条条地进入无情的驳斥，揭穿国民党当局妥协投降，与卖国大贼汪精卫内外勾结，破坏团结，破坏抗战，鱼肉人民。唐庆时的讲话铿锵有力，针针见血地刺进白学初的心窝。这时白学初顶不住了，还没等唐庆时的话讲完，就赤搏（膊）上阵，再次冲上讲台，指着唐庆时大骂他是汉奸；当时唐庆时毫不逊色地站在讲台一边，回敬白学初的是向同学们厉声疾呼：'我唐庆时抗战到底，不妥协，不投降，我不是汉奸；白校长不拥护抗日，维护汪精卫，破坏一致抗日，白校长才是汉奸！'"面对此情景，白学初开始还用"我开除你！"来威胁，但面对学生随之而来的反抗，也没有任何一个学生被开除，包括唐庆时在内。[③]这是雷州师范在迁徙途中开始的第一场抗争，也是第一场胜利。

1940年下半年，白学初离职，广东省教育厅派邓时乐接任。1940

---

① 洪志敏：《抗战初期的雷州师范》，《海康文史》1987年第2期（1987年12月），第31页。
② 湛江师院校史研究课题组编：《湛江师范学院史稿》（未刊稿），2004年12月，第102页。
③ 朱日成：《芳草：朱日成革命回忆录（一九四○—一九五○）》，内刊，2000年3月，第36—38页。

年，雷师的规模是不小的。"省立雷州师范学校，师范班 2 个，简师班 4 个，学生数：师范男生 39 人，女生 1 人，共 40 人，毕业生 17 人，全部为男生。简师，男生 90 人，女生 5 人，共 95 人，毕业生，男生 18 人，女生 1 人，共 19 人。""教职员 24 人，其中男性 22 人，女性 2 人。经费为 23759 元。"而整个广东师范学校的情况大致："广东全省师范班 35 个，简师 35 个班，师范生学生人数 913 人，男 530 人，女 383 人，毕业生 248 人，男女各 124 人……简师学生 1022 人，男 751 人，女 271 人，毕业生 127 人，男 107 人，女 20 人。"全省师范学校共有教职员 318 人，其中男性 271，女性 47 人，总经费 248333 元。①或许当时广东省教育厅想派一个更圆滑的官场老手来管理。校友朱日成回忆："国民党当局对雷州师范的注意倍增，去了一个白学初，换来一个邓时乐，此人的来历如何？不得而知，但审其言和观其行，是白学初所望尘莫及的"。"邓时乐到雷师时，已是年近半百，他也自称他是个老人……他对学生的抗日救亡活动，不像白学初那样笨，不但不实行制止，反而表现支持，常以关怀的态度，观看我们的演出。"②但随之而来的，先是换了教导主任，一个名叫刘铁城充当，养了两名校警，同时让他的老婆"掌管学校金柜"，即使他的两个女儿也在高师班读书，其中一个女儿却领着工资。在管控学校的财权后，邓时乐还企图压制学校的抗战气氛，"强迫学生必读蒋介石的《中国之命运》，禁读红色书，最为毒辣的烧毁图书馆里的红色书。"当时"雷师图书馆的藏书，是雷州之冠，敌机的轰炸，已毁了大半"迁到庐山村的只有"小半，就是这么一小半，也陈列了十多个四层的大玻璃书橱；国共合作时的上任校长，

---

① 《教育厅调查各县师范生人数》，《广东教育战时通讯》第 45、46 期合刊（1941 年 9 月 16 日），第 32 页。

② 朱日成：《芳草：朱日成革命回忆录（一九四〇——一九五〇）》，内刊，2000 年 3 月，第 38 页。

增添了相当数量的马列主义书籍"。面对邓时乐的所作所为，中共雷师学生党支部发动学生通过偷存的方法进行对抗。[①]1941年上半学期结束时，邓时乐竟然给进步学生金耀烈"丁"字品行，"饬令退学，更激起同学们的愤怒。"[②]面对如此情况，学生们也适当地做出一些调整，如表面应付邓时乐等人，让学生剧团走向农村演出等。一方面让部分已暴露身份的党员学生撤退，另一方面则安排进步的学生通过考试进入雷师求学，巩固学校里面的党组织。1941年，"我与黄色五一样地怀着沉重的心情，依依不舍地离了可爱的母校——雷州师范，直奔法租界广州湾。""与我一起放弃学业，撤出雷州师范的有黄色五、黄雪霞、唐勤、金耀烈，还有一批，我不明他的身份的同学，也同时撤出。"[③]1941年秋，"遂溪县党组织针对雷州师范顽固当局压制学生宣传抗日的反动行径，安排一批党员考进雷师，组织进步学生开展针锋相对的斗争。"[④]其中就包括全国明等人。"到1941年秋（我已离开雷师）的一次大学潮中，邓时乐被一些不是共产党人的老师和个别学生打得遍体鳞伤，后来国民党派来了保安队，捕了三十多名学生，扣上异党分子的罪名送到遂溪县，由于邓时乐的臭名昭著，也激怒了雷州地方的乡绅，我们地下共产党人也为拯救被捕的同学而奔走，结果三十多学生全被担保，只以每人罚款一百八十元，全部释放……雷州师范依然是共产党的天下。"[⑤]有文献对当时这件事有详细的记述：1941年，"邓时乐、刘铁城（按：

---

① 朱日成：《芳草：朱日成革命回忆录（一九四〇——一九五〇）》，内刊，2000年3月，第39—43页。

② 洪志敏：《抗战初期的雷州师范》，《海康文史》1987年第2期（1987年12月），第31页。

③ 朱日成：《芳草：朱日成革命回忆录（一九四〇——一九五〇）》，内刊，2000年3月，第50、49页。

④ 陈超：《回眸往事》（一），中共党史出版社，2014年，第30页。

⑤ 朱日成：《芳草：朱日成革命回忆录（一九四〇——一九五〇）》，内刊，2000年3月，第40页。

训育主任）等竟于 11 月中旬的一个
凌晨，带领一营兵包围庐山村。同学
们猝不及防，梁和、全国明、黄日宣、
黄日成、黄轩、王勋、梁应元、黎俊
铮、黄冠英等九人及体育教师李昭伟
被抓走。第二天便宣布开除梁和等九
人的学籍。"学校党支部在上级党组
织的领导下，成立学潮领导小组，坚
持斗争，誓把学潮坚持到最后胜利。
"上级党组织为了做好学生思想工作，
特派庄梅寿到学校领导，学潮领导小
组为防止同学受骗，划分遂溪、海康
片，选出负责人，紧密联系，统一步

全国明像

伐……没有人返校上课。……一边发动同学捐款慰问，一边向上级教育
主管部门控诉邓时乐、刘铁城的罪行，印发'快邮代电'向社会各阶层
揭露邓、刘的罪恶，争取各界人士的支持。（按，邓时乐的老婆当出纳，
挪用公款，积欠教职员工的工资及学生津贴费——每人每月四斗谷的折
款）……上级党组织派陈明时（按：陈超的二哥）到狱中慰问被监禁的
师生"。[1] 陈超将军也在后来回忆录中提到，1941 年"这年冬天，中
共雷师支部书记梁和、支委全国明等人被顽固当局拘捕。事后，遂溪县
党组织利用各种关系营救梁和等人。期间，我二哥（陈明时）按照党组
织的安排……设法营救了全国明等。"[2] 当其时，全国明在城月拘留所

---

[1] 洪志敏：《抗战初期的雷州师范》，政协海康文史资料研究委员会：《海康文史》1987
　　年第 2 期（1987 年 12 月），第 32 页。

[2] 陈超：《回眸往事》（一），中共党史出版社，2014 年，第 30 页。

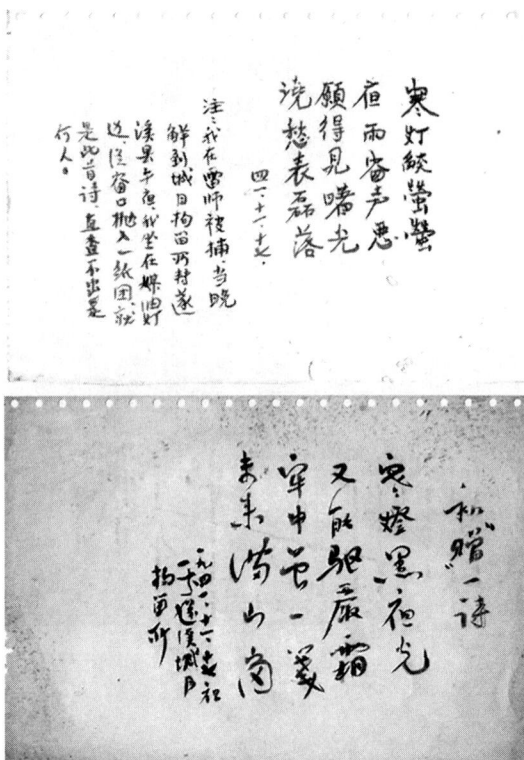

全国明的狱中诗

曾接到一首窗外抛进的诗："寒灯焰萤萤，夜雨窗声恶。愿得见曙光，浇愁表磊落。"全国明在这首诗旁边写曰："1941年11月17日。注：我在雷师被捕当晚，解到城月拘留所转遂溪县。午夜，我坐在煤油灯边，从窗口抛入一纸团，就是此首诗。直查不出是何人。"当夜全国明即回和了这首诗。"和'赠'一诗"："寒灯黑夜光，又能驱严霜。牢中虽一笺，未来满山岗。""1941年11月17日夜□遂溪城月拘留所。"①

面对雷州师范如此抗争的局面，广东省教育厅无奈，终于撤邓时乐、刘铁城的职务，另派宋其芳接任校长。宋到任前，教导主任一职由在学潮中同情及支持学生正义行动的进步教师黄有杰担任。1942年2月13日学校正式复课，中共雷师学生党支部也立即恢复活动，学生自治会同时进行改选，稳定同学学习情绪。被监禁的梁和（新中国成立后曾任中共雷北县委宣传部长），全国明（新中国成立后曾任吴川县武装部政委）至是年3月才释放。体育教师李昭伟后被转解北海市去了。雷师在庐山的时间虽然短暂，但在上级党组织及学校党支部的领导下，发展了一批

---

① 由全国明女儿全民提供。2022年9月14日。

党员，培养了不少革命骨干，主要有：黄其炜、方茂盛、周超群、唐勤、陈锡庸、郑启成、廖华、朱日成、陈元清（号存达）、陈达人（仁）、陈理祥、肖汉辉、周立人（号如砥）、周登宏、周德安、杨锋、金绍周、洪申、洪德、徐燕吉、翁泽民、黄色五、莫志中、苏莲芳（女）、王俊瑜（女）、黄雪霞（女），等等。

接任邓时乐的校长是宋其芳。宋其芳（1900—1984），字饬五，化州莞塘名教村（今属官桥镇）人。他出身比较贫寒，但学习勤奋。1926 年，他以优异成绩考取中山大学。1930 年取得中山大学理学士学位后，即返化州办教育。1931 年被委任化县县立第一中学校长，连任 8 年；大致来说，宋其芳是民国时期化州教育界颇有建树的中学校长。1942 年 4 月，根据广东省教育厅的委派，他调任广东省立雷州师范学校校长。后又兼任化县参议会议员、国民党化县县党部书记。1944 年春，因挪用公款、贪污教职员工空额工资，被免去雷州师范学校校长职务。1947 年，宋其芳任化县县府科长、国民党县党部委员等职。1949 年移居香港。

"宋其芳到校后，认为学校设在农村，孤立无援，难以立足，便呈准省教育厅，于 1942 年上半年学期结束后，把学校迁往遂溪县城。"[1] 不久又迁往化州县城林尘圩。直至 1946 年，才迁返海康县城。对于雷州师范迁往化州林尘的时间，目前有多种说法，有说"1943 年 1 月，又迁往化州县林尘圩。"[2] 有说是 3 月："1943 年 3 月……省立雷师

---

① 洪志敏：《抗战初期的雷州师范》，政协海康文史资料研究委员会：《海康文史》1987 年第 2 期（1987 年 12 月），第 32 页。

② 周德安、洪勉、洪春山：《雷州师范在庐山村的罢课学潮》，政协湛江郊区委员会文史资料编辑组：《湛江郊区文史》第 1 辑（1987 年 4 月），第 61 页。

林尘办学时的旧址，源自黄鹄口述文章

又从遂溪县古庐山村迁往化州县林尘临时校址上课。校长宋其芳。"①
有说是 8 月："8 月，雷州师范由海康迁到林尘。"②考虑到 1943 年 2
月，日本从海康登陆，不久占领了广州湾，整个雷州半岛面临着巨大的
压力的概况，应该是 3 月后的可信度高。对于在林尘的情况，后来校友
刘傅翠撰写的《抗战逃难记——雷州师范史回忆录》③有所描述，下面
摘录部分：

---

① 郑培兰：《雷阳书院——雷州师范》，政协海康文史资料研究委员会：《海康文史》
　　1988 年第 1 期（1988 年 6 月），第 29 页。

② 中共化州市委党史研究室编著：《中国共产党广东化州历史大事记（1926—1978）》，
　　中共党史出版社，2019 年，第 59 页。

③ 见《湛江师院报》总第 25、26、28 期连载。另，赖乃宏、刘傅翠：《雷师抗战逃难记》
　　（载茂名炎黄文化研究会主办：《炎黄之声》2015 年第 2 期）有相类似的内容。

　　我们几百个学生，有师范班，有简师班，还有一年制的师资训练班，读着逃亡的雷州师范学校。是1943年下半年，开学了，学子从四面八方来上学，不是到雷州，而是到化州县林尘圩边的一间当铺，破烂的当铺。当铺周围有一条小涌沟，有前后两个门，各个门前都有一条小木板桥通出林尘圩的。几百个学生，还有教我们的老师，那么多的师生，就挤着生活在这座破烂的当铺里。我们的课堂是用竹作柱用杉皮代砖瓦扎构而成的，坐落在当铺后门左右两边的城墙与涌沟距离稍宽的空地上，原来是长满杂草的空地上。我们的课台是锯出来未经修饰的原木板块，我们坐的凳子是用三根竹竿扎拼成一排的。每张桌子坐三个人。我们的卧室是利用当铺的库房啦货架啦来代替。床铺呢，则用一小条一小条的小木板（乡村盖瓦房用的桷子）排摆而成，然后一张席子一个床位，亦即每人一个床位亲密地挨着睡。这个床位，自习时可作学习台用，又可以作凳坐，可说是一物三用，利用率很高。

　　住在楼上的黑乎乎，住在楼下的湿漉漉，天气潮湿时，还会有从床脚处爬上来滑潺潺的鼻涕虫，胆小的女同学被吓得呱呱叫。我睡的大排床位是在地下的一个开口厅。前面有一口天井，天井那边右角有个出入的门口，算是女生宿舍房门；天井那边左角则利用沿墙与天井之间的天井边吧，用烂砖砌一面为人高的墙，中间放置着一个不加盖的开口缸，这就是我们小便时用的厕所，厕所门没有东西遮挡，同学之间了解得可算透明极了。那么，大便的厕所又在哪里呢？可远哩，叫这些女学生颇感头痛，尤其是遇上夜间要大解时，要从后门往左拐，经过课室群，沿着城墙与小涌沟之间的一条小路（原是草丛，由于我们踏多了便成了一条小路），差不多到前门没人看得见的一角。冷天，还不过是冒着寒风的刮面，夏天最吓人的是随时都有长虫（蛇）爬过你的脚面。没有电灯，我们也穷得没有电筒，只能端着一盏做功课用的煤油豆灯，如遇大风吹熄了，就得摸黑。没有自来水，用水要从外面打回来。没有冲凉房，在我卧室（开口厅）的背后有个小门，出去是一块堆满烂砖瓦的露天三角地，最长的一边靠着城墙，约有四米左右，就着城墙用烂砖砌两扇如人头高的半墙伸出来做间隔，门是开着的，无遮挡；这就是我们几十个女学生用的两间冲凉房。没有上盖，若有不知情的人，走上城墙高处观风景，无意中俯视了的话，就很失礼了。晒衣服也就在这块三角地的上空牵上些绳子。

但是，困难没有把我们吓倒，因为我们都有一颗明亮的心和一个明确的奋斗目标——读书不忘救国。我们除了做好老师授予的功课外，还参加抗日游击小组的学习与活动，也参加党安排组织的业余歌咏队，宣传抗日救国。有时写稿出墙报，有时还因地制宜，因陋就简的演出独幕剧及唱歌等，向自己的同学和当地的乡亲宣传抗日救国和卫国保家的道理。

当其时，雷州师范校友陈醒亚在化县担任中共特派员。1941年，中共南路特委根据皖南事变后的新形势，做出党员审查和组织整顿的工作。其中，党组织的领导形式，也由集体领导的党委制改为秘密的单线领导的特派员制。8月底，中共南路特委派陈醒亚到化县任特派员，秘密领导该区域党的工作。1936—1938年陈醒亚在雷州师范学校求学。当雷州师范学校迁徙到化县林尘时，"为加强对该校的工作，党组织即派一些党员到该校：董子湘转雷师任教；李锋、黄玉瑞（即黄鹄）转学雷师。"他们3人利用学生外宿有利条件，在校中秘密开展抗日宣传，成立地下游击小组。早在1942年3月，李锋还没有进入雷州师范之前，在经正中学时，他就与李鸿奉特派员陈醒亚的指示，在化北"建立进步书刊秘密传送网。他们发动党员及进步青年捐款，集资百多元，办起了文牍书店。李锋通过党员关系在廉江石角邮电所订了《新华日报》《群众》等党的报刊，由合江的李儒桐和黎明昌（黎德华）两人负责到石角取回，再分送到中峒、合江、林尘、良光、笪桥、化城等地的小学及化一中、经正中学、陵秀中学"。①1943 年 8 月，雷州师范迁到林尘后，这个进步书刊秘密传送网伸展到雷师，雷师进步师生借此网络，能够及时了解党中央各个时期的路线、方针、政策，更好地开展对敌斗争。而黄秀娟（黄鹄）也在 1940 年 12 月加入中国共产党，是化县恢复党组织后发展的第一批女党员之一。"（1940 年）12 月，合江狮子墩健朴小学党小组发展三个当地女青年入党。他们是黄秀娟（黄鹄）、黄秀英、黄丽娟（黄秀英、黄丽娟后脱党）。这是化县恢复党组织后发展的第一批女党员。"②当其时，"校长宋其芳是反动顽固派，他以毕业后安排工作为诱饵，欺骗学生参加三青团。李锋、董子湘等发动学生抵制并取得成功。1944 年春，国民党广东省府督学检查办学，李锋等人趁机发动学校进步师生，用办墙报、印发传单和写控告书相结合的办法，揭露校长宋其芳挪用助学金投机倒把，吃教职员工空额工资和以务学生收迁校基建金的名义进行贪污勒索的罪行。在全校师生的强烈反对和社会舆论的压力下，国民党广东省教育厅被迫撤去宋其芳校长职务，取得了驱宋学潮的胜利。"③早在 1941 年，为了应对日益增长的物价，广东省教育厅就提升每个师范生的补助："广东教育厅以本年省库补助师范生膳费原定每人每月九元，嗣由四月份起虽增至每人每月壹拾二元，但最近两月来，粮价又复高涨，该项补助费仍续行增加之必要，特呈准省府

---

① 中共化州市委党史研究室著：《中国共产党广东省化州历史》（第一卷，1926—1949），中共党史出版社，2018 年，第 59 页。

② 中共化州市委党史研究室编著：《中国共产党广东化州历史大事记（1926—1978）》，中共党史出版社，2019 年，第 50 页。

③ 中共化州市委党史研究室著：《中国共产党广东省化州历史》（第一卷，1926—1949），中共党史出版社，2018 年，第 64—65 页。

自九月份起增至每人每月 15 元"。[①] 学生人数不少的雷师在助学金方面应该是不少，稍不注意是极易产生腐败的。对于雷师在茂名林尘的历史，亲历者黄鹄也有相关的回忆：[②]

首先我们广泛深入与教师和同学广交朋友，团结进步同学，建立学生委员会组织，以学生委员会公开、合法的团体组织为阵地，开展学运。当时共产党员李锋被推选为学生会主席，我也是学生会委员之一。全校有高师、专师、简师等三个师专班，各班长绝大多数是支持拥挤学生会的。

再就是，发动抵制校方集体动员学生参加反动三青团组织的学潮。校方秘密吸收发展国民党党员，公开动员学生参加三青团，目的为扩大其反动势力，加强对共产党人活动监视。校方先向我们学生会动员，说什么"凡参加填表加入三青团组织的学生，毕业就安排工作，职业有保证；但若不填表加入三青团组织的，毕业不安排工作，毕业就是失业。"

由于校方先在学生委员会动员布置，发给我们委员每人 10 张入团表，其中一张自己的，另每人负责动员 9 个人入团。我们在校方未在全校开会动员前，先秘密召集积极分子和个别串联，宣传教育，揭穿素有有人阴谋，让大家不要上当受骗，以免背上一辈子不光彩的历史包袱。我和李锋所领的登记表都在煲饭时当柴烧了。结果校方未达到预期的目的，只有 20% 的少数填表，大失所望。一计不成，再出绝招——以提审为突破口，抓大鱼。

---

① 《师范生膳食补助费 本月起增至十五元》，《广东教育战时通讯》第 45、46 期合刊（1941年 9 月 16 日）。

② 黄鹄口述，李晓鹄整理：《抗战时期之雷州师范风云》，茂名炎黄文化研究会主办：《炎黄之声》2015 年第 1 期（总第 7 期），第 48—49 页。按，黄鹄当时考入雷师时，因没有毕业证，借用同村人黄玉瑞文凭考试，故在学校的姓名为黄玉瑞。

　　1944 年下学期开学第一周，星期一的上午八点半，校方通知我，要到校部办公室去谈话。当时我虽然不知道，学校要我去谈什么话，但心里已明白，肯定是校方找我们算账了。这是欺负我是丫头，以为一击就倒，目的以我的口供，钓大鱼——抓李锋。我已有几分思想准备，看校方要耍什么花招，就邀同班同桌最知己的同学梁朝芳一起去（作历史见证人）。我们按时来到办公室，记得旁边有曾永春老师，但主要是体育主任张之昌主持审问。

　　开始张之昌先叫我们坐，还端开水给我们饮，然后转过身变了脸，严肃地说："黄玉瑞，我今天叫你来，先告诉你，宋其芳校长是决定开除你的，我对校长说，你年纪还小，不懂事，我先做做工作，看情况再决定，才宣布，校长同意，我今天就是为这事叫你来的。"我一听"要开除"这决定，就说："我黄玉瑞入学以来的功课，科科成绩都是老师给的，没有哪科不及格，也从未迟到早退过，到底犯了学校哪条校规，要给开除呀？"张之昌就问："你为什么经常召开秘密会议"？我问开秘密会议的地点在哪里开？他说："就是在你课室门前门后"。我说："这里有简八、简九、简十班，光是我家乡人，考入这三个班都差不多有一个班。从家乡回来谈家乡事，高兴得又笑又唱的，常有的事，那有什么奇怪呀"！他又问——为什么你星期日的上午都往东桥那边去？去那里？干什么？（那时我和李锋周日去白塘小学过组织活动，不同路往，李走西桥，我走东桥。）我笑着回答——星期天是假日，我要回家取些咸菜，东桥是我回家必经之地呀！他突奇地说："是吗？你家在哪我知道，路多远我也知道，你太不老实了！你老实说你去哪里啦？"此时我想起黄玉瑞的母亲是高丰村人，是张之昌的同乡，所以他熟悉。我灵机一动就说，有时去探未婚夫的。他一听就大笑起来，好奇地说："怎么你这年纪小小就有未婚夫啦！真的吗？"我说："那有什么奇怪，我四岁时父母包办就给订了婚了，年少不懂事，现在长大了，就去探望下他嘛！"这时已是 11 点半了，我就问主任，还有什么要问的吗？我可以回去了吗？他说："没有什么了，你可以回去了，不过你还得要注意点好，千万不要任性用事，知道吗？"这个戏就演到这里。

1944 年下学期中旬，开展反宋学潮。利用学生委员会学委专栏，将校长荣其芳吃教师空额，拖欠师生粮食补贴，贩卖鸦片，搞投机倒把，奴化教育等罪恶公布于众，激起了广泛师生的义愤，适正值广东省督学来校视察工作时，李锋把公布的原件报给督学亲收审核批示。不久，广东省教育厅下文撤销宋其芳雷州师范学校校长的职务。

另外，我们在学校秘密宣传发动积极进步同学，组织地下游击小组、地下军，进行了政治学习和军事知识训练，全校高师、专师和简师等共有四五十人，为抗日起义积聚了力量。1945 年 1 月 8 日我和董子相、李锋奉命先到化南木威塘小学（那时李鸿已在此做武装起义准备工作），和李鸿大队 9 日到良光红埔农场，参加陈醒亚为总指挥的化吴廉人民抗日武装起义。雷师学校的地下游击小组、地下军也在 1945 年 1、2 月先后参加了游击队。

学校设在化县林尘不安全，后又搬迁往高州水塘。李锋先后任化北游击大队负责人、化茂边区区长、武工队长。1947 年在林尘岭头儿被敌包围打伤被捕，牺牲时年仅 28 岁。我的亲人李鸿 1949 年 6 月牺牲于良垌，时年 32 岁。

宋其芳被撤职后，接任宋氏的是吴熙业。随后雷州师范也从林尘迁移到茂名帅堂。校友刘傅翠回忆到：①

宋其芳不当校长了，接任的是吴熙业。他把学校定在他的家乡附

---

① 见《湛江师院报》总第 25、26、28、29 期连载。

近——高州帅堂圩（今曹江镇政府所在地）的吴家祠和梁家祠。这时是1945年的上半年。在林尘时，从我家去学校都有70华里，到帅堂，则远远超过两个70华里了，要分段走。第一天先到月珍同学家合江高步，第二天和她同行到高州，第三天再走30华里才到帅堂——我们走难的母校——雷州师范学校，没有车，没有船，再远也是靠两条腿走。

这两座祠堂不小，我们的课室宿舍等大都在这两座祠堂里安设，毕竟不是学校的模式，"课室"光线很暗；住的地方仍是很挤。有些师生还挤到外面的租用农房住宿。他们同样没有电灯，没有自来水。厨房还好些，炊烟吹不到课室与宿舍。浴室、厕所是在神位前面的天井用竹棚搭设，看起来，似乎有点不大尊重吴、梁氏的祖宗。这里地方较阔，还加设了附属小学，我们可以去见习，高年级的则去实习。校舍虽比林尘宽，但环境卫生差，在梁家词校舍，曾出现类似鼠疫症的传染病，学生魏选臣（化州人）等在校病故，不少病号疏散回乡医疗。比此更为严重的是，这里的政治气氛差。经过南路人民武装起义，我们每逢与参队未成的这部分同学，接触交谈，都受到那些不抗日份子的盯梢。有国民党顽固派那块绊脚石，连爱国思想都得不到自由，真是气死人！

我们以为校址迁到深山僻野的地方，可以静下来读书了；但不，并不！在临暑假的前夕，因说日本鬼子要窜上高州，学校发令要疏散回家。于是我们便要走难了。是那记不清月日的一天，午夜接到通知，第二天天未亮便离校出发。我们不能走高州那条路了，而绕山路走，走不多远，倾盆大雨，无处避雨，紧急的时间也不允许我们避雨，身上的衣服全都湿了。雨后呈出了猛烈的太阳，又把我们的衣服晒干。大部分的同学都来自化州、廉江、遂溪，也有湛江、海南岛的。我是化北山底的。当天大约走120华里才到吴月珍同学家，那时天已黑了，月亮已出来了。人，简直不能动了，一进屋就倒床上睡着。月珍的妈妈做好饭才叫我们起来吃饭，依旧是累，但心不宁，老是打听着日本鬼子的动向。据说有支队伍已窜到化北我的家乡山底了，合江一带又有"大天二"抢车拦路，胡作非为。月珍的爸妈说我是个女子，不要单人匹马去冒险。那么，我暂时不能回家了。跟着月珍走，又不忍加重她家的负担，她家还有年老的祖母与幼小的弟妹。而我，该怎么办？想，想，用力地想，想出有条路可从我阿嫂的妈妈家里山村那里去。虽然第一次到那里，但我心定了，胆子也大了，因为阿嫂的大哥叶繁青是游击队的（后来牺牲了），他给我弄来一个手榴弹，并教会我使用。过了几天得到的消息，窜到我家乡的日本鬼子往广西梧州去了，我才回家。一路上，凡是日本鬼子经过的地方，他们不走田径小路而践踏着全已抽穗甚至有些早种谷穗已呈金色的稻田，弄得丰收在望的禾稻倒的倒，残的残（马又踩又吃致残），在山路旁还丢下一个死马的臭尸。窜到化、廉、陆三个县交界的山底有一个稍大的村庄上村坡驻下，村里的年青人全跑了，留在村里和附近村子的人家所养的猪、鸡、鹅、鸭全被杀光，各种豆种也全都被吃光，还弄得到处是皮、毛、骨头与肠肚，在原装种籽的缸里撒满屎尿，臭气熏天，苍蝇乱舞。留下一堆侵略的罪证。

我们中国共产党领导着新四军、八路军和全国人民进行的抗日战争，坚持了八年多，加上波茨坦会议的签订及苏联出兵的压力，迫着日本侵略者于1945年8月15日投降了，我们高兴，我们欢呼！

后来，雷州师范又迁回海康天宁寺继续办学。

第五章

使命：雷州师范学校与青抗会、抗日战争

★ ★ ★ ★ ★

有学者研究指出：20 世纪 30 年代的"师范学生成为地方革命领导人的另一个重要步骤是回乡……他们成为地方领袖并非偶然，第一，因为他们出身于当地农家，了解地方风俗语言，可以用同一种语言和农民沟通，知道怎么将民族主义理论和共产主义革命的大目标翻译成农民理解的语言。第二，他们从自己的经历中，体会到乡村生活的艰辛，懂得农民的疾苦，知道他们想要的是什么，知道什么政策能吸引更多的农民参加抗日。第三，他们从小读书就是同类中的佼佼者，被家庭、村民寄予厚望，代表着家族和村庄的荣耀，使他们在乡亲们中有声望，有号召力。第四，他们回乡后，被看成是读过书，见过世面的人。作为地方教师和文化人，他们受到尊重，教师身份也利于他们和学生家长们交流。"①深受教育的师范生或许将社会的改变视作自己的使命，或许正是这些藏身于农村社会的师范生成为乡村革命的"播火者"。

第一节　青抗会：源自雷州师范学校学生的努力

1937 年"七七"事变不久，全国民族统一抗战战线形成，整个中国各阶层相继走上抗战的前线。在广东，自中共党组织恢复后，在中共领导下的青年抗日团体主要有两种："第一是'青年抗日先锋队'简称'抗先'活动于广州、中区、西江、北江、珠江区一带。""第二是南路'青年抗日会'（简称'青抗会'），它是在广州沦陷后，黄其江从广州回到遂溪、海康等县组织起来的。'青抗'无总队部，活动阵地初时在雷州师范。雷州师范学生与广州学生不同，农村贫苦子弟多，有些学生放学后还回家劳动，与农民有密切联系。南路'青抗'组织，农民

---

① 丛小平：《师范学校与中国的现代化：民族国家的形成与社会转型：1897—1937》，商务印书馆，2014 年，第 279 页。

成分多，他们到农村唱抗日歌曲，并利用农村中讲古寮，宣传抗日。"[①]
广东南路这个"青抗会"有时也被称为南路"抗先"，[②] 也是为突出它
与广州的"抗先"具有一样的性质。

　　广东南路"青年抗日会"实际称呼是"青年抗敌同志会"，最早起
源于遂溪，当时又称"遂溪青年抗敌同志会"，后来推广到整个雷州半岛，
分别形成了"雷州青年抗敌同志会""廉江青年抗敌同志会"等等。这
个"青年抗敌同志会"是由源自于雷州师范学生为领导、为核心的抗战
社团，或者说"青抗会"就是广东南路党组织的外围组织，它在推动整
个广东南路参与抗战方面都发挥着不可替代的作用。它无论是在动员、
发展党员、建立党组织、推动乡村发展等方面都产生着巨大的作用。

　　1938 年 7 月，在广州加入中国共产党的原雷州师范学生黄其江、
陈其辉受中共广东省委之命返回家乡广东南路开展青年运动和发展党
员、建立党组织，扩大抗日力量。黄、陈两人回到遂溪后，找到了雷师
同学唐才猷、邓麟彰等人，并发展他们成为中国共产党。根据当时广东
南路党组织刚刚重建，党员人数较少，党组织力量较薄弱的情况，黄、
陈等人从实际出发，利用抗战初期国共合作的有利条件，贯彻执行党的
抗日民族统一战线政策，团结各阶层的抗日力量，成立各种救亡团体，
开展抗日救亡运动，"（政府）应该训练青年到农村中去组织训练广大
的农民大众，参加抗战。"[③] 当其时，黄其江、陈其辉等人决定利用国
民党遂溪县后援会和统率委员会的名义，成立广东抗日民众自卫团遂溪

---

① 中共广州市委党史研究室编：《王均予》，广东人民出版社，1999 年，第 20 页。
② 《中共广东省委致小林转各地青委并报中央青委电——有关抗先问题》（1939 年 7 月 31
　日），中央档案馆、广东省档案馆：《广东革命历史文件汇集》（中共南委广东省委文件，
　1937—1939），内刊，1986 年 12 月，第 413 页。
③ 中央档案馆、广东省档案馆：《广东革命历史文件汇集》（中共南委广东省委文件，
　1937—1939），内刊，1986 年 12 月，第 139 页。

统率委员会下乡工作队，进一步开展抗日宣传活动。为了扩大队伍，推动合法抗日社团的发展。赤坎高州会议后，他们根据形势发展的变化，快速改变过去流动宣传的方式，决定用定居扎根的深入宣传方式，聚集"发起人九十三位同志联名发出'发起宣言'"，成立了公开合法的青年抗日救亡统一战线组织"遂溪青年抗敌同志会"（简称"青抗会"），以"青抗会"的名义组织7个以上战时乡村工作队，分赴各乡开展抗日救亡宣传。它是在"敌人进攻华南的紧张情势及全县青年对统一组织迫切要求这两种有力因子之下产生"。[①]

1938年8月，"遂溪青年抗敌同志会"首先成立，采用干事会领导制，陈其辉、黄其江、殷杰、邓麟彰、支仁山、王国强、陈炎、黄枫、卢震、李品三、周程等人为干事会干事。"常住青抗会的干事，我们则安排共产党员陈其辉、邓麟彰、殷杰等同志担任"。[②]总干事则由陈其辉担当。"在遂溪青年抗敌同志会（简称'青抗会'）成立时，我们根据统战工作的需要，除了选举黄其江、陈其辉、何森、支仁山、邓麟彰、唐才猷、殷杰、王国强等共产党员参加青抗会的领导工作外，还选举了国民党员周程、陈炎、卢震、李品三、黄枫等人参加青抗会的领导工作"。[③]为何在"青抗会"干事会里面加入其他人员呢？主要是从当时整个雷州半岛社会势力形势考虑的，那时的雷州半岛主要存在着三股势力，也就是所谓的：高派（以高在湘为首）、铁派（以戴朝恩为首）、陈派（以陈

① 《遂溪青年抗敌同志会四月来工作报告提纲——总干事会在临全大会中的报告（1939年1月2日）》，中共湛江市委党史资料征集研究领导小组办公室编：《遂溪青抗会》，内刊，中共遂溪县委党史办公室编印，1988年8月，第34页。

② 黄其江：《党组织是怎样领导遂溪青抗会工作的》，中共湛江市委党史资料征集研究领导小组办公室编：《遂溪青抗会》，内刊，中共遂溪县委党史办公室编印，1988年8月，第66页。

③ 陈其辉：《回忆抗战初期遂溪县、广州湾的统战工作》，政协湛江文史委：《湛江文史资料》第五辑（1986年），第9页。

学谈为首）。高在湘，是遂溪县沈塘区下扎乡高山村人，早年就读于省立十中，后到广州参加国民党干训班学习，毕业后任广东省党部干事，后任遂溪县党管记长，他控制的是国民党在遂溪的县党部。戴朝恩，是遂溪县下菉区新村圩人，亦在省立第十中学求学过；号称铁胆，他控制的国民党在遂溪政府以及部队方面的势力。陈学谈是北月村人，长期担任法租借地广州湾赤坎公局局长之职。正是从全局性的考虑，"在铁派中，我们挑了既有地位、作用，而又主张抗日卢震、李品三等人参加；在高派中，我们也以同样的要求挑选了陈定清、周程、黄枫等人参加。常住青抗会的干事，我们则安排共产党员陈其辉、邓麟彰、殷杰等同志担任，秘书和通讯员由吴定赢和唐荣益担任。这样，常住青抗会抓实际工作的，便全部是我们的党员了。青抗会的领导权牢牢地掌握在我们党组织的手里，青抗会的全部工作，都是由遂溪党组织按照上级党组织的指示去做。"① "青抗会虽然有国民党员参加，但实际上却是由我党直接领导的。开始，国共双方的代表在青抗会中是比较合作的，抗日救亡工作搞得很出色。"② 这样一来，既平衡了"青抗会"组织权力关系、经费问题，又能将"青抗会"控制在共产党人的手中，保证"青抗会"能够为抗战服务。

"青抗会"成立后的第一个举措就是在乡村动员、推动乡村发展努力。他们通过派遣以雷州师范学生为主的乡村工作村，深入广东南路各地乡村，开展抗日救亡宣传，同时利用自己所学知识，在乡村开办夜校，进行扫盲活动，同时培养农民读书学习、立志于抗日救亡活动。校友唐

① 黄其江：《党组织是怎样领导遂溪青抗会工作的》，中共湛江市委党史资料征集研究领导小组办公室编：《遂溪青抗会》，内刊，中共遂溪县委党史办公室编印，1988 年 8 月，第 66 页。

② 陈其辉：《回忆抗战初期遂溪县、广州湾的统战工作》，政协湛江文史委：《湛江文史资料》第五辑（1986 年），第 9 页。

才猷回忆："青抗会成立后，开始组织工作队到农村去，搞演讲，表演救亡节目，散发传单，因采取流动的形式，不能扎根于群众中，后总结了经验和教训，很快转变了做法，把青抗会工作队分散固定在几十个村庄里，采取办夜校的形式。夜校既是发动群众、组织群众、教育群众的好课堂，又是农民文化活动的好中心。当时，全县有几十所夜校，分为青年班、妇女班、儿童班。群众在夜校既学政治、又学文化，还能娱乐。青抗会工作队与农民搞'三同'——同吃、同住、同劳动，生活依靠群众，由群众凑钱凑米来维持。夜校先生在群众中威信很高，很受农民欢迎，主要是其工作作风好。青抗会的工作方法比较灵活，除组织唱歌、演戏外，还组织地区性的野营联欢会等，互相鼓舞、互相促进，农民的信心更强了。"[1]雷师学生作为当时拥有一定知识文化的群体，在乡村社会多少是拥有一定的社会地位。对于这种社会文化特性，已有学者明确地指出："在中国，权力是掌握在士人和富人的手中的……每个村庄都有自己的头面人物。在他们当中，有学衔的士人必然是实际上的领导人。""对于未受过教育的农民来说，他们一直对学问怀抱盲目的尊敬，有时达到顶礼膜拜的地步，这种学问似乎是一种超自然的学识了，以至于激起了他们无限的崇敬。"[2]雷师学子深入家乡动员民众参与抗战，自然会收到一定的社会效果。1942年7月入读雷州师范的黄轩回忆青抗会时说道：青抗会工作队派到遂溪"西区山家中村初时是曾锡驹，后是黄轩……老马村……后有陈荣典、李鸿基和罗培筹（畴）（他后来到了金坛村）。……唐多慧分配在泮唐村"；"我在山家老村办夜校不久又设日班，有30人左右，分大小儿童班。夜班约有50人至60人的农民学员班，有夫妻、婆媳、兄弟姐妹、男女老小参加。夜班地点后来又

---

[1] 载高良坚、唐翠波主编：《南路革命名将唐才猷》，中山大学出版社，2021年，第20—21页。
[2] （美）明恩溥著，午晴、唐军译：《中国乡村生活》，时事出版社，1998年，第127—128页。

设在村中一间大屋里，日班仍设在老村祠堂，也是山家乡乡公所所在地。新村和东村一样设夜班和日班，人数和老村一样，新村参加学习的人数稍多一些。山家村夜校参加学习人数越来越多，很快发展到 500 人。我们办夜校的课本，一个主要课程是教唱进步歌曲和抗日革命歌曲。如当时流行的《大刀进行曲》《义勇军进行曲》《太行山上》《松花江上》《南泥湾》《黄河大合唱》《游击队》《大路歌》《码头工人之歌》《铁蹄下的歌女》（第 16 页）《毕业上前线》《延安颂》《抗大校歌》《国际歌》等。教唱抗日革命歌曲是农村办夜校一项发动群众抗日救亡的重要工作。唱好一支歌也是文化识字课、政治课和文娱活动的综合课。每晚上课，先教唱歌，后上文化课，男、女、老、小唱起歌来，歌声响彻云霄。特别唱《大刀进行曲》的'大刀向鬼子们的头上劈去，杀！杀！'雄壮威武的歌声，使整个课室高低音声如雷，屋子里的瓦面隆隆响，好似爆开一样。另一项是语文识字课。识字课本全由县青抗会编印，比较通俗易懂。课本内容一是揭露日寇侵略中国，屠杀我国人民和奸淫妇女的罪行，大力宣传抗日统一战线，国共合作的意义，八路军、新四军抗日的战绩，只有全国各族人民团结起来抗日才有出路，才能解放的道理；二是进行阶级斗争的基本知识教育，什么是农民？什么是地主？什么是工人阶级？什么是资产阶级？苏联社会主义国家和中国半殖民地半封建国家有什么不同？宣传苏联社会主义的优越性和中国共产党领导下的陕甘宁边区的好处，指出封建社会、资本主义和帝国主义必然灭亡，社会主义和共产主义必然胜利的道理。同时青抗会还大批印发《论持久战》《论新阶段》两本书，发给有阅读能力的学员学习，进行爱国主义和抗日必胜的教育。除此外，我们平时的日日夜夜里还在群众中展开大量的宣传、组织、武装群众抗日救亡运动等工作。"这些夜校的学习内容，由于没有一定的经济实质，若不是拥有某种社会氛围及方法，或者就不会产生效果的。"我们工作队在山家村办夜校，工作艰苦，生活作风是朴素的，和群众进行'三同'，即和群众同劳动、同住、同吃，和堡垒户进行'四同'，即同劳动、同住、同吃、同一个志向。我们深入群众、团结群众与群众打成一片，和群众建立亲密的感情。"①"三同"——同吃、同住、同劳动可以讲是可以有力地接近青抗会队员与普通群众的距离。校友陈醒亚回忆："决定以青抗会的名义组织工作队，到广大农村去办夜校，以夜校为宣传阵地，普遍开展农村的抗日救亡运动。那时，我刚从雷州师范回来，在陈村附近向黄其江、唐才猷等同志介绍了我泮塘村的情况，并提出我打算回本村办民众夜校的想法，要求县青抗会派莫怀同志和我一起往泮塘。黄其江等同志经过研究后，同意了我的建议。约在一九三八年十一月上旬，我和莫怀便被派到泮塘，过了十天左右，陈醒吾也从广州回来，同我们一起以青抗会工作队的名义筹办泮塘夜校。为了便于工作的开展，我们到洋塘村后，即找村中一些有威望的父老和热心于村中文化教育的人士商，争取他们的同情和支持。如陈元耿（又名陈亨）是一个受过旧文化教育的中年人，曾在村中教过几年私塾，后又当过保长，较有群众威信，平时村中有什么红白喜事，都请他出面主持。另外村南的陈治臣，村北的陈蕊春，都是诚实忠厚的老人，他俩在村中也都很有威信。我们同他们三人商量办夜校，让村中子弟都有机会学习文化的事情，他们都表示赞成和支持，并愿意动员自己的亲属参加夜校。接着，我们又去找村中其他一些较有威信和思想进步的青壮年农民谈话，如陈思临、陈铁生、陈福伍、陈立、陈清以及妇女界的黄琴、陈玉芳、陈少芳、陈玉和等人，动员他们带头报名参加夜校。随后，我们便召开全村群众大会，公开宣传抗日救国的道理，阐明县育抗会派工作队来村中办夜校，帮助大家学习文化，既利国利民的好处。村中父老也在会上讲话，诉说穷人没文化、以字的痛苦和为人处事的困难，希望

---

① 南路革命研究所编：《黄轩革命斗争回忆录》，中共党史出版社，2017年，第15、17、19页。

村中的子弟要珍惜时枳极参加夜校，好好学习。经过这次大会的宣传发动之后，仅十余天内便约有一百个人报名参加了夜校，其中青壮年农民占七十多人，少年儿童占二十多人，学员中年纪最大的是四十岁左右，最小的只有十岁。夜校地点设在一座有四厅、十二房、五天井的'陈氏祖祠'内"。① 对于雷师学子为骨干青抗会的努力及成效，曾担任中共粤南省委组织部长、协助中共南路特委工作的王均予给予较高的评价："'青抗'无总队部，活动阵地初时在雷州师范。雷州师范学生与广州学生不同，农村贫苦子弟多，有些学生放学后还回家劳动，与农民有密切联系。南路'青抗'组织，农民成分多，他们到农村唱抗日歌曲，并利用农村中讲古寮，宣传抗日。"② 事实上，从社会性质而言，源自城市的大学生与以生源来源于农村的师范生，难免是存在着差异，这样对于他们的工作环境，自然是有所区别的。拿到农村进行动员工作来说，曾有参加革命运动者在《北京大学"一二·九"运动回忆录》里提及，在 1935 年"一二·九"运动期间，当他们这些来自城市的大学生前往乡村进行宣传抗日时，虽他们也已有思想准备，丢掉内心中的学生优越感，改变自己日常穿着，努力使自己尽量靠近乡民，但他们"讲演、唱歌和呼口号"，可农民们还是不懂他们的语言，认为他们的宣传与自己切身生活无关，"以为我们（按，指学生）是他们曾看见过的传教士和修女"，对他们非常冷淡。③ 但这种冷淡，对于青抗会的队员而言，似乎是不存在的。

---

① 陈醒亚：《遂溪青抗时期的泮塘村民众夜校》，中共湛江市委党史资料征集研究领导小组办公室编：《遂溪青抗会》，内刊，中共遂溪县委党史办公室编印，1988 年 8 月，第 116—118 页。

② 中共广州市委党史研究室编：《王均予》，广东人民出版社，1999 年，第 20 页。

③ 唐尊准：《回忆南下扩大宣传的个人经历和毕业感受》，载本书汇编小组编：《北京大学"一二·九"运动回忆录》，北京大学出版社，1985 年，第 170 页。

　　曾锡驹、罗培畴、唐多慧、莫怀等人皆是雷州师范的学生（毕业生）。莫怀，1916年2月出生在廉江县夏插村。家名莫炽泰，原名莫卫，北撤时名莫琪。1938年，莫怀在雷州师范第七班毕业，同班同学有罗培畴。1939年2月，在遂溪的泮塘莫怀由唐才猷介绍，加入中国共产党。曾锡驹，字冠恒，别号路伯，海康县沈塘镇茂莲村人，1915年出生，1933年考进十中初中第十五班，同班同学有唐才猷、沈汉英等人。初中毕业后，继续中师，曾锡驹富有统筹才华，"被推选为雷师全校学生组织的出版部负责人，主编《雷师期刊》和壁报。"[①] 1938年8月，参加青抗会；1939年6月加入中国共产党。据初步统计，"至1939年底，'青抗会'先后派出了300多名工作队员，一共办起80多间民众夜校，极大地推动了乡村农民抗日救亡运动的发展。"[②]

　　妇女问题一直是中国社会关注的问题，社会上，很长时间上，中国妇女都没有得到重视，尤其是乡村妇女。她们在社会中的作用似乎主要是传宗接代、贤妻良母的角色。如何改变乡村的观念，对于当时青抗会的会员而言，无疑是具有一定的挑战性的。雷师学生黄轩曾回忆到一件事，可以看到妇女面对传统上压迫，经过夜校教育后，却能改变现实，显示文化的力量。"百吉村学生们还有一番有趣的故事。她们经过夜校学习，接受抗日救亡运动思想锻炼，提出新的'十梳歌'。因为旧时候，女子出嫁时要'哭十梳'，如：梳什么富贵？梳什么凤凰等等。我和学生们研究以日军侵华的重大事件为题材，编写出新的'十梳歌'，代替旧日时的'哭十梳'。记得一些内容是：第一梳，一二八，日寇进攻上海闸北；第三梳，三八妇女求解放，抗日救国不能忘；第五梳，'五卅'

---

① 岑绵彭：《曾锡驹生平纪略》，政协海康文史资料研究委员会：《海康文史》1988年第1期（1988年6月），第9页。

② 高良坚编著：《拔剑起蒿莱——周楠革命史迹研究》，中山大学出版社，2021年，第108页。

大惨案。日寇杀我工人顾正红；第七梳，七七卢沟桥事变，日军侵我国土，杀我同胞；第八梳，八路军抗日取得节节胜利；第九梳，九一八，日军侵占我东北，同胞流浪无家还；第十梳，苏联十月革命取得大胜利。这首十梳歌，妇女们平时人人都唱，可到出嫁梳头时就不容易了，因为出嫁之日，要讲吉利话，十梳歌里面，许多词句都带有杀、惨、死之类的字词，唱十梳歌怕不吉利。因此，我们又做了大量的宣传工作，村中最富户徐家佐的女儿徐秋娣出嫁时，首先唱起"十梳歌"，震动很大。自此之后，凡村中出嫁的女子也都唱起"十梳歌"，家长们也就只好听之任之。这是抗日救亡运动中，妇女们反封建思想又取得了一次胜利。"①哭嫁歌是雷州半岛传统的出嫁歌，"哭十梳"主要是传统社会上，出嫁女子在出嫁时，对生育自己的双亲及朝夕相处的兄弟姐妹无限依恋，以及自己身世及未来生活的向往，难忍内心波动，故一边哭泣一边诉说，恨不得一股脑地倾倒出来，从而形成地方一种歌谣体的民歌。往往女子出嫁时唱颂的礼仪，部分雷州半岛地方甚至可以唱三天三夜。青抗会创办的夜校利用民风民俗来扩大文化知识，无疑是容易取得较好的成效。

"青抗会"引导的广东南路青年抗日救亡运动的蓬勃发展，也带动了广大妇女的觉醒和参与，使抗日救国运动更加深入和广泛……中共党组织指示张雪馨、支秋玲等人筹组遂溪妇女抗敌同志会（以下简称"妇抗会"）。经过两三个月的发展，由200多人组成的遂溪各界妇女代表，于1938年冬在遂溪县城宣布成立"妇抗会"。②"妇抗会"与"青抗会"密切配合，到农村去发动妇女上夜校，向妇女宣传抗日救国、争取民族独立和妇女解放的革命道理，号召农村妇女投入到抗日救国的民族解放

---

① 南路革命研究所编：《黄轩革命斗争回忆录》，中共党史出版社，2017年，第29页。

② 中共湛江市委党史研究室著：《中国共产党湛江历史（1921—1949）》（第一卷），中共党史出版社，2011年，第182页。

事业中去。……妇女会、婶嫂会、姐妹会、同心会等妇女组织机构。

校友唐才猷曾回忆过：我"参加了党组织之后，得党的指示离开学校，到遂溪县组织青抗会，并带领一工作队到遂溪西北区进行农村工作。当时的任务是建立农村基础，发展农村中党的组织。工作有一年的时间，组织了3000余名农民参加了青抗会，吸收了200余名积极农民参加了党的组织，我任支部书记，后任区委书记。在这农村工作期间，我的工作热情很高，能做到与农民同住同劳动，给当时工作队的作风有良好的影响。"[①] "青抗会"在它短短的几年时间里（1940年5月遂溪县国民党政府下令解散了县青抗会），它不仅在推动乡村发展方面取得较好成绩，而且在发展中共党员，发展区域党组织方面也是很重要的。曾担任1950年前后湛江市副市长的沈斌（后担任党委书记兼任市长）回忆说："我参加遂溪县青年抗敌同志会工作，一个时期后才参加共产党组织。当时青抗会也是共产党领导的。我是在一九三八年八月间参加党，是在遂溪县支屋村祠堂参加的，是现在广东省委工业部处长的沈汉英同志介绍。当时没有宣布后补期与办理转正手续。参加党后受过十多天党建问题的训练后，就派到当时东海岛去工作。"[②] 并非雷师学生的陆锦纶在《抗日战争时期东海党组织的发展简况》里谈及："黄明德、黄学海入党后，参加'遂溪县青抗会'的下乡工作队，1939年下半年黄明德任遂溪山家村党支部负责人时，吸收在该村工作的黄轩、黄克明和在双港村工作的沈醒民（沈彦）入党……黄轩1945年回东海东参村发展黄安保、黄珍、黄春兰为党员。" "1939年3月，邓麟彰在遂溪下乡工作队中吸收东海青年沈潜入党。同年3月，又介绍在遂溪泮塘村

---

① 载高良坚、唐翠波主编：《南路革命名将唐才猷》，中山大学出版社，2021年，第3—4页。
② 沈斌：《民主革命阶段各个时期东海的革命方针与斗争策略》，中共湛江市东海岛经济开发试验区委员会、湛江市老区建设委员会办公室编著：《东海革命斗争史料》第二辑，内刊，1996年7月，第15页。

工作的唐多慧（唐乃祥）入党。……暑假期间，邓麟彰同志在泮塘村亲自给我们办建党学习班。学习结束后，唐多慧介绍了李晓农同学参加党组织。……1940 年，李晓农介绍林宏发、林增文两人入党；接着，林增文介绍陆锦西入党。1942 年，林宏发在益智中学读书时，介绍杨金波入党；1943 年下半年，林宏发在觉民学校又介绍杨增入党。""1938 年，唐多慧在遂溪工作时，介绍唐益华到麒麟山村办夜校，1939 年由卜国柱、殷英介绍唐益华入党。唐益华入党后，介绍唐友三、唐协碧入党。1940 年，唐益华、唐友三两人在调那村介绍唐克敏、唐协能、唐均、唐力生、唐怀文入党（由谢国美监督）。""1939 年，王保华由唐才献介绍入党后，同年 2 月，与马如杰在界炮村介绍陈元清入党。1944 年 10 月，陈元清在遂溪独立大队任政工队长时，吸收唐平、王悦炎两人入党。"① 这些党员中，包括非雷师毕业的李晓农（后担任新一团政委）、林宏发等人在内，在后期的革命中都做出了很大的贡献。唐多慧，小名乃祥，化名洪文炳，又名唐彪，1918 年 3 月出生于广东省法租界广州湾（今湛江市）东海岛调那村，1938 年前后在雷州师范就读。"1938 年下半年，调那村进步青年唐多慧、唐协森、唐益华等人在遂溪参加'青抗'活动，不久，分别由邓麟彰介绍唐多慧、唐协森，由卜国柱介绍唐益华加入中国共产党。"② 1944 年 10 月，雷州人民抗日游击队第一大队在遂溪成立，唐多慧任政委，调那村的党员唐协森、唐友三、唐协鑫、唐力生、唐英、唐平、唐茂太等 10 多人也参加了这支人民的武装队伍。

---

① 陆锦纶：《抗日战争时期东海党组织的发展简况》，中共湛江市东海岛经济开发试验区委员会、湛江市老区建设委员会办公室编著：《东海革命斗争史料》第二辑，内刊，1996 年 7 月 1 日，第 24—25 页。

② 唐益华、唐力生等人回忆，唐茂真记录整理：《抗日战争时期调那村党支部活动情况回忆》中共湛江市东海岛经济开发试验区委员会、湛江市老区建设委员会办公室编著：《东海革命斗争史料》第二辑，内刊，1996 年 7 月，第 56 页。

后期徐闻重要建党人物林飞雄，他也是"青抗会"时加入中国共产党。林飞雄，小名林康道，又名成道，1919年10月出生于徐闻县下洋镇地塘村一小康家庭，1935年入读省十中，1937年从雷州师范毕业。"青抗会"成立后，他在遂溪的"青抗会"工作，并于1939年加入中国共产党。随后奉中共遂溪中心县委之命，返回徐闻，重建当地党组织。据说，1941年上半年中共南方工委副书记张文彬同志到南路检查工作时，对遂溪党组织的工作给予很高的评价。指示："广东如果有十一个像遂溪党组织有这样的农村基础，整个广东的局面就不相同了。"[1] 这其实是从另外一个角度高度认可"青抗会"的努力。

"青抗会"不仅培养了大批广东南路党员、重建当地党组织，而且也培养了部分有志青年，为他们后来走上革命的道路奠定了思想基础。这其中就包括中华人民共和国成立后中国出版业创建者之一的许力以。许力以，出生于遂溪沈塘迈豪村（沈塘现隶属雷州管辖），1923年出生。他回忆说："当年从广州回来的学生就是我的前辈和战友黄其江和陈其辉……他们回到了家乡，按照上级党组织的指示，发展了一批共产党员，并成立了'遂溪青年抗敌同志会'（简称为'青抗会'）。以后就公开以这个'青抗会'的名义，联络进步青年，开展抗日活动。'青抗会'就是党的外围组织。黄其江同志在（20世纪）90年代还健在，年已逾九十，我去广州，常常去看望他。"在南强中学读书时，"此时我（许力以）参加了'青抗会'……我们组织读书会，还到农村办夜校。我们村子开办的小学和夜校，就是由我请去的共产党员金耀烈当教员。……我一面读书一面搞抗日活动。'青抗会'的活动也很频繁，在假期和星期天，不断组织同志们过艰苦的生活，如爬山、渡河。爬山就是光着脚不穿鞋，山上长满着荆棘，要磨炼自己；渡河，要囚渡和涉过两岸有泥

---

[1] 南路革命研究所编：《黄轩革命斗争回忆录》，中共党史出版社，2017年，第19页。

沼的深水河流。总之要进行各种艰苦锻炼，自讨苦吃。目的是为抗日，为准备打游击"。[①] 许力以从益智初中毕业后进入南强中学读高中，并于1941年在南强中学加入中国共产党。1943年他进贵阳大夏大学学习，并于1945年进入大别山。1948年到中共中央马列学院（中央高级党校）学习，1951年毕业后到中宣部。1961年起先后担任中宣部出版处副处长、机关党委副书记等职。1982年担任中宣部出版局局长。离休后担任国家新闻出版总署特邀顾问。2010年12月在京逝世。许力以主持了《汉语大字典》《中国美术全集》《邓小平文集》（英文版，与西方合出）等。

第二节　统一战线：雷州师范学校学生的另一战场

"青抗会"在成立宣言中公开提出，全县各界青年团结起来，建立遂溪青年抗日救国统一战线，拥护国共合作，拥护统一战线，是当前遂溪青年共同抗日救亡，保家卫国，打倒日本帝国主义的一大举措。在青抗会看来，"正确的运用统一战线，与上下层密切联络"，"使上下层及各方面对青抗工作了解和援助"，是"提高了广大群众的抗战情绪与信心，相当加强了人民对政府的信任，在群众中建立牢固的组织基础"，"只有站在统一战线的立场去工作，才能顺利的开展工作，减少磨擦"；"只有打破关门主义，使青年成为统一战线的青年组织，青抗才能巩固与扩大起来。"若要讲青抗会存在什么缺点的话，就是"乡村工作对统一战线正确运用未能达到应有的程度，以致不能争取乡村中的上层，对

---

① 许力以：《春天的脚步——许力以回忆录》，华龄出版社，2012年，第10页。

我们给予应有的帮助。"①

"首先，我们青年是抗日民族统一战线的主要部分。在过去，我们青年出了很大力量去推动抗日民族统一战线的建立，在目前，我们青年又出着更大的力量去推动抗日民族统一战线的牢固和扩大。"② 当时，青抗会利用它的合法地位，开展对遂溪国民党党政和地方各派的统战工作，并逐步扩大到各阶层中去。校友陈其辉回忆到："当时我们党在遂溪的统一战线工作，主要是通过青抗会来开展的。我和殷杰同志负责对国民党和地方派别的工作。现在回忆起来，当时遂溪的统战工作是搞得不错的。"③ 针对当时雷州半岛存在三方势均力敌的三派：以戴朝恩为首的"铁派"（代号称铁胆）、以高在湘为首的"高派"和以陈学谈为首的"陈派"，对它们坚持又团结又斗争的策略。如在青抗会干事会的人选问题——这关乎青抗会的领导权问题。"我们派殷杰同志去面见戴朝恩，说陈琦已公开是铁派的人，若由陈琦来当总干事，必定会引起高派不满而设法破坏青抗会，这样就会对青抗会不利。不如让陈其辉当总干事更好，他刚从江师毕业回来（按：陈其辉是根据党的安排，于1936年从雷师到江村师范求学的。），如果由他当总干事，高派就不会有什么不满。铁胆听了之后，便欣然表示说：'陈其辉既然也是自己人，那就让他当总干事吧。'总干事问题解决后，我们便按照既团结各派，又坚持我党的领导权这个原则去安排干事会的人选。在铁派中，我们挑了既有地位、作用，而又主张抗日卢震、李品三等人参加；在高派

---

① 《遂溪青年抗敌同志会四月来工作报告提纲——总干事会在临全大会中的报告（1939年1月2日）》，中共湛江市委党史资料征集研究领导小组办公室编：《遂溪青抗会》，内刊，中共遂溪县委党史办公室编印，1988年8月，第36—40页。按，此书下面简称《遂溪青抗会》。

② 《我们今后应该怎样做？——总干事会在临时全体会员大会上的报告（一九三九年一月二日）》，《遂溪青抗会》，第43页。

③ 陈其辉：《回忆抗战初期遂溪的统战工作》，《遂溪青抗会》，第73页。

中，我们也以同样的要求挑选了陈定清、周程、黄枫等人参加。"① 虽然，高在湘与陈学谈有矛盾，他把陈学谈当作是法帝豢养下的走狗，称陈学谈是"雷州的大汉奸"，公开与陈学谈对抗。但陈其辉等人却通过赤坎公局秘书李树玉来做陈学谈的工作——李是戴朝恩在省十中读书时的同学，② 从而促使"青抗会"的组织结构获得"三派"的同意，自然地使青抗会的领导权掌握在中国共产党人手中。这样的统一战线，无疑在团结力量进行抗日救亡方面发挥作用。"在遂溪的抗日救亡运动中，除了汉奸卖国贼以外，凡是愿意抗日的各阶级、各阶层都包括在统一战线内，各党派、各地方派别，如高在湘、戴朝恩、陈学谈等地方派也包括在统一战线内，虽然有些人在大革命时期杀害过共产党人，做了不少坏事，但抗战爆发以后，民族矛盾已成为当时的主要矛盾，只要愿意抗日的，我们都和他们团结合作，共同抗日。因此，在地和广州除了汉奸卖国贼王英儒、周益和等人外，其他愿意抗日的分子，我们都捐弃前嫌，尽量把他们争取过来，共同对敌。"在雷州半岛三派势力中，"铁派"依靠的势力是张发奎的军方，"高派"依赖的势力是国民党中统的党部势力，而陈学谈依赖的是法殖民政府的力量。青抗会根据党的"团结进步势力，争取中间势力，孤立顽固势力的方针政策"，针对雷州半岛的情况，"运用既团结又斗争的策略，坚持独立自主的原则，与国民党顽固派进行有理、有利、有节的斗争。"③ 如遂溪县的国民党县党部书记长和县长两个反共分子——他们是遂溪的顽固势力的代表人物，"对青抗会在农村办夜校的活动及在县城寸金桥开办的书店，心里恨之入骨，千方百计要整垮青抗会"。"常在戴的面前讲青抗会的坏话，企图拉戴和他们一起

① 黄其江：《党组织是怎样领导遂溪青抗会工作的》，《遂溪青抗会》，第65—66页。另按，戴朝恩是殷杰故父的学生。见陈炎的回忆，同书第100页。
② 陈其辉：《回忆抗战初期遂溪的统战工作》，《遂溪青抗会》，第65页。
③ 陈其辉：《回忆抗战初期遂溪的统战工作》，《遂溪青抗会》，第73—74页。

整垮青抗会。比如，他们拿着农民夜校的课本《论持久战》、《论新阶段》去找戴朝恩，说这是共产党搞赤化宣传的证据，要求戴支持他们取缔青抗会。我们知道此事后，即由陈其辉、殷杰同志去找戴的侄子戴旭光和堂弟戴朝銮，一起去面见戴朝恩，对他说：'县长和书记长企图取缔青抗会，实质是帮助高派打击我们。夜校所用的《论持久战》、《论新阶段》这两本书，讲的全是抗战道理，有什么'赤化'呢？毛泽东是主张抗日的，我们教农民抗日救亡，这是尽匹夫之责，有什众不对？'"又如，针对国民党企图通过"举办乡政干训班，公开招生，企图培训反共分子，建立起反动乡政权"时，青抗会的党组织决定"将计就计"，"派人报名参加乡政干训班，把乡政权掌握在我们手里，用乡政权来掩护我们在农村的革命活动……便在（青抗会）工作队活动的区乡中挑选几十名党员和进步青年，派他们报名参加了干训班，并在干训班里建立了党支部，王国强、何森、王福秋、陈兆荣、陈开濂等被派了进去。县工委给干训班党支部两个任务：一是在干训班里宣传我党的主张，用革命思想去教育群众，批驳国民党在干训里散布的各种反动言论；二是在干训班的进步学员中发展组织。"① 在这里，陈兆荣等人为雷州师范学生。

当然除了国民党等上层人物方面，还有其他方面。廖华回忆："我从南强中学毕业后，1942年秋到雷州师范，在那里读了一个学期的书。我在雷州师范主要是搞学生运动，刚到时党组织中跟我联系的有我们班的周德安、陈达仁、李俊瑜（女）。当时学生运动的口号是坚持抗战到底，同时团结同学，发展党的组织。"②

---

① 黄其江：《党组织是怎样领导遂溪青抗会工作的》，《遂溪青抗会》，第65—66、69—70页。
② 廖世宁编著：《他们从南路走来：廖华、李学英随军征战纪实》，中山大学出版社，2021年，第154页。

第三节　武装反抗：雷州师范学生与抗战时期广东南路武装队伍的建立与发展

　　1945 年 4 月，中国共产党第七次全国代表大会在延安召开，这次大会在党的历史上具有非凡的意义。正在延安学习的王均予被补选为七大代表，参加广东小组。据说，"在小组会议上，王均予介绍了南路敌后抗日武装斗争的发展经过，受到与会的叶剑英同志的赞扬。"① 王均予，湖北人，又名王天权，曾用名王达夫，大革命时期即参加革命。1936 年重建中共广州地方组织。1941 年 2 月，王均予被任命为粤南省委组织部长。当时，为了更好斗争，中央将广东分粤北省委与粤南省委来管辖。粤南省委下辖的党组织包括：②"（1）中区特委（1939 年 1 月—1943 年 11 月）；（2）南番中顺中心县委（1940 年 6 月—1943 年 3 月）；（3）南路特委（1940 年 2 月—1946 年 3 月），'管辖茂名、信宜、吴川、电白、化县、廉江、遂溪、海康、徐闻、灵山、钦县、防城等县及广州湾（今湛江市）、梅菉市的党组织，特委机关驻广州湾'；（4）香港海员工委；（5）香港市委。1942 年，王均予奉命前往广东南路，代表粤南省委，协助中共南路特委开展工作（中共南路特委书记时为周楠）。"1943 年 6 月，在周楠向南方局汇报后，王均予再前往重庆南方局汇报。南方局随后决定中共南路特委暂由南方局直接领导，指示周楠回到广东南路后，立即开展武装队伍建设。周楠回忆："……（王）若飞同志说这个据点是比较好的，你回去以老马村为中心，集中力量先成立一个大队，找强的干部去当大队长、中队长，以后再成立第二、第

---

① 陆传光：《王均予传略》，中共广州市委党史研究室编：《王均予》，广东人民出版社，1999 年，第 264 页。

② 广东省档案馆编著：《梁广的革命人生》，广东人民出版社，2021 年，第 193 页。

三个大队（我回去后就成立大队，由唐才猷当大队长）"①。唐才猷也回忆到："周楠（时任特委书记）到重庆汇报工作，南方局董必武、王若飞同志对南路工作做了重要指示：日寇打通湘桂线，南路将要成为敌后，要放手开展独立自主的游击战争；在敌占区，既要搞好抗日民族统一战线，又要独立自主开展抗日武装斗争。最紧要的是建立一支由党领导的独立自主的武装队伍；要在贫苦农民最多、有党员干部能掌握武装队伍的地区建立部队和根据地。""特委根据中央和南方局对南路工作的指示，结合南路地区的实际情况，决定于1944年8月在遂溪西北区以老马村为中心，集结武装队伍举行武装起义，建立一支由我党领导的独立自主的抗日武装队伍。"②其实在老马起义之前，广东南路就出现一支比较正规的武装力量，在打击日寇方面颇有声誉，它就是卜巢山中队，由黄其炜任队长，陈同德任指导员，全队50多人，枪支30多支。它是雷州半岛第一个抗日游击队。其后，在广东南路各地抗日武装队伍里面都有着雷州师范的学生，或者为了提升理论而随后进入雷州师范求学的学生。而在之前，各地存在的不少游击小组，更是由雷州师范学生创立的。

黄其炜，1920年出生于遂溪县城月镇平衡村，家庭是地主家庭，比较富裕。校友莫志中曾回忆到："1943年2月庄梅寿……叫我和平衡村的黄其炜到化州良垌去找逃跑回家的遂溪伪县长王辉，迫他同意我们成立武装。组织上为什么叫黄其炜和我去找王辉呢？因为黄其炜家是

---

① 中共湛江市委党史研究室编：《南路人民抗日斗争史料（1937.7—1945.9）》，广东人民出版社，1996年，第109—112页。

② 高良坚、唐翠波主编：《南路革命名将唐才猷》，中山大学出版社，2021年，第31—32页。

大地主，他虽然在雷师读书时入了党，但他很少露面。"① 黄其炜是家中长子。1936 年在雷州师范读书时受到革命的影响，追求进步，参加了学生组织的读书研究会；1939 年加入中国共产党，1941 年初，担任雷州师范学生党支部书记，是第二任书记。雷师毕业后，以城月中学教师的身份从事革命工作。

1943 年 2 月日寇迅速地占领了富有战略意义的雷州半岛。国民党的喉舌中央社当时曾作如下报道："在通明港雷州港强行登陆之敌，继续增加，于十七日侵入海康城，十九日继陷遂溪……"② 日寇入侵雷州后，国民党各县政府纷纷迁移。日寇支持的日伪政权纷纷建立。雷州即成为抗敌斗争的前线，义成为日伪的后方。为了打击入侵的日寇，雷州人民即利用各种有效形式，与日伪作斗争。日寇对雷州人民采取掳掠、抢劫、烧杀、奸淫等反动政策。仅据遂溪一县统计，全县被烧村庄达 64 条，被烧房屋 8000 多间，被杀群众 1200 多人。日寇在边塘村边、北坡后岭制造"活人坑"，对无辜群众用铁线从左耳孔穿透脑袋直出右耳。一次，日寇在北海水域遇到遂溪草潭罗屋 3 只渔船，他们把三只船的 30 个渔民驱赶到一处，进行集体枪杀取乐。面对此形势，1943 年 3 月，中共南路党组织遂决定组建黄其炜任队长的卜巢山武装抗日中队，以武力打击日寇，保护人民的生命财产。卜巢山中队成立后，开展了一系列的锄奸活动：先后两次袭击调丰日伪维持会，杀掉两任维持会长；收缴坡湖、土扎、太平、造甲、通明等地的日伪维持会和地主的枪支一批；伏击日伪保安队，击毙臭名昭著的城月维持会长陈文斯；攻打官田日伪维持会据点，除掉维持会长周镜明，等等。游击队的活动，有力地打击了敌人

---

① 莫志中：《抗日战争时期遂溪南区党组织及武装部队的建立和发展》，中共遂溪县委党史研究室编：《历史回顾——新民主主义时期遂溪革命回忆录》（第一辑），内刊，2003 年 11 月，第 178 页。

② 《军委会公报》，中央社 1943 年 2 月 20 日韶关电。

的嚣张气焰，极大地鼓舞了人民群众抗战热情。为此，敌人恨之入骨，频频对卜巢山进行疯狂的扫荡。黄其炜依靠卜巢山有利的地形地貌和人民群众的支持，指挥队伍与敌人周旋，致日伪军受挫而退。校友朱日成说道："北（卜）巢山并非高山，其真正的面目是平地而起的一片森林，因雷州地处平原，人们从小到老，不见过山，所以把森林称之为'山'，凡是有林的地方皆称山，故也称山林。所以'山'即成为雷州人特有的概念。

北（卜）巢山，是北（卜）巢村的风水山，坐落在村之北，与村相连；北（卜）巢人姓林爱林保风水，他们用族法保存了北巢山，反过来北（卜）巢山长年累月地供给充足的柴火木材果物，为北（卜）巢人造富非轻……国难当头，雷州沦陷，北（卜）巢山成为革命摇篮。去岁（按：指1943年）之夏，南路第一支武装由黄其伟（炜）烈士所领导，在这里起义。时隔一年，我们的队伍再将进山。"①

虽然当时是全民族统一抗战时期，但国民党主政政府不肯提供经费，提出只能将卜巢山中队拉到化州完全加入国民党军队才能提供经费。卜巢山中队"在敌众我寡的情况下，生活十分困难。吃的是南瓜饭、野菜、芋梗，在严寒的冬天里，一张被子五人共盖，衣服也互相换穿。黄其炜同志本来有严重的胃病，身体很差，在艰苦的生活环境中，仍然坚持工作。"②黄其炜更是动员父母捐资，甚至卖掉田产募集经费，极力维持部队的运作；正所谓是"倾家为抗日"。1944年2月22日，黄其炜率队会同张世聪领导的游击队奔袭杨柑东边田村的伪军自警团，活捉该团团长陈惠珍。接着，率部分战士前往白水塘附近搜寻该团的武

---

① 朱日成：《芳草：朱日成革命回忆录（一九四〇—一九五〇）》，内刊，2000年3月，第86—87页。

② 黄琦：《其人不死 佳绩长存——一片丹心为革命的黄其炜烈士》，政协海康文史资料研究委员会：《海康文史》1987年第2期（1987年12月），第30页。

器，途中与日军遭遇，双方激战。在掩护战友撤退时，黄其炜不幸身中数弹，英勇牺牲。

在卜巢山抗日武装中队还有一位雷州师范学生洪荣。洪荣，1916年出生于广东遂溪城月南夏村（今属麻章太平）一个农民的家庭。在雷州师范初中十五班时与唐才猷、沈汉英同班；初中毕业后继续升读高师班，1938年毕业。1939年加入中国共产党。毕业后曾一度在乡村担任教师之职。为了获取枪支等武装，经当保长的父亲推荐，他进入到当地安静乡民团当乡兵，随后，根据党组织的安排，他策反部分乡兵，带着枪支前来遂溪参加卜巢山抗日武装中队。

而在卜巢山抗日武装中队成立前，在各地也已出现一批由雷州师范学生建立的游击小组等。1942年，雷州半岛先后在东海下社、中社、上社成立抗日游击小组，这些抗日游击小组以村为单位，并视村里参加人数的多少决定组成一个或若干个小组，这些游击小组的主要任务是：锄奸、监视敌人、对群众进行抗日宣传以及搞交通情报和补充兵源。郑开钧即是在遂南区的卜巢后溪、坡头桥等十多条村庄游击小组的创建者。

郑开钧，又名郑其成，郑志洁、郑文等。1919年出生在湛江市郊东海岛全及村。其父郑朝生在东山圩上行医，开设仁寿堂药材铺。郑开钧8岁就读于东海小学（后改为觉民小学），15岁到原遂溪寸金桥南强中学就读。1939年7月考入雷州师范学校,同年12月加入中国共产党。雷师毕业后奉命到遂溪区东南区苏二村小学、坡头桥小学当校长等，任中共遂溪县坡头桥支部书记等。1942年，在外地以教师为掩护的地下革命员郑开钧，先后动员父亲向党组织捐了大洋4000块。① 校友黄轩

---

① 周文硕等：《药材铺招牌引出4000块大洋支持革命的故事》，《湛江晚报》2017年7月5日第5版。

郑开钧烈士证

曾回忆到："1943年2月日本占领了雷州半岛和广州湾后，约3月我被调到遂溪东南区苏二村小学当教员，郑开钧同志当校长。我们教书掩蔽作地下党工作的。这时邻村北遭村的北遭山已有我们党陈同德、黄其炜、莫志中、洪荣、唐林等同志带领一支武装游击队活动，中队长黄其炜，指导员陈同德，经常在保安圩和日军及敌伪保安团作战。……1943年下半年我又调到太平镇附近的楠敢村（即是洪荣同志的村）教书，负责地下党工作，该村已有党组织和游击小组。我到该村后又发展一批游击小组和党员，并成立了党支部（洪荣同志在战争年代已牺牲）。后来郑开钧同志也调离苏二村，到遂溪西南区杨柑一带搞地下党工作，不幸被敌人抓住杀害。"① 据后人调查，当时"郑开钧身陷囹圄后，坚贞不屈，

---

① 南路革命研究所编：《黄轩革命斗争回忆录》，中共党史出版社，2017年，第33页。

敌人威逼利诱，要他吐露党的机密和组织名单，他始终不露片言只字。敌人对他施加各种酷刑仍无法得逞，将其杀害，抛下古井，年仅 24 岁。一位农民见郑开钩惨死，甚为伤感，连夜捞起他的遗体，葬在自己屋后。郑开钩的遗孀几次派人到坡头桥查访，终于在下担村找到了这位好心的农民，并将烈士的骨骸带回东海岛，解放后安葬在革命烈士陵园。"①

　　方茂盛，1921 年 7 月出生于海康县松竹区塘仔村；1938 年，方茂盛考入雷州师范学校，1939 年参加中国共产党，因身份暴露，1940 年奉命撤离雷师，随后在沈塘小学等地教书。松竹塘仔村是一条单姓村，村内以方姓为主。当时雷州半岛处在一个宗族社会时代，村与村之间常常因为水源、土地等问题发生械斗。故松竹塘仔村装备了一批枪支，以便械斗使用。当时中共海康党组织的负责人、校友翁泽民回忆到："方茂盛是松竹塘仔村人，他的村因封建械斗装备了一批枪支，我交代他的主要任务，就是要把这些枪支全部掌握到手，建立党的武装。他回家后，首先在村里组织兄弟会，人数达八十多人，再组成游击小组和发展党组织。到 1943 年 5 月，他把全村三十多枝长短枪，组成三十多人的武装队伍，公开成立了一支联防自卫队，由他任队长，在干塘市一带地区，开展敌后斗争。这一支队伍虽然不大，但它算是海康地下党在抗日时期举起的第一面红旗。"②而当时在海康西区活动的周立人也回忆说："1943 年 3 月底，翁泽民、方茂盛等人在塘仔村组织了一支有 30 多人枪的抗日联防自卫队，这是海康县第一支抗日武装联防自卫队，由方茂盛任队长，并在方茂盛、方联珠家设联络站。这支武装队伍，高举抗日旗帜，活动于杨家、公和、干塘、松竹，以及南兴、龙门边界的村庄，广泛宣

① 周文硕等：《药材铺招牌引出 4000 块大洋支持革命的故事》，《湛江晚报》2017 年 7 月 5 日第 5 版。

② 翁泽民：《回忆抗日时期我县党组织的活动情况》，中共海康县委党史办公室、雷州市党史市志研究室修：《海康党史资料》第一辑，2021 年 7 月，第 235 页。

传抗日救亡。这支队伍特别注意遵守三大纪律、八项注意，不拿群众一针一线。有一次不小心打破了群众一只碗，也坚持赔偿，从而消除群众的误解，取得群众的信任。"①在此战斗过程，翁泽民与方茂盛两同学也结下了深厚的革命感情。翁泽民在追忆海康党史时特意说道："这里还有一件事情，留在我的记忆中，永难忘记。当时我们虽然公开建立了武装队伍，但我们所面临的困难是难以形容的。在方茂盛连夜带领这支新成立的中队（按，指在塘仔村联防自卫队基础上改编的武装中队）到塘仔村时，正值数九寒天，但在严寒的冬夜，他还赤着脚长途跋涉，连一双鞋也穿不上。见到这种情景，我当时心情很难过，把自己的鞋脱下，要他穿上。可是，他再三推辞，还说：'老翁，你在城市工作，不穿鞋不行，我当兵的可以赤脚跑路，这鞋还是你穿吧！'就这样，一双鞋在我俩的手中，推来推去。最后，在我的坚决要求下，他才穿上了这双鞋。当时，他要我写一首诗给他留念。我立即凑成一首赠给他，记得诗文是：依依话别离，双履送征程；沙场任驰骋，踏破敌人营。"翁泽民在20世纪80年代想起此事，很有感慨："今天，方茂盛虽然与我们永别了，但一双鞋的故事却使我永远难忘。它至今仍在告诫着我：千万千万要保持和发扬我党艰苦奋斗的革命传统。否则，我们将有愧于为革命而牺牲的先烈。"②后来，据言方茂盛在转移途中，不幸患上伤寒病，因缺医少药而病逝，年仅24岁。

对于游击小组的战斗力量，唐才猷也回忆说："我当时负责遂溪西北地区，先是广泛成立秘密的游击小组，再在此基础上成立若干个出没无常的游击小队，同时在群众中广泛开展抗日号召，具体步骤是先从

---

① 周立人、王琬玲著：《往事回忆——周立人、王琬玲革命斗争回忆录》，内刊，2021年6月，第26页。

② 翁泽民：《回忆抗日时期我县党组织的活动情况》，中共海康县委党史办公室编：《海康党史资料》第一辑（内部资料），1985年12月，第235—236页。

锄奸自卫，逐步引导到抗日保家的战斗行动，如深泥塘地区就是这样发动群众参与抗日行动，粉碎了敌人数次的扫荡进攻。"[1]1940 年奉命回乡的林飞雄也是在徐闻建立游击小组进行武装抗击敌人。他首先利用担任前山国民小学校长的便利，发展党员，成立临时党支部，随后"布置进步学生回村，从夜校吸收进步青年参加抗日游击小组。从 1944 年1 月起，首先由杨奕生在曾家村，组织杨昌彩、杨奕存、杨奕农等同学和吸收村进步青年 10 多人组建起第一个游击小组。同时布置其他村进步学生回村中活动如冯村、南边田、禄齐、和家、北松、姜园、甲村、山狗吼、孙田、邓宅后海等，建起游击小组 12 个，成员有 100 多人，成为前山抗日骨干，这些抗日自卫队有效地抗击了日寇对沿海村庄的骚扰。"[2]无疑地，在抗日时期，遍布广大雷州半岛地区的雷州师范学生纷纷利用各种便利条件，根据上级党组织的安排，先成立游击小组，然后在游击小组的基础上，再汇集成立抗日游击中队。据粗略统计，雷州半岛"以党支部为单位成立秘密游击小组，到 1944 年中期，整个雷州半岛的游击小组达 1 万人左右，主要集中在遂溪地区。"[3]这些游击小组无疑在整个广东南路抗战中占据主要位置。当然，不仅是在雷州半岛，广东南路其他地方亦是如此。如在化州，"董子湘转雷师任教；李锋、黄玉瑞（即黄鹄）转学雷师。他们 3 人利用学生外宿有利条件，在校中秘密开展抗日宣传，成立地下游击小组。"。[4]

正是在如此众多的游击小组、游击中队的基础上——如 1944 年 7

---

[1] 高良坚、唐翠波主编：《南路革命名将唐才猷》，中山大学出版社，2021 年，第 3 页。

[2] 徐闻县党史研究室著：《抗战时期的前山国民小学（现前山村飞雄纪念小学）临时党支部与校长林飞雄》，藏于徐闻县党史研究室。

[3] 陈恩：《党在遂溪开展革命斗争的几个方面回顾》，中共遂溪县委党史研究室编：《历史回顾——新民主主义时期遂溪革命回忆录》（第一辑），内刊，2003 年 11 月，第 44 页。

[4] 中共化州市委党史研究室著：《中国共产党广东省化州历史》（第一卷，1926—1949），中共党史出版社，2018 年，第 65 页。

月即成立遂溪人民抗日游击大队，唐才猷任大队长。[①]1944年夏，中共南路特委书记周楠到重庆中共中央南方局汇报工作后回到南路，传达了南方局关于在群众基础较好、武装较强的地方建立根据地的指示，同年8月9日（农历六月二十一日），便以老马抗日常备队为骨干，缴收了日益向右转的杨熙德联防中队武装，然后集中山家、山内、金围、杨柑、深泥塘的抗日武装共二百多人，在老马宣布起义，首先成立遂溪县各乡抗日联防处和遂溪抗日联防大队，由陈开濂、马如杰分别任联防处主任和大队长，陈兆荣任大队政治委员。不久又根据遂溪、海康的武装力量的情况进行整编，成立人数较多、影响较大、战斗力较强的武装大队，以老马起义的部队为主力正式整编成雷州人民抗日游击大队，由唐才猷任大队长。老马起义是抗日战争后期，雷州地区规模最大的一次起义。它公开打出了共产党武装抗日的旗号，为团结广大民众武装抗日发挥了积极的作用。校友唐才猷回忆老马起义时认为游击小组发挥一定的作用："这次特委决定以老马村为中心，集结队伍，举行武装起义，对雷州敌后和开展南路武装斗争有重大意义。老马地区人民个个喜出望外，早就盼望有一支党的队伍，武装抗击侵略者，保卫家乡。他们纷纷筹钱筹粮，卖猪卖牛，购买枪支弹药。遂溪西北区、中区、西区和西南区先后组织一批以共产党员、青抗会会员为骨干，有贫苦农民和先进分子参加的游击小组以及其他形式的武装，并筹备了粮食和枪支弹药，支援和配合老马起义。"[②]雷州人民抗日游击大队下面设多个中队，第一中队长洪荣，指导员陈善辉；第二中队长郑世英，指导员李少香；第三中队长李鸿基，指导员李晓农。1944年农历六月十三日，"抗日游击

---

① 高良坚、唐翠波主编：《南路革命名将唐才猷》，中山大学出版社，2021年，第5页。

② 高良坚、唐翠波主编：《南路革命名将唐才猷》，中山大学出版社，2021年，第3、32、33页。

队港门中队"于枫树塘村，宣告成立，朱日成任中队长，中队人数约四十人。① 这支中队在条件艰难的情况很长时间转战在城月一带，1945年，队中一名毕业于雷州师范的陈锡镛贡献出自己年轻的生命。朱日成回忆到："我深切怀念我的战友陈锡镛同志，他与我同窗于雷州师范，也是同年参加共产党。不幸于1945年春，海康部队北上，于乐民一役打死反动头了黄业兴的同时，他壮烈牺牲，我完全有义务地把这一动人的事迹，留传后代永志不忘。"在朱日成的眼里，同学陈锡镛是一名优秀的中国共产党党员："优秀的共产党陈锡镛同志，他带着满身伤痕，拿着老局长给他的医药费，直奔北巢山，见到我们时，陈述其不幸的经过之后，拿出那两块银光闪耀的大光洋，说：'我是铜皮铁骨的，这么一点点伤不要紧，我自己的懂得草药自己医治，这两块钱快拿去买米，让同志们能吃一餐饱吧！'"② 当时为了获得一点粮食补给，陈锡镛利用关系、用身体挨打的痛苦换取了二块银元的医药费。周立人也回忆到："卜巢山中队后来参加了老马起义，成为雷州人民抗日游击大队的骨干力量之一，在各个革命时期的武装斗争中都起了重要作用，不少人为建立新中国献出了宝贵的生命。除了黄其炜外，还有陈同德、陈希哲、洪荣、陈锡庸、周超群等同志，都是在战斗中光荣牺牲的。我们今天的幸福生活，是千千万万的革命先烈用生命换取来的，任何时候都不能忘记他们。"③

　　除了遂溪、海康等地武装队伍中，雷州师范学子们在努力外，广东

---

① 朱日成：《芳草：朱日成革命回忆录（一九四〇—一九五〇）》，内刊，2000年3月，第71页。

② 朱日成：《芳草：朱日成革命回忆录（一九四〇—一九五〇）》，内刊，2000年3月，第94页。

③ 周立人、王琬玲著：《往事回忆——周立人、王琬玲革命斗争回忆录》，内刊，2021年6月，第17页。

南路其他地方也有不少。如在化县地区，"（1940年）3月，中共南路特委委派共产党员陈林海（陈兆荣）到化县游击第二大队彭中英中队工作。4月，陈林海到中垌游击区办事处任政工队副队长。队长是刘雨帆。""1943年冬，化县特派员陈醒亚根据上级指示，提出'把党的工作重点转移到准备武装起义方面来，要求各地共产党员发动群众组织农会，吸收农会中的青壮年农民以秘密形式，组织地下军或游击队小组，或以合法形式组织乡村抗日联防队或打入国民党地方团队掌握武装'。1944年春，上述地区的21个村庄（按：指西湾、双牌、大湾尾、沙陇、新塘、沙坡、塘北、下山、南山岭、长岐村、车头、旺岭、山宜、外村、旺心岭、东山、杏花、三坟村等村庄）先后成立了农会，推选了农会长，会员1400多人，有的农会制订了农会纪律，并开展减租减息斗争。同时党支部把上述地区的19个'功夫馆''睇垌会'的人员组建为抗日地下军游击队。"① 陈兆荣、陈醒亚都是雷州师范学校早期的学生。如在廉江，"1945年5月，中共廉江县特派员莫怀，根据南路特委指示，在廉江新塘成立了新塘抗日民主政府——新塘抗日联防区。并民主选举李秀祥为主任，陈照华、欧兵等为副主任，杨君群为军事代表。联防区下设文教、财经、民主、武装等机构，并建立了河防（武装）大队和联防常备（武装）大队。该联防区周围的村庄均是游击区，统归联防区管辖，人口共达十五万人（后塘仔一片于1945年6月成立了联防区，后与大塘联防区合并）。"② 莫怀也是雷州师范时期的学生。

周恩来起草的《中共中央关于发展广东游击战争等问题给尹林平等的指示》指出："目前战局重心在桂，但西、北江已成敌人进出之路，

---

① 中共化州市委党史研究室著：《中国共产党广东省化州历史》（第一卷，1926—1949），中共党史出版社，2018年，第44、45、72页。

② 方良锋：《南路敌后抗日民主政权的建立和发展》，《湛江文史资料》第十二辑（1993年），第63—64页。

邓龙光集团调退广西，李汉魂省府保安团向和平集中，余汉谋后方虽向西移。但其兵力仍留路东。因此，西江、南路在目前最为空虚，敌占地区亦较东江为广。如桂、柳不守，粤、桂、湘边国民党亦难屯大兵。如此种估计不变（原文如此），我广东游击战争就以向西发展为目前主要方向。同时联系南路、打通琼崖，应成为目前重要任务之一。"接着，党中央对此提出，实施上述任务主要有"……选派得力同志，往南路帮助周楠及当地组织，发展敌占地区武装游击，并继续派人打通琼崖联系，告以与延安电台先行明码联络。""一切工作以武装的发展和胜利为基本条件"。① 广东临时省委根据中共中央指示，决定中共南路特委要努力发展敌后抗日武装，待条件成熟后成立新的武装抗日队伍。

1945 年 1 月，中共南路特委决定成立一支新的武装抗日队伍，并命名为"南路人民抗日解放军"。在坡头泮北村，这支番号为"南路人民抗日解放军"队伍宣告成立，周楠任司令员兼政治委员，温焯华任政治部主任，李筱峰任参谋长。司令部下辖两个支队，唐才猷任第一支队支队长，陈恩任政治委员，政治处主任黄其江；一支队下辖 3 个大队：第一大队大队长支仁山，政治委员唐多慧；第二大队大队长洪荣，政治委员沈潜；第三大队大队长郑世英，政治委员王平。黄景文任第二支队支队长，温焯华任政治委员，政治处主任邓麟彰。二支队下辖 4 个大队。不久由化（县）廉（江）指挥部所属队伍组成的一个独立大队，也直属司令部直辖，其大队长兼政治委员陈醒亚。南路人民抗日解放军全军约3000 人。② 1945 年 5 月，中共南路特委决定以团建制取代支队建制来整编"南路人民抗日解放军"，将部队统一编为 5 个团。第一团由第一

---

① 中共中央文献研究室、中央档案馆编：《建党以来重要文献选编（1921—1949）》（第二十一册），中央文献出版社，2011 年，第 561—562 页。

② 中共湛江市委党史研究室编著：《南路人民抗日解放军史》，广东人民出版社，1995 年，第 127 页。

支队的 800 多人组成，是南路人民抗日解放军主力团，由雷州特派员陈恩代表特委加强领导。第一团团长黄景文，政治委员唐才猷，政治处主任李廉东……第三团以第一支队廉江 3 个大队 900 多人组成（博白人民抗日武装归该团指挥），团长莫怀，政治委员唐多慧，政治处主任林克武。唐才猷、黄其江、莫怀、唐多慧等皆来自雷州师范。

第四节　雷州师范学校学生与广东南路党组织的恢复与发展

1928 年底，自中共南路特委遭受国民党与法殖民者联手破坏后，虽然有不少党员努力，但没有与上级党组织取得联系，党员全部处于失联状态，广东南路党的活动随后处于沉默状况。经过 1936 年雷州师范学生唐才猷、黄其江、邓麟彰、陈其辉等人找寻党的经历后，刚刚恢复不久的广东党组织注意雷州师范这部分学生的行径，随后派遣人员前来联络，并建议部分雷师转学广州的学校。黄其江、陈其辉听取建议并于 1936 年下半年前往广州江村师范求学。1938 年黄、陈两人于江村师范加入中国共产党，并在江村师范发展原雷州师范学生沈汉英等人加入中国共产党。与此同时，奉广东党组织的命令，回到广东南路发展党员，恢复党组织。自此，广东南路各地党组织走上恢复与发展的道路。

1938 年 8 月，黄其江、陈其辉首先在雷州师范等地发展包括唐才猷、邓麟彰等人在内的第一批雷州半岛共产党员。1939 年 1 月，中共遂溪县中心支部成立，这是雷州半岛最早恢复的党支部，而在此之前，广东南路的合浦地区已在 1938 年 4 月成立合浦中心支部（书记张进煊，组织委员赵世尧，宣传委员何世权）。中共遂溪中心支部书记是黄其江，"邓麟彰、陈其辉、殷英、殷杰为支委。"，黄其江、邓麟彰、陈其辉、殷英等人都是雷州师范学生。同时在"青抗会"的工作队里面成立一个支部，由来自雷师学生的党员唐才猷、沈汉英、陈兆荣等组成。"在未同上级党组织取得联系之前，我们完全停止了发展党组织的工作，同上级党组织恢复联系，成立中心支部后，才又开始发展党组织。"①1939年5月，合浦工委（由合浦中心支部改变而来）遭破坏，"粤东南特委乃派组织干事温焯华到南路调查处理。是年9月，温焯华在合浦白石水金街小学（校长张世聪）主持召开干部会议，重新成立南路工委，此时乃有党员210多人。南路工委'也是省委委托东南特委管理的，他们的经费也由（东南）特委筹付'。1940年初，高雷工委、南路工委合并为南路特委，书记周楠，组织部长为温焯华。"②虽然在早期的革命文献中说到1937年12已有高雷工委的存在，③但综合相关的材料，大致还是认定中共高雷工委成立的时间为1939年夏，"书记为周楠（洪飙），至是年10月有党员250多人。高雷工委由广东省委委托粤东南特委代管。"④高雷工委领导层，除了周楠（上级指派），还有秘书陆新（上级指派），委员刘谈锋、黄其江。刘谈锋曾担任中共香港区委宣传部长，当时以香港青年回国服务团团长身份进入广东南路。"粤东南特委成立于（1938年）11月24日。21日梁广同志及虞焕章同志自广州来港，即召集港市委及海委的联合会议，于24日再召集扩大会议，出席者有梁、虞、温及市委、海委同志，另香港副委书记及九龙副委书记，

---

① 黄其江：《在广州的部分南路革命老同志座谈会上的发言》，中共遂溪县委党史研究室编：《历史回顾——新民主主义时期遂溪革命回忆录》（第一辑），内刊，2003年11月，第50页。

② 广东省档案馆编著：《梁广的革命人生》，广东人民出版社，2021年，第208页。

③ 按，有省委文件说到1937年12月已有高雷工委。见《中共南方工作委员会报告——关于政治形势、党组织概况、群众运动和目前重要工作》（1937年12月12日）西江区，支部6个，党员24人，备考：已建立高雷工委。见中央档案馆、广东省档案馆：《广东革命历史文件汇集》（中共南委广东省委文件，1937—1939），内刊，1986年12月，第75页。

④ 广东省档案馆编著：《梁广的革命人生》，广东人民出版社，2021年，第207页。

即成立东南特委，由梁负责书记，吴组织部，虞宣传部，开始工作。"[①]
高雷工委管辖高州工委（1939年1月成立）及遂溪工委（由遂溪中心
支部演变而来）。对于遂溪工委，校友殷英有回忆："（1939年）周
楠来后，建立县工委，9月正式成立县委，地点在洋青深坭塘村卜国柱
家的楼上，参加者有黄其江、支仁山、邓麟彰、唐才猷、王福秋、陈其
辉、殷英、陈醒吾、沈汉英、莫怀、黄明德、卜国柱、唐多慧、陈兆荣，
沈斌有没有参加不清楚了。主持县委成立会议的是周楠、温焯华，会议
选出县委书记黄其江。不久黄其江调到合浦当县委书记，遂溪县委书记
由支仁山接任，组织部是邓麟彰，唐才猷，宣传部是王福秋、陈其辉。
与此同时成立三个区委，东区区委书记是沈汉英，中区是陈醒吾，西区
是殷英，成立区委前，在农村已发展一批党员，各区都有党支部，前面
所讲的村庄就是各个农村支部。"[②]

"1939年7月，中共高雷工委决定成立廉江中心支部，9月从遂
溪抽调党员骨干唐多慧、廖铎、莫怀、罗培畴等人到廉江加强党的领导
力量，至1940年2月，廉江全县共有党员50多人。"[③]唐多慧、莫怀、
罗培畴等人都是雷师的学生。"1940年5月下旬……中共南路特委决
定调整廉江县委领导人，宣传部长莫怀改任组织部长，组织部长唐多慧
改任宣传部长。接着，根据县委会议精神，陈天佑、唐多慧、莫怀等转

① 《中共粤东南特委工作报告》（1939年1月29日），中央档案馆、广东省档案馆：《广东革命历史文件汇集》（中共东南特委西江特委文件和报刊资料选辑，1937—1944），内刊，1987年7月，第13页。

② 殷英：《在遂溪召开部分革命老同志座谈会上的发言》，中共遂溪县委党史研究室编：《历史回顾——新民主主义时期遂溪革命回忆录》（第一辑），内刊，2003年11月，第104页。

③ 中共湛江市委党史研究室著：《中国共产党湛江历史（1921—1949）》（第一卷），中共党史出版社，2011年，第141页。

移博教小学，以教师的身份作掩护，从事革命活动。"① 校友黄其江回忆说："当时廉江的党员不多，只有林敬文、黄存立、李承煜等党员，国民党势力强，工作进展不快，我们就派了唐多慧去，后来廉江工作逐步发展起来；其次也指示我们派干部去海康，我们派王文邵（劭）去海康，党组织在 1939 年下半年后开始建立起来，同时也派沈汉英到梅菉、吴川开展工作。"② 也就是说，在雷州半岛，除了遂溪、廉江外，

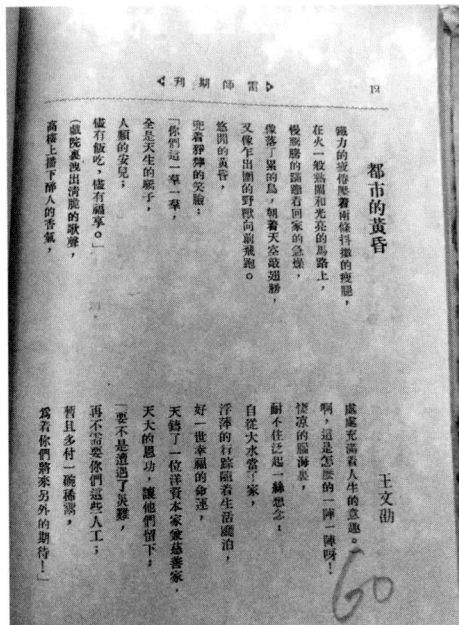

雷师期刊王文劭写的诗歌

其他不少地方都是由雷师学生前往恢复发展，如海康是王文劭、吴川是沈汉英。而在徐闻则是林飞雄——他"是抗日战争时期恢复徐闻党组织的先锋战士，是徐闻县党组织的领导人，是下洋武装起义的参与者和组织领导者之一"。③

沈斌，后来湛江地区党组织的领导人之一，他虽不是雷师毕业生，却是由雷师的学生介绍入党的。他在回忆有关东海岛党组织成立的情况时说道："关于东海党组织的建立，从 1939 年上半年开始。我是

---

① 中共廉江市委党史研究室著：《中国共产党廉江县地方史　第一卷（1919—1949）》，中共党史出版社 2009 年，第 121 页。

② 黄其江：《在广州的部分南路革命老同志座谈会上的发言》，中共遂溪县委党史研究室编：《历史回顾——新民主主义时期遂溪革命回忆录》（第一辑），内刊，2003 年 11 月，第 51 页。

③ 徐闻县党史研究室：《林飞雄传略》，藏于徐闻县党史研究室。

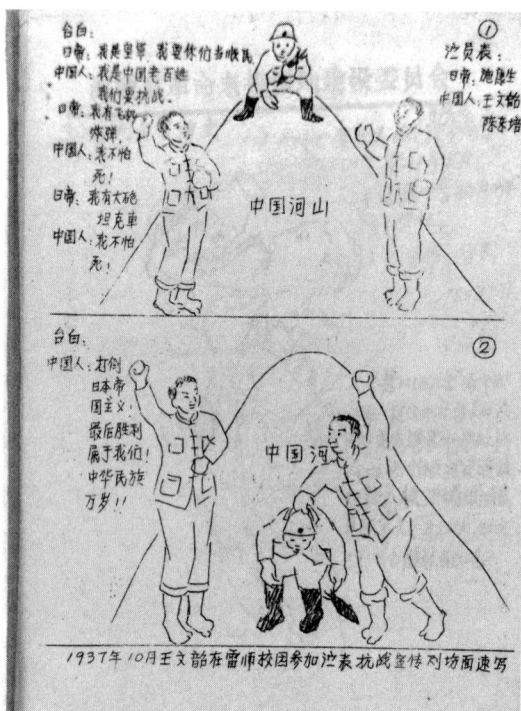

抗战时期王文劭表演剧回忆速写。唐才猷儿子唐舒明提供

1939年3月入党，介绍人沈汉英、黄其江。我入党后，在遂溪参加学习班，学习党的建设，讲党课的是黄其江同志。当时东海还有陈元清等也参加这次党课学习。"[1] 在不少乡村地带，不少党组织（党支部）的成立都与雷师有关。陈超中将后期回忆说："1938年秋，中共遂溪县党组织派邓麟彰、陈其辉、陈兆荣、沈汉英、沈潜等人，带领宣传队到陈川济村开展抗日宣传活动，演出话剧，发动群众抗日……全村有五六十人参加了青抗会，并选举陈明景为通讯站站长……1938年冬至1939年初，陈兆荣、沈汉英根据党组织的指示，在陈川济村群众中培养发展了一批党员，计有陈明景、陈树德、陈秀珍、杨秀金、黄瑞英等。……1939年3月，中共陈川济村支部成立，陈兆荣任支部书记。党支部成立后，随即发展党员，先后吸收陈明时（我二哥）、陈明信、陈宁、陈明皎、陈明豪、陈明胜、陈昌溢、陈日隆等入党。……陈兆荣还到丰厚村发展该村民校教员郑善卿和该村邹文西入党。同年5月，丰

---

[1] 沈斌：《民主革命阶段各个时期东海的革命方针与斗争策略》，中共湛江市东海岛经济开发试验区委员会、湛江市老区建设委员会办公室编著：《东海革命斗争史料》，内刊，1996年7月1日，第15页。

厚村党支部成立。"①面对如此的境况，1941年上半年中共南方工委副书记张文彬到广东南路检查工作时，也对遂溪党组织的工作发出由衷的感叹："广东如果有十一个像遂溪党组织有这样的农村基础，整个广东的局面就不相同了。"②

不仅是在遂溪，在广东南路其他地方也如此。在海康，其"沦陷时，在西区广阔的农村，只有3名共产党员：1名是塘仔村的方茂盛，他是1939年12月在雷州师范学校读书时加入共产党的，后回到家乡工作；另2名是中村的何佩瑶、何华民。他们两人是抗战爆发后，王文劭、曾锡驹到中村以办学为掩护，开展地下秘密活动时，于1940年发展他们加入共产党的。1944年3至6月，上级党组织先后从遂溪、东海派黄轩、杨锦波和我等人，到海康西区工作，我们都以教师职业为掩护，进行革命活动，先后在北村、扶桥、塘仔、桥东、桥西、溪头等村发展了30多名共产党员。"③翁泽民回忆他与肖汉辉发展校友欧汝颖入党的情形时说道："欧汝颖从一九四一年在徐闻和安小学教书时起，经我和肖汉辉的培养，思想觉悟不断提高，要求参加党。在一九四三年春我约他到白沙区仙桥村郊外谈话，宣布吸收他入党。他非常激动，当场写了一首诗向党组织表示了他的忠心，诗文是：数年奋斗苦无缘，烽火声中喜遇君；仙桥郊外吐肝胆，一片丹心拯万民。"欧汝颖是1935年入读省十中初中第十七班。在校期间就思想进步。1938年为雷师同班毕业的同学题词，便题了"华夏危矣，栋尔惟依"之语，④表现出忧国忧民爱

---

① 陈超：《回眸往事》（一），中共党史出版社，2014年，第8—10页。

② 南路革命研究所编：《黄轩革命斗争回忆录》，中共党史出版社，2017年，第19页。

③ 周立人、王琬玲著：《往事回忆——周立人、王琬玲革命斗争回忆录》，内刊，2021年6月，第27—28页。

④ 翁泽民：《回忆抗日时期我县党组织的活动情况》，中共海康县委党史办公室编：《海康党史资料》第1辑（内部资料），1985年12月，插图。

《海康党史资料》（第一辑）收集到的唐勤欧汝颖同学录留言

国情感。他加入中国共产党后，继续发展海康的党员。"首先在他家乡土角村发展了劳可泽、劳作参、张宏、欧汝铎入党。"至 1944 年，欧汝颖就在村中建立了党支部，党员人数近十人。经过雷州师范党员学子的努力，雷州党的组织获得了恢复及发展："接着北营村崔有豪、南田村陈济民、郑方、下岚村邓成俊等相继入党。以后党的组织逐步扩大到大浦、麻演……等村庄。"翁泽民继续回忆到："麻参村的张芝经是我在雷师的同学，一九四三年，我吸收他入党。以后他以家乡为点，发展了游培榕、东林村的林之清，智哥、林运谋、林正持、林飞等入党，党的活动逐步扩展到港东、谢宅等村庄。""洪钟琛、洪钟浩入党后，面向南兴，先后发展了江西村林子枫、林彬，后母园村陈兆昌、塘尾村王平波、东仓村陈孙式、西洋村周汝连、高流水村陈凤栖等加入党组织。以后党的组织逐步扩大到下仓、扶柳、后朗等村庄。洪钟浩还利用亲戚关系到英利昌竹园村去开展工作。""黄轩在白沙区以桥东学校为点，发展了陈芝田、陈好古、许尧、桥西村陈乃生、桥东西边村陈维胜、溪头村林荣干、林茂生，还有杨家北村的蔡道本等参加党组织。"① 如此一来，整个海康地区，党的影响获得了全面铺开，为后面的抗战等打击敌人，奠定了群众基础。在化县，1940 年叶信芳（江村师范）重建中共化县特别支部后，由于其他原因，叶信芳撤出化县。1941 年 8 月校友陈醒亚以化县特派员身份前来工作，长期活跃在化县党组织的恢复工作中。1945 年 6 月，中共南路特委决定成立中共化吴工委（管辖地区为化州、吴川两县和廉江东南区、梅菉地区），陈醒亚任工委书记，委员有陈醒亚、王国强、罗明、李郁、李一鸣。茂名地区，1943 年，茂名特派员邓麟彰等"在高州中学、高州女子师范学校、茂名中学发展党员，建立党的支部……从 1944 年春开始，茂名党组织开始在群众基础较好的高州等城镇学校和云潭等地的农村建立秘密游击小组。"② 而在合浦，由于工作的不谨慎，合浦党组织遭受破坏。1940 年 5 月，中共南路特委决定将合浦工委改为合浦中心县委，委任黄其江为书记指导全面工作。③ 当时原隶属中共广东省委管辖的钦廉四属党组织在 1940 年 2 月已改由中共南路特委领导。

第五节　解放战争时期武装队伍里的雷州师范学校学生

1945 年 9 月下旬，广东南路人民抗日解放军第一团（亦称为老一团）接到中共南路特委关于突围西进十万大山的命令，开始了一场地跨三省

---

① 翁泽民：《回忆抗日时期我县党组织的活动情况》，中共海康县委党史办公室编：《海康党史资料》第一辑（内部资料），1985 年 12 月，第 232—233 页。
② 中共湛江市委党史研究室编著：《南路人民抗日解放军史》，广东人民出版社，1995 年，第 71—72 页。
③ 中共湛江市委党史研究室著：《中国共产党湛江历史（1921—1949）》（第一卷），中共党史出版社，2011 年，第 144 页。

二国（粤桂滇中越）的"铁旅征程"。在征程准备时，突接到情报，国民党接收的日军遂溪机场（靠近遂溪风朗村）存放一批武器弹药，但人员不多，只有一个连——当然有一个团分驻周围村庄，戒备较为松懈。团政委、校友唐才猷认为是一个机会，在获得南路特委同意情况下，发动了一场"夜袭风朗机场"的艰戏，全歼"国民党军100余人，缴获重机枪3挺，飞机用机枪8挺，20毫米机关枪炮2门，步枪130余支，子弹3万多发。第一团仅牺牲一人。"①带着这些胜利品，广东南路人民抗日解放军第一团开始漫长的西征征程。他们从雷州半岛开始突围，历时两个多月，行程一千余华里，沿途打破国民党军的前堵后追，到达十万大山。其后，在当地武装队伍的配合下，击败敌军多次进攻。1946年2月，国民党派出第64军第156师进行"清剿"，老一团在与敌进行几次战斗后，为避敌锋芒，经南路特委请示中共广东区委同意，随后进入越南北部进行整训。在这次西征征途中，不少雷师学子担当部队职务，带领战士们战斗：唐才猷、廖华、朱日成、黄雪霞（女）……在越南整训时，还应越南的要求，征得上级党组织的同意，协助越南人民军训练，谱写一曲中越友谊之歌："1946年冬，法国殖民主义者向越南民主共和国的海防、河内发动大规模进攻，胡志明主席亲笔致函要求我入越部队为越制订军事训练计划。据此，唐才猷等编写了一份军事训练计划送交越南最高统帅部。黄景文应越方要求，担任了第四战区步兵学校和越南高级步兵学校的顾问，同时还帮助第四战区司令部拟制和实施部队的训练计划……派第一营营长廖华到高平省为越方举办游击战训练班，受训的有县、村一级干部50余人，主要内容有游击战术及刺杀、射击、投弹、埋地雷等技术。1947年2月间，廖华、林杰、彭扬、黄英、

---

① 中共湛江市委党史研究室编著：《南路人民抗日解放军史》，广东人民出版社，1995年，第182页。

陈庆芳、李恒生等到越南抗法基地太原，协助越第一战区开办游击训练班，受训对象大部分是县一级的领导骨干，少数是省级干部共 70 多人，内容主要是游击战术，诸如伏击战、袭击战、围歼战、麻雀战以及游击队的政治思想工作等。"[1]

1947 年，老一团奉命回国。"老一团经过一年多的入越休整，战斗力大大提高，在回国参战的巨大鼓舞下，作战勇猛顽强，敢于刺刀见红，震动了广西反动派。敌人被我人民武装重创之后 还被蒙在鼓里，他们在战斗中听到我部队多用雷州方言（黎语）进行联系，竟误认我主力是由日军改编，便出动飞机散发日文传单，传单上印有跪迎丈夫回归的日本妇女图照，妄图瓦解我军，可见敌人当时的惊慌和愚蠢。"[2]

解放战争时期，雷州师范学子除了在老一团西征铁旅中发热发光之外，还在其他地方，尤其是在广东南路各地武装反抗斗争中，不少校友甚至贡献出自己年轻的生命，他们的姓名完全可以构成一部岭南师范学院英烈谱！

1992 年，由广东省中山图书馆、广东省珠海市政协编的《广东近现代人物词典》（广东科技出版社，1992 年）在收录有关海康杰出人物中，只收录五位。按：该书收录整个广东只有 2353 人，含原属广东的海南、广西部分地区和港澳地区，或非广东籍，但在广东起过重要作用的人士。五位海康籍杰出人物就包括欧汝颖——另外四位是：吴华（曾任华侨事务委员会委员，1955 年曾随周恩来参加万隆会议）、吴天宠（日本早稻田大学法政专科毕业，民国时曾任广东高等审判庭庭长等）、邓定远（1919 年毕业于保定军校六期，1944 年任第七战区中将参议等）、梁成久（广雅书院肄业，辛亥革命后被选为众议院议员，1920 年任《海

---

① 中共湛江市委党史研究室编：《铁旅征程》，内刊，1999 年 9 月，第 15 页。
② 中共湛江市委党史研究室编：《铁旅征程》，内刊，1999 年 9 月，第 27 页。

康县续志》总纂）。该书记曰："欧汝颖，1921年—1948年，海康县人。早年曾参加抗日救亡宣传。1943年加入中国共产党，积极从事发展武装的革命活动。1947年3月雷州独立营成立，任营教导员，后独立营改为九团、十二团，任政委、政治部主任；同年冬任中共海康县工委委员、县委书记，并分管中区工作。1948年夏在岭高村突围战中牺牲。"[1]

欧汝颖，1935年，考上省立十中，在初中第十七班求学，1938年为同班毕业的同学题词为"华夏危矣，栋尔惟侬"，表露他忧国忧民的思想，也间接表达他要投身抗日救亡活动。1940年末至1943年初，欧汝颖在东里区的新寮小学和东洋乡的土角小学（又名尚志小学）教书。认识了教员中的共产党员肖汉辉和翁泽民——肖与翁都是雷师的毕业生，共产党人。1943年欧汝颖加入中国共产党，在白沙区仙桥村外举行宣誓仪式，当时向监督人翁泽民赠送诗一首："数年奋斗苦无缘，烽火声中喜遇君。仙桥郊外吐肝胆，一片丹心拯万民。"1947年3月，雷州独立营成立，欧汝颖担任营教导员；6月，由独立营扩充为九团。不久，又由九团改为十二团，他化名欧华，任政委、政治部主任。冬，海康县工委成立，他任工委委员。1948年农历七月十二日，在中区岭高村突围战中，欧汝颖不幸中弹牺牲，年仅27岁。

还有周超群也是在解放战争中献出了生命。他的同班同学周立人回忆："周超群是遂溪城月坡湖村人，在雷州师范读书时，是我最好的同班同学。我们俩于1940年10月一起参加中国共产党，由黄其炜介绍并做入党监督人。周超群参与了卜巢山抗日中队的组建工作。1947年6月至10月，他担任中共遂溪县南区区委委员、副区长。1947年10月31日，他与陈作屏、吴阳等人由茅家村转移到中区途中，在赞尾公路段遭城月敌人的联防队伏击，周超群等人持枪还击，但因寡不敌众，

---

[1] 广东省中山图书馆、广东省珠海市政协编：《广东近现代人物词典》，1992年，第333页。

最后在调风村边坡地不幸身中三弹牺牲。周超群牺牲后，敌人残忍地将其头颅割下，拿到城月圩，吊在石牌坊上'示众'。几天后，我们派人往城月取回周超群头颅与尸体一起安葬，并为他举行追悼会。周超群牺牲时，我在海康西区工作，闻悉他牺牲的消息，我非常难过，想起我们同窗读书时的往事，禁不住泪流满面。虽然周超群牺牲已经过去60多年了，但每当想起他及我们读书时的点滴往事，我时常还会黯然流泪，为他痛惜！永远怀念周超群战友！"①还有叶宜劲。1947年2月12日在化州山底地区，中国共产党成立营级建制的化北独立大队，大队长庞铁魂、教导员叶宜劲；这支部队转战在化北地区，为化州的解放奠定了基础。"1947年8月，叶宜劲任化茂边区区委书记，引领茂西沙顿、道平、祥莲和化县连江四乡建成成片的游击根据地，接收了朱益昌、卢俭隆、卢初隆和王郁文的党组织关系，分别任命他们为这四乡的乡长。……1948年3月4日，叶宜劲在道平乡东涌村召开区乡干部会议研究反扫荡，被国民党自卫队覃孟坤中队和四周乡兵共200多人来围剿，我们边打边撤，撤退到六王山下金坑岭（今属高州沙田镇）被包围，在历时半天的激战中，几乡正副乡长朱益昌、卢俭等七位先后牺牲，叶宜劲的颈部和腹部也中弹受伤，……后用手榴弹与敌同归于尽……为当年牺牲于六王山下金坑岭的叶宜劲、朱益昌、卢俭隆、卢初隆、王郁文（江湖镇上村人）、万秀武、梁振伟、黎信才等八名英烈树立了'革命烈士永垂不朽'的丰碑。"②

　　在解放战争年代，贡献出生命的不仅是欧汝颖、周超群、叶宜劲，还有陈海等年轻校友。校友全国明曾写下一首诗，记述他与他的同学、

① 周立人、王琬玲著：《往事回忆——周立人、王琬玲革命斗争回忆录》，内刊，2021年6月，第20—21页。
② 赖乃宏：《铁心跟党走　忘我更忠烈——叶宜劲英烈传》，载茂名炎黄文化研究会主办：《炎黄之声》2019年第2期（总第16期），第105页。

战友陈海的故事。《请收下我的枪》：[①]

请收下我的枪 / 我接到你这句话及你的枪的时候 / 我双手颤动、我哭了 / 是无限的悲痛 / 我知道 / 这是你向我辞别 / 向全体同志的辞别 / 亦是、是永远的拜别 / 陈海同志！/ 你出生在岭北一个 / 偏僻的农村——程村 / 你出生在富裕家庭里 / 可是你 / 叛变了旧社会 / 也叛变了你的家 / 投入在斗争的烘炉里 / 你是你双亲的独生子 / 你是你双亲的宝贝 / 你是四〇年入党 / 你是雷师高师栋梁 / 在投入国难的革命斗争过程中 / 你要父亲一批批地卖了田 / 你父亲爱你 / 不能不接受你的要求 / 把钱支持在困难日子里的革命斗争 / 你的枪是你从敌人手中抢来 / 是交给你永远使用 / 可是你把它交给我了 / 我记得你曾经讲过 / 你能同我在一起战斗 / 心情多么舒畅 / 我在余村与敌人谈判 / 突而给敌人重包围 / 在我生命危险的一刹 / 你带领一个连勇敢地打进去 / 我才能逃出虎口 / 眼看敌人凶狂地在村向我们追击 / 我们要反击 / 我们三路向敌人反击 / 你率领西一路冲在前头 / 抢入敌人轻机阵地 / 压下敌人火力 / 使各路顺利进攻 / 可是就在这个时候 / 你中弹了 / 是从喉咙穿过 / 啊：你倒下了 / 我们反击胜利了 / 可是你倒下了 / 运回后方（城月后溪村）抢救 / 到午夜 / 你便把枪交保卫员陈转给我了

对于陈海的生平，目前没有更多的材料，只是在材料中知道他是雷师高师班的学生；高中师范自 1938 年迁遂溪庐山时就设有三个班。黄其炜、唐勤、肖汉辉、洪荣、金耀烈、黄雪霞等人都是高师出来的。陈超的回忆中说陈海是南强中学学生："陈海，共产党员，遂溪县调丰村人，南强中学学生，曾任粤桂边区人民解放军新编第一团第一营教导员。1947 年 8 月 8 日在遂溪西南区战斗中牺牲。"陈超回忆：在"1947 年 6 月上旬，新一团在遂溪县中区调丰进行整训，部队迅速扩编为三个营 10 个连，共 1000 多人。团长金耀烈，政委李晓农，政治处主任陈拔

---

① 由全国明女儿全民提供。2022 年 9 月 14 日。

（未到职）政治处副主任莫克；第一营营长唐林，教导员陈合，第二营营长符焕英、教导员全国明，第三营营长陈龙门，副教导员陈海。（陈海同时兼任学生连连长）"陈海担任第三营教导员，全国明担任第二营教导员，陈超则在第三营第八连任教育员。他描述陈海牺牲的情形与全国明有一些相似："第一、二营撤出海山村后向东开拔，在河头圩附近与闻讯前来增援的国民党保安团及遂溪县自卫大队发生激战。在打击敌援兵的战斗中，第一营教导员陈海和第三连副指导员王友仁英勇牺牲。陈海是从南强中学出来参加革命队伍的，当时被冷枪击穿腮部，伤势不是很严重，但因缺医少药和抢救不及时，终因失血过多而牺牲。王友仁是我戊中时的同学。"① 或许是陈海先到南强中学读书，然后转到雷师高师求学。此外，校友廖华的回忆中还有一个陈海，但提到的是陈海的妹妹："我们在现寸金桥公园附近的地方开了一个叫'谊园'的小店，以开店做生意为名做掩护，进行党的联络工作。主要任务是了解日军活动情况……店里除我外，还有党员杨娟娟、苏虹，以及一个叫黄秀珠的进步女青年和郑××。小食店是我们几个同学筹款办的，陈海的妹妹陈某英在同学聚会上卖掉了金戒指，筹到 200 多块大洋。从 1943 年 3 月起不到半年时间，生意不好赔了本，租的房子、买的家具都赔上了，6 月初就收摊了。"② 我们也不知道有多少雷师学子在大革命时期、土地革命时期、抗日战争、解放战争时期，为了国家的独立与解放、人民幸福贡献出自己年轻的生命。

　　在这里，全国明以《请收下我的枪》表述对战友的感情，或许对现代人而言，一支枪而已。于此，我们可以看看陈超中将回忆他当年第一

---

① 陈超：《回眸往事》（一），中共党史出版社，2014 年，第 32 页注 1、110—111、121 页。

② 廖世宁编著：《他们从南路走来：廖华、李学英随军征战纪实》，中山大学出版社，2021 年，第 153—154 页。

次参加战斗时的情形，或许就明白了一支枪的价值，明白雷师学子黄其炜、郑开钧、陈海等人舍家捐款的伟大！ 1947 年 5 月，"在河头乡与敌相遇，在激战中，新一团第三连连长王国春牺牲，担负向导任务的海康西区党组织负责人兼区中队指导员周立人也负了伤。"按：周立人毕业于雷师。"不久又与海康县自卫队、遂溪县自卫队进行激战"。陈超将军参加了这场战斗，也是他的"首次参加的战斗。由于当时部队的枪支比较少，当时手中没有武器，很渴望有一支枪。"[①]1947 年了，参加战斗，居然没有枪支！战友告诉陈超，需要枪，就只能通过敌人手中抢，这样我们也就明白为何当陈海校友知道自己将走完生命那一刻时，自然是要将手中的枪递交给另一个同学、战友。陈超还回忆到当时物资的紧缺："穿衣难题在我们部队也很突出。那时部队没有统一的军装，指战员们穿的都是普通老百姓平时穿的衣服，五花八门，各式各样都有。我和指导员王葵二人只有三套衣服，轮流换着穿洗。其他战士大多家境十分贫困，他们平时可以轮换穿洗的衣服更加少。衣服的补充主要也是靠打仗缴获，有时甚至是从敌人的尸体上脱下衣服，洗干净后再穿。这种状况一直延续到 1949 年下半年，整个斗争形势大好之后，我们才领到统一配发的灰色军装和红五星帽子。"[②]我们应该不要忘记黄其炜、郑开钧、陈海这些为革命不仅捐了富裕的家产，而且是年轻的生命！

1947 年 2 月 13 日，校友金耀烈率 2 个中队袭击遂溪江洪之敌乡公所自卫队，缴获步枪 10 余支，击退敌援兵 100 余人，毙敌 7 名。另一个校友周德安则在 2 月也带遂溪东区武工队在黎村伏击押运武器的遂溪县府机械处主任陈剑光，缴获步枪 20 支，子弹 3000 余发。[③]3 月 17

---

① 陈超：《回眸往事》（一），中共党史出版社，2014 年，第 108—109 页。
② 陈超：《回眸往事》（一），中共党史出版社，2014 年，第 144 页。
③ 见南路革命研究所编：《黄轩革命斗争回忆录》，中共党史出版社，2017 年，第 61 页。

日，根据中共南路特委的安排，粤桂边区人民解放军新编第一团（又称新一团）成立——粤桂边区人民解放军是边成立边报批，金耀烈任团长，李晓农任政委。该团战士主要是遂溪、东海等地的人民子弟兵。同年6月由两个营扩编为三个营、九个连，战士上千名。粤桂边区，是当时针对形势的变化，广东省委在广东南路区域的范围内，扩大根据地的策略。其地域包括原广东南路地区的湛江市、遂溪、海康、徐闻、廉江、吴川、化县、梅茂、茂名、电白、信宜、合浦、灵山、防城、钦县，广西的玉林、博白、陆川、北流、容县、兴业、横县、贵县、宾阳、来宾、武宣、永淳、迁江、上林、上思、思乐、明江、宁明、崇善、扶南、绥渌、同正、邕宁县，共38个市、县，横跨粤西和桂东南、桂中南以及桂西南的部分地区。[①]1948年2月，新一团与新二团及廉江、化县、吴川部队的部分合编，组成新的新一团，人数共有800多人，团长金耀烈、政委李晓农、政治部主任程耀连。这支部队后向西挺进十万大山地区，不久奉命进入越南休整，并于1949年春回国，与老一团会师于云南，发展成为滇桂黔边区人民解放军主力部队之一。之后源自广东南路子弟的部队又奉命转战回到家乡。"当时根据中共中央和华南分局的战略部署，按照每个地委组建一个支队原则，研究制定了在全边区组建一个纵队和八个支队的计划，并将组建方案呈报华南分局。华南分局对组建方案进行了审查，然后呈报中央。（1949年）6月27日，中国人民解放军总司令部正式批准成立中国人民解放军粤桂边纵队，并任命了纵队的领导成员"。"粤桂边纵队的成立，是边区人民武装队伍建设走上正规化的重要标志。"[②]至此，粤桂边纵队成为华南游击队6个活跃在南方

---

① 中共湛江市委党史研究室、《粤桂边纵队史》编写组：《粤桂边纵队史》，广东人民出版社，1992年，第1页。

② 陈超：《回眸往事》（一），中共党史出版社，2014年，第258—259页。

各省边界的游击纵队之一：琼崖纵队、粤赣湘边纵队（它的前身是东江纵队）、闽粤赣边纵队、桂滇黔边纵队、粤桂边纵队、粤中纵队。

下面是粤桂边区人民解放军各部队中部分来自雷师学生的名录（1947年3月—1948年4月）：副司令员唐才猷（未到职），第一团政治委员唐才猷，新编第一团金耀烈，新编第二团政治委员陈兆荣，新编第四团政治委员唐多慧，新编第五团宋群，新编第九团团长兼政治委员宋群，新编第九团副政治委员欧汝颖。

1948年5月至1949年2月部队序列中部分雷师学生名录：第一支队政治委员黄其江，按，第一支队下辖有6个团编制；第二支队新编第五团政治委员宋群，第二支队新编第十五团政治委员肖汉辉，第二支队新编第十五团政治处主任周立人（未到职），第三支队新编第一团团长金耀烈。

粤桂边纵队部队序列中部分雷师学生名录：副司令员唐才猷，第一支队军需处长罗培畴，第二支队第六团政治委员周立人，第五支队副政治委员、政治部主任（兼）陈兆荣，第五支队团长兼政治委员全国明。[1]

按，在1946年，按照中共广东区委的指示精神，中共南路特委决定"黄其江、莫志中、邓麟彰、马如杰、沈潜、陈宏柱、莫怀、莫练、杨君群、何琼、陈醒亚、李郁……等在本地较为暴露的干部，到香港转惠阳沙鱼参加东江纵队北撤"山东。[2] 不少来自雷师的学子在解放战争时期，又在另外一个战场为人民的胜利而奋斗。

---

[1] 中共湛江市委党史研究室、《粤桂边纵队史》编写组：《粤桂边纵队史》，广东人民出版社，1992年，第177—206页。

[2] 中共湛江市委党史研究室、《粤桂边纵队史》编写组：《粤桂边纵队史》，广东人民出版社，1992年，第23页。

第六章

余论：红色基因与师范教育

★ ★ ★ ★ ★

2021 年是中国共产党成立一百年周年，全国各地纷纷举行相关活动进行庆典。广东教育厅为展现广东校园绵延悠长的红色文化印记，讲述学校党建好故事，联合了南方都市报开展了"寻百年建党路，探红色校园根"主题宣传活动，引导广大师生通过身边红色资源，开展党史教育。在推荐十所学校里，其中三所是高校，而岭南师范学院则是其中三所高校之一。在岭南师范学院一百多年师范教育的历史长河里，红色资源一直是学校宝贵的资源。早在 1913 年，后来的中共广东党组织创始人之一的谭平山在这里探寻救国救民的真理，播种新思想。当时他在给该学校的毕业生撰写的同学录序言中说道："今凡百君子悉岭南粤峤之英，时彦觥觥，多士济济，昕昳切磋几十载，风雨联床逾五禩，日月不居，徂年如流，学业垂成"，希望大家能继续上进，做到"卢牟六合，陶镕群贤，擘欧美之精华，襮东亚之异彩"。①1922 年 6 月，广东省 32 名党员之一的黄学增在这里接触了新思想，新文化，坚定了革命的信仰；黄学增后来成为广东宝安党组织、广东南路党组织的创立者，是广东省早期著名的农运领袖人物。1930 年 1 月 17 日，中共广东省委发出《"二七"纠集宣传提纲》，号召全省党员纪念革命先烈，继续奋斗。《提纲》写到："在二七纪念中，我们要纪念英勇的先烈！我们永远不忘记施洋同志的反抗精神，我们永远不忘记林祥谦同志临死不屈的态度……我们同时要纪念一切的革命烈士，特别纪念广暴的领袖张太雷同志，省港大罢工的领袖苏兆征同志，海陆丰农民运动领袖彭湃同志，东江工人领袖杨石魂同志和南路农民领袖黄学增同志！我们要号召群众募款来捐助烈士的家属！我们要起来反对国民党军阀的白色恐怖！我们要为革命

---

① 雷州市档案馆，宗卷号 1—1—80。

的先烈报仇！"[①] 在这里，党的文件在农运方面的烈士中，将黄学增与彭湃并列。而大革命时期的党员、农讲所第二届学员、农民运动特派员黄杰在这里如饥似渴地汲取知识和思想营养；黄杰是在雷州中学堂时期的学生。[②] 抗日战争时期黄其江、唐才猷、王文劭、陈其辉、邓麟彰、沈汉英等人在这里出发"寻找党"、探讨党组织的赓续，重建断裂后的党组织。1928年底至1929年初，广东南路党组织遭到国民党与法殖民者的联手破坏，整个广东南路自此之后与上级党组织失联，党的活动亦陷入停顿状态，不少党员脱党。1936年省立第十中学的学生黄其江、唐才猷、陈其辉等人多次、想方设法去寻找党；1937年根据党组织的联系，黄其江、陈其辉等人从雷州师范学校转入广州江村师范学校求学，并于1938年6月期间加入中国共产党。[③] 随后，他们根据党组织的安排回到雷州半岛，并在雷州师范学校发展党员，并在成立的"青抗会"工作队中成立党支部，成员以雷州师范学校学生为主，包括唐才猷、沈汉英、陈兆荣等人。[④] "1939—40年雷师已成立了共产党总支部，有□（邓？）其敏、唐群、陈理祥等人负责。并且在党的领导下，出版了校刊，对学生宣传党的抗日政策，教国际歌和其他进步歌曲。"[⑤] 正是在这些雷师共产党人的领导下，1938年与广州地区"抗先"齐名的"青抗会"在广东南路轰轰烈烈地开展工作，为抗战作出应有的贡献。广东

[①] 中央档案馆、广东省档案馆编：《广东革命历史文件汇集》（一九三〇年·一），内刊，1982年11月，第41页。

[②] 洪元：《海康农民运动先驱——黄杰》，政协海康文史资料研究委员会：《海康文史》1984年第2期（1984年12月），第4页。

[③] 黄其江：《怀念我的未见过面的引路人——王均予同志》，中共广州市委党史研究室编：《王均予》，广东人民出版社，1999年，第207—208页。

[④] 黄其江：《在广州的部分南路革命老同志座谈会上的发言》，中共遂溪县委党史研究室编：《历史回顾——新民主主义时期遂溪革命回忆录》（第一辑），内刊，2003年11月，第50页。

[⑤] "南路人民革命斗争资料"，湛江市档案馆，宗卷号2—A12.2—002。

"南路，遂溪青抗，人数（实力）2000人；妇抗，60人。""妇女识字班、夜校是组织妇女的桥梁，各地初期工作，都以此为动员的第一步骤，因此妇女识字班差不多普遍到各个乡村"。[①] 时人回忆，"遂溪'青抗会'是由两部分人结合起来的，一是青年学生，二是农民，农民占多数，达80%以上。农民是主体，知识分子起了桥梁作用。""'青抗'有两个特点：第一是党的领导；第二是知识分子与农民相结合。重点放在农村，基础好，扎根深。""青抗会"后来成为广东南路重要的党员来源，以及后期"老一团"的领导骨干人物。抗战时期、解放战争时期，广东南路多支武装力量的领导人毕业于雷师，可以讲，在中共领导的华南抗日武装中，是处处活跃着雷师人的身影。如黄其炜是遂溪抗日武装游击大队长，这支队伍是雷州半岛比较早期由共产党人掌握的武装抗日队伍；如唐才猷是广东南路人民解放军第一团政委，后来这支部队征战了二国三省（中国与越南，广东广西与云南），成为粤桂边纵队的主力，是华南游击队六大部分之一（琼崖纵队、粤赣湘边纵队、闽粤赣边纵队、桂滇黔边纵队、粤桂边纵队、粤中纵队）。这支部队里，除了唐才猷外，还有邓麟彰、廖华（第一营营长）、金耀烈、莫怀、唐多慧、朱日成、陈兆荣、周立人……可以讲，自大革命时期一直到1949年，红色因子一直在岭南师范学院的校园里闪耀着，红色资源可谓是岭南师范学院艰辛而奋斗不息历程的见证，也是其宝贵的精神财富。

曾任学校党委书记的兰艳泽指出："我校（岭南师范学院）是一所具有悠久办学历史、丰厚红色底蕴的师范院校，是2021年党史学习教育期间省教育厅开展'寻百年建党路，探红色校园根'主题宣传活动重点推荐的十所学校之一（高校仅3所）。……我们要将校园红色文化与

---

① 中央档案馆、广东省档案馆编：《广东革命历史文件汇集（中共南委广东省委文件）》（1937—1939），内刊，1986年12月，第528、423页。

百年师范精神、新时代社会主义特色大学的建设结合起来，坚持两代师德一起抓、两代师魂一起铸，进一步挖掘整理、研究凝练、宣传推介红色校史资源中的红色基因和时代价值，充分用好红色校史资源，讲好红色校史人物故事，厚植红色基因，赓续红色血脉，凝聚奋进力量，以红色文化资政育人。"[①] 学校党委十分重视用好校史中的党史资源，讲好党史中的校史故事，制定了校史红色人物黄学增学习传承活动方案，提出要通过"学习、研究、宣传、弘扬"四维融合的方式，深入挖掘整理、研究凝练、宣传推介黄学增的红色基因和时代价值，全面推进黄学增的坚定信仰、不怕牺牲精神进教材、进课堂、进头脑。2021 年，时任学校党委书记刘明贵认为："高校肩负着立德树人的根本任务，要充分利用好黄学增等红色校史资源，讲好红色校史人物故事，以红色校史文化资政育人。"[②] 学校领导层认为在校友黄学增的身上，充分体现了共产党人坚定不移的理想信念和勇往直前的革命斗志、密切联系群众的工作作风和脚踏实地的实干精神、艰苦奋斗的拼搏精神和百折不挠的革命精神，因而广大师生要传承好黄学增烈士的革命精神，通过学党史、悟思想、办实事、开新局，推动学校办学事业高质量发展。正是基于此认识，学校加大力度挖掘校史红色文化，以科研促进传承，以正史启智。学校成立了谭平山研究所、黄学增暨岭南革命史研究所等科研平台作为校史红色文化研究的基地，扩展科研队伍，加大校史红色文化科研基金，切实做好校史红色文化进行挖掘、整理的工作。经过努力，目前已出版有关红色校史人物黄学增相关内容的专著四部，有关谭平山、黄学增研究

[①] 兰艳泽：《学习贯彻党的二十大精神 用好红色资源铸魂育人 ——在岭南师范学院党委办公室支部与马克思主义学院第二支部联合党日活动上的讲话》（2022 年 11 月 24 日）。

[②] https://static.nfapp.southcn.com/content/202105/24/c5306850.html?colID=3829&appversion=7600&firstColID=3829&date=bnVsbA==&layer=5&from=weChatMessage。

论文数十篇，举办了一场以广东南路革命为主题的学术研讨会："红色广东，薪火相传"，申报多项省市级科研课题。以翔实的史实材料进行研究的科研成果，立即获得社会的高度认可，极大地促进了社会与学校进行校地合作的内容，有效地促进校史红色文化的传播，扩展学校的声誉。2021年，湛江市纪委系统举行纪委监委宣传活动微视频比赛，湛江纪委驻湛江教育局工作组联系学校，提出协助拍摄《谭平山》微视频，让学校派人把握史实。正是在学校相关科研老师的协助下，拍摄出来的微视频得到社会的认可。2020年，在获知学校拥有研究黄学增学者后，中共深圳市宝安党校前来寻找专家，要求协助宝安地区（即现深圳地区）党组织的创始人、宝安第一任党支部书记黄学增的专题片。正是在学校黄学增研究团队的协助下，45分钟的专题片《黄学增》于2021年5月完成。学校该研究团队还协助深圳市宝安区西乡街道办拍摄专题片《黄学增与省港大罢工》、协助某文化传媒公司排演以黄学增为故事主角的音乐剧《星火》、协助中共深圳市委党史研究室举办一场"黄学增与中国大革命"的学术研讨会；等等。其中《黄学增与省港大罢工》荣获深圳市2021年党员教育电视片评选展播活动一等奖。音乐剧《星火》是商业举措，虽由于疫情的因素无法大规模在社会公演，但也获得了《人民日报》媒体平台、《光明日报》媒体平台等颇有影响的国家级媒体平台关注，红色校史人物从之前默默无闻的革命烈士成为社会广为人知的人物。正是在此股党史热潮之下，一些地方、部门也相继排演出以黄学增作为主角人物的舞台剧、粤剧：《游走的红纸伞》《四块银元》。这些多途径、多形式的宣传黄学增革命事迹的开发，都是在学校研究成果之上进行的。虽然早在1960年2月周恩来总理视察湛江时，即提及黄学增，①但黄学增作为广东南路第一名中国共产党人，广东南路党组织的领导人，广东西江地区、琼崖地区武装斗争的主要领导人等，一直没有很好得到宣传。切实的研究，促进了学校红色校史人物得到多途径的开发、传播与宣传，学校红色文化得到很好的宣传。在红色校史传承途径方面，岭南师范学院还依据有限的经费，专门设立红色校史专项科研课题，加大红色校史内容的挖掘工作，并完成了情景剧《南路先驱》的排演，向广大师生讲述校史人物黄学增在广东南路开展革命活动的事迹，提升了师生们对学校的认同感。2021 年 5 月，学校宣传部在学校党委的支持下，决定启动一部历史情景剧《南路先驱》的创作，并决定这部情景剧全部由学校师生共同完成，不借助社会专业力量，以便提升师生对学校的认同：编剧、导演、剧中音乐是音乐与舞蹈学院教师来完成，情景剧舞台布展由美术与设计学院教师来处理，历史顾问由历史系教师担任，演员在全校学生中挑选……经过师生热情、紧张、努力的筹备之下，2021 年 12 月情景剧在全校公演，获得学校师生更高的评价。学术研讨会、专题片、音乐剧、情景剧、小视频、布展等多形式的宣传开发，极大地丰富了岭南师范学院校史红色人物的革命事迹的传播，丰厚了岭南师范学院红色文化的底蕴与内涵，扩展了岭南师范学院的名誉。

习近平同志指出："红色资源是我们党艰辛而辉煌奋斗历程的见证，是最宝贵的精神财富，一定要用心用情用力保护好、管理好、运用好。一是要加强科学保护。红色资源是不可再生、不可替代的珍贵资源，保护是首要任务。要本着对历史负责、对人民负责的态度，深入开展红色

---

① 《周总理关怀湛江人民 湛江人民崇敬周总理》，《湛江报》1977 年 1 月 8 日，第三版。在这一次视察湛江中，他对当时湛江的主要负责人同志询问道："有个黄学增，农讲所的学员，是雷州人，在海南岛被特务告密，牺牲了。你们认识吗？他家里还有什么人？生活过得怎么样？你们要去看一看。"

资源专项调查"。目前岭南师范学院已走在挖掘红色校史的道路上，学校在加强对红色校史资源的挖掘整理、研究凝练、宣传推介，推进红色校史基因融入立德树人全过程和办学治校各方面，积极构建"大思政"育人体系，全力提升岭师文化软实力等方面取得了一定的成绩。"师范教育是岭南师院的根和魂，培养输送优质师资，服务地方基础教育高质量发展，助力教育强国建设，师范院校责无旁贷、使命光荣。"① 在学校看来，岭南师范学院在其百余年师范教育历程中，理应坚守师范教育初心，以红色校史内容，厚植红色基因，着力培养心怀家国、扎根基层、甘于奉献的优质师范人才，在建设特色鲜明的高水平师范大学的道路上奋力前行。

2021年4月，岭南师范学院在"青马工程"的基础上成立了"培根"宣讲团，它的目的是通过党史等内容的宣讲，以达到培根铸魂的目的。至2022年6月，"培根"宣讲团100名大学生宣讲员深入师生、走出校门，围绕党史学习教育目标要求，通过"线上＋线下"累计开展党史、校史、地方史等红色主题宣讲高达202场，覆盖人数超20000人次。为了更好地达到宣讲效果，扩大宣讲影响，"培根"宣讲团还积极对接团广东省委的"青年云支教"项目，深入乡村中小学校开展"党史教育进百校"，帮助广东乡村青少年健康成长。"培根"宣讲团宣讲的内容包括校史红色人物谭平山、黄学增等人革命事迹，践行了为人民谋幸福、为民族谋复兴的初心和使命。诚如学校团委书记所言："黄学增是岭南师范学院校史人物，他短暂却又波澜壮阔的一生闪耀着对党忠诚的纯洁党性和舍生取义的坚毅品格，早已成为岭师人精神谱系的重要组

---

① https://static.nfapp.southcn.com/content/202105/24/c5306850.html?colID=3829&appversion=7600&firstColID=3829&date=bnVsbA==&layer=5&from=weChatMessage。

成部分。"①"培根"宣讲团的努力，也得到回报，其相关实践项目被团广东省委评为"优秀项目策划奖"，获"一类资助项目"。

岭南师范学院校园有一钟楼，是 2014 年学校纪念百年师范教育时建造的，它位于学校爱国主义教育基地——谭平山纪念园内。为了更好地学习党史，用好红色校史资源，学校组织了一个"灯塔学习会"，约定一个时间，学习会的师生汇聚钟楼下面进行红色文化学习。如其中一期灯塔学习会，130 多名师生汇集在钟楼下面，面对着一幅幅由岭师学生亲手创作的红色画作，以"微朗诵 + 微分享 + 微宣讲 + 微表演 + 微艺展"的形式进行学习，新颖丰富的活动形式让学生在自述、群演、同唱、共品中，红色校史内容不知不觉地融入学生的认知中。

"青年云支教"计划作为团广东省委倡导的"两帮两促"行动的一个重要抓手，重点是为乡村中小学生提供公益性的线上支教和心理辅导服务。2021 年 7 月至 8 月是团广东省委部署的"两帮两促"集中行动月，也是暑期"三下乡"社会实践活动的集中开展期。岭南师范学院志愿者热情高涨，6800 多名大学生组建 295 支"三下乡"实践队伍，有超过 600 名新生力量加入到"青年云支教"中，志愿者们努力用活红色资源，讲好"青言童语"，共开展线上宣讲 378 场次、线下宣讲 267 场次，牵手乡村青少年一起学党史、强信念、跟党走。其中部分讲述内容就是黄学增等红色校史人物的故事。由于黄学增就是本地区的人物，身边的人物，新的历史故事，收到良好的教育效果。

2022 年，岭南师范学院提出了一个"一轴双融三全四化五维"特色党建工作体系，以之作为"新师范"教育的指引。这个体系具体指以"立德树人"为"轴"心，突出师范育人特色，坚持两代师德一起抓、两代师魂一起筑，激励广大教师成为"经师"与"人师"相统一的"大

---

① https://mp.weixin.qq.com/s/25KnM3Mp7kKAReZYFaD1Yw。

先生"，引导青年学生成为堪当民族复兴大任的时代新人；同时要求党建与业务融合发展，培育 10 个校内"双带头人"教师党支部书记工作室，推动党建工作与业务深度融合；构建"全员、全程、全方位"党建育人模式，发挥专业课党员教师、辅导员等育人主体的引领作用，探索课程思政、红色文化、组织育人新模式。"四化"则是指"规范化、网格化、信息化、示范化"，要求学校按此标准建设，提升党建引领基层治理效能，以规范化建设为基础，以网格化建设为抓手，以信息化建设为平台，以党建"双创"立项建设党组织为示范引领，进一步提升党建引领基层治理效能。通过"五维"标准打造基层党组织党建工作特色品牌，以"双创"培育为路径、育人成效为根本、对标争先为引擎、创新研究为支撑、党建引领为落脚点作为检验基层党建工作质量的五个维度，首批培育了30 个可复制可推广的基层党建工作经验与特色成果，提升党建引领基层治理效能。

校史红色文化在这其中自然成为课堂思政、党建工作与业务等方面的主要抓手，校史红色文化成为岭南师范学院不可多得的资源。如 2021年广东省教育厅在开展"寻百年建党路，探红色校园根"主题宣传活动中，岭南师范学院成为广东三大推荐高校之一（另二所是暨南大学、华南师范大学）。由于各项工作到位，学校党委获省"党建工作示范高校"，4个党支部获全国"党建工作样板支部"。目前学校以省高校"三全育人"体制机制试点单位建设为契机，构建思想政治工作体系，汇聚强大育人合力。"研究怎样用好本土、本校红色资源，用最有说服力和最有现场感、代入感、体验感的身边人、身边事教育广大师生，传承红色基因，赓续红色血脉。"① 推进红色校史基因传承，构筑红色精神谱系。

---

① 兰艳泽：《学习贯彻党的二十大精神 用好红色资源铸魂育人 ——在岭南师范学院党委办公室支部与马克思主义学院第二支部联合党日活动上的讲话》（2022 年 11 月 24 日）。

附录一：

部分参与革命的校史红色人物名录及简介

1. 谭平山，广东高明人，1913年至1916年在雷州中学校从事教育工作。1920年与陈独秀等人一齐创建广州共产党小组，是中共广东党组织的创建者之一。1949年中华人民共和国成立后，担任政务院人民监察委员会主任。

2. 黄学增，1900年出生，广东遂溪人，曾入学雷州中学校，1922年前后加入中国共产党。曾与毛泽东、周恩来、刘少奇、彭湃、陈延年、谭平山、阮啸仙、廖仲恺等人共事过，是大革命时期著名的农民运动领袖。中共广东南路（现北部湾等地）和宝安地区（现深圳地区）等地党组织创始人，广东西江、琼崖等地区武装斗争的组织者、领导人；先后担任过中共南路地委书记、中共西江特委书记、中共琼崖特委书记、广东省委巡视员、中共广东省省委委员、中共广东省委候补常委等职务。1929年7月，因叛徒出卖，在海口被捕，不久英勇就义，牺牲时年仅29岁。

3. 黄杰，广东海康人，出身富裕家庭，曾入读雷阳中学校，是广州农讲所第二届学员，毕业后回雷州半岛从事农运工作，是雷州地区农民运动主要开创者。土地革命时期被国民党政府杀害。

4. 罗应荣，具体情况不详。1926年前后担任校长之职，同时兼雷州《民国日报》社长之职。1927年"四一二"政变后，遭受国民党的通缉。

5. 胡云翼，湖南桂东人，著名的词学家，著有《宋词研究》《宋诗研究》

《唐诗研究》《新著中国文学史》等。1927年毕业于武昌师范学院，随后来到广东省立第十中学担任国文教师；1929年离开省十中，不久投身于抗日救亡活动及文学创作。

6. 郑为之，广东遂溪人，1928年前后在广东省立第十中学就读，后因参加革命活动，被学校开除。随后前往上海求学，并在1931年加入中国共产党。1938年前往延安，进入"抗大"（中国人民抗日军政大学）。先后担任东北抗日联军旅政治副主任、东北民主联军师政治部主任、第四野战军师副政委、驻巴基斯坦大使馆参赞、驻丹麦大使、驻瑞士大使、外交部美澳司司长、驻阿根廷、驻委内瑞拉大使，驻比利时大使兼驻卢森堡大使、外交部国际问题研究所所长等职务。

7. 郑星燕，原名郑仲瑞，延安时用名郑汶，1914年农历九月出生，广东遂溪平石村人，与郑为之是同乡兼宗亲关系，以郑仲瑞一名于1928年前后在广东省立第十中学求学，毕业后前往上海考入中法国立工学院，后转学中国公学。1931年加入共青团，在上海从事抗日救亡活动。1933年因病返家乡治疗休养；1935年病好转后到东海岛觉民小学担任校长。不久前往上海，插班入上海法学院学习，并开展抗日救亡工作。1938年秋通过八路军广州办事处介绍前往延安，并入读抗日军政大学，并解决入党问题。后考入中央马列学院学习，并担任该院研究室研究员。1942年春以"中央系统机关学习委员会委员"身份出席了延安文艺座谈会，参与领导延安文艺界抗敌协会的整风运动。后来先后担任过中共河北省遵化县区委书记，中共昌黎县（市）委副书记、书记，中共唐山地委秘书长、宣传部部长，粤北区党委副书记，粤中区党委副书记兼秘书长，中共佛山地委第1书记兼佛山军分区第1政委，中共广东省委委员，中共广州市委书记，中共广东省委党校校长，党委书记等职务。离休后，曾整理《革命斗争回忆录》，惜只写到延安时期，便于1998年5月辞世，书稿以《赤帜征程》之名内刊发行。

8. 陈以大，广东湛江人，大约在 1928 年前后入读省立第十中学。1938 年加入中国共产党，是抗战时期中共广州湾支部委员之一，长期从事统战方面工作。是解放战争年代高州党组织的主要领导者。

9. 李进阶，广东遂溪洋青人，1934 年入读广东省立第十中学，后在 1935 年转学到广州省立一中，并在广州参加革命工作。曾任中共恩平县委候补委员、珠江纵队中山游击大队政训室副主任、广东中区解放军团政委、中央工委土改工作团队长等职务，为中国人民的解放事业做出了重大贡献。1949 年中华人民共和国成立后，曾任广东南路专署专员、华南农垦总局副局长、省委农村部部长、省纪委副书记、省顾委常委等职务。

10. 黄其江，广东遂溪平衡村人，1933 年前后在省立第十中学入读，后根据党组织的意见前往广州江村师范学校学习，并于 1938 年在江村师范参加中国共产党。随后奉命回到雷州半岛发展党员，恢复党组织。在抗日时期，曾任中共遂溪中心支部书记、中共遂溪县委书记、中共合浦中心县委书记、南路人民抗日解放军第一支队政治处主任等职务；解放战争时期，曾任中共粤桂边区常委兼组织部长；1949 年中华人民共和国成立后，任省委工业部副部长、省高教局副局长等职务。

11. 唐才猷，1917 年 12 月出生，广东遂溪吴村人，1933 年曾在广东省立第十中学，并在读书期间，与黄其江、邓麟彰等同学一齐前往香港等地寻找中国共产党。后又在雷州师范学校求学，在学校读书时间是比较长的。1938 年加入中国共产党。1944 年，担任雷州人民抗日游击队大队长等职务；1945 年后曾任南路人民抗日解放军第一支队队长、第一团（后称老一团）政委等职务。1946 年 3 月，经中央批准，越南共产党中央同意，唐才猷与团长黄景文率老一团秘密进入越南进行整训，并按越南的安排到达越南海宁省。在越南期间，唐才猷负责在高平省举办干部训练班，并应胡志明要求组织编写《军事训练大纲》送越南最高指挥部。1948年10月，从越南归国后的唐才猷出任滇东南指挥部书记，指挥滇东南南盘江西部作战，为滇东南的解放作出贡献。1949年6月，奉中共华南分局之命，离开云南，返广东任粤桂边纵队副司令员，为解放粤桂边区而努力。1950年奉命组建钦廉军分区，并出任军分区副司令员。1955年2月，入（南京）军事学院学习。同年9月中华人民共和国第一次授衔仪式举行，唐才猷被授予上校军衔，后在1960年被授大校军衔；1957年6月获中华人民共和国二级独立自由勋章和中华人民共和国二级解放勋章。1966年任中国人民解放军高等军事学院四系教研室副主任；1970年6月任湖南省军区副司令员；1979年任湖南省军区正军级顾问；1983年离休，2019年于广州逝世，享年102岁。

12. 莫怀（1916—1980），又名莫卫、莫琪，字炽泰，廉江县河堤区夏插村人。1937年秋，考进雷州师范学校。1938年底，莫怀到遂溪参加"青年抗敌同志会"工作。1939年2月，加入中国共产党。当年12月后，历任中共廉江县委宣传部长、组织部长、县委副书记。1942年6月，莫怀任中共廉江县特派员，在廉江等地建立武工大队开展游击战争。1945年，莫怀任南路人民抗日解放军第一支队第二大队副大队长。当年3月，莫怀率部深入廉江东南地区开展斗争，建立新塘抗日联防区。5月，在新塘组建南路人民抗日解放军第三团，莫怀任团长，很快成为南路抗日武装的主力。1946年4月，莫怀奉命随同东江纵队北撤山东，任北撤部队干部连连长。当年10月，莫怀进华东军政大学学习。结业后，先后担任两广纵队新兵团副团长、后梯队参谋长等职。1949年2月，莫怀被调回广东工作，任中国人民解放军粤中纵队参谋处长。中华人民共和国成立后，曾先后担任中共粤中地委委员兼财委副主任、粤西行署工商处处长、粤西行署秘书长、粤西行署第二副主任、中共粤西区委常委、中共湛江地委副书记、粤西行政公署专员、中共湛江地委第一书记、广东省侨务办副主任、中共华侨农场管理局党组书记兼局长、中共广东省侨务办党组副书记等职。1980 年 4 月 14 日因心脏病在广州逝世，终年 64 岁。

13. 王文劭，字兆民，号蛋，曾化名王树槐、王国柱，1916 年出生于海康县雷城。1933 年入读省立十中；初中毕业后，继续在雷师高师班求学。在校期间，与同学组织读书会、开办书店等。1938 年 8 月加入中国共产党。1939 年回到雷师发展党员，并协助组建雷师学生党支部，此是当时广东南路早期建立的党支部。1940 年后，在遂溪禄赊村、海康草白村等地，与曾锡驹创办模范小学，王文劭任校长，曾锡驹任教导主任。教学之余，发展党员，并在当地组建抗日游击小队，抗击敌人。抗战胜利后，由于身份暴露，于 1946 年奉命撤到越南。1947 年 5 月，雷州党组织曾以王文劭与肖汉辉为海康县人民政府正副县长之名义发布文告，扩大影响。1950 年 3 月回国，在海康当地工作段时间后，曾到中央政治学院学习。结业后，返家乡工作，曾任海康县民政科长、劳动科长等职。1974 年病逝，时年 58 岁。

14. 陈其辉，出生于赤坎麻章湾村，先入读遂溪中学，与殷英同班，同学中还有陈兆荣、支仁山等人。1934 年秋与遂溪几位同学考上省立第十中学高中班——一年后，学校改名雷州师范学校。在校期间，与王文劭等人办起书店，销售来自上海等地的进步书刊。曾任雷师学生会主席。其时，黄其江、邓麟彰、唐才猷等人外出"找党"时，表示赞同，因考虑学生会主席的身份影响大，没有前往。离开雷师后，曾到东海岛觉民小学教书。1937 年与黄其江一齐入读广州江村师范，并于 1938 年 6 月于江村师范加入中国共产党。同年 7 月返家乡湛江发展党组织。在家乡，参与发起遂溪青年抗敌同志会，并任青抗会总干事，负责青抗会日常运作。1940 年，根据上级党组织的安排，前往茂名，担任中共电白特别支部书记，领导当地地下斗争。1941 年任信宜特派员，但不久由于身体原因返回家乡养病。病中虽一直要求返游击区工作，但上级党组织不同意。病愈后一度与党组织失联，后于1948年冒险用失联前与党组织约定的方式联系上党组织。1949年12月以后，任政府政务科负责人。后曾担任湛江市委宣传部副部长、部长等。

15. 肖汉辉（1918—1998），1935年9月至1941年7月，在省立雷州师范学校读书。1939年6月加入中国共产党，后任雷师党支部宣传委员。1941年至1943年1月先后在冬松岛、东洋乡、下河镇三个中心小学以教师身份开展革命工作，传播革命思想，发展党员。（第59页）他是欧汝颖革命思想的启蒙及入党培养人。1943年6月任中共海康三区区工委委员。1944年10月，任雷州人民抗日游击队第一大队第三中队指导员。1945年5月，任南路人民抗日解放军第一团三营八连指导员。同年9月，随老一团西征，挺进十万大山，参加援越抗法斗争，任入越部队司令部党支部书记。1947年12月，从越南返回，任中共海康县委副书记。1948年9月后，任中共海康县委书记、海康县县长，粤桂边区人民解放军第二支队十五团政委（兼）。新中国成立后，曾任中共海康县委书记、海康县县长、海康支前司令部司令，化州县四区、二区区委书记，粤西花纱布公司经理，广州珠江轮船公司经理，广西交通厅航运管理局副局长、局长，广西海上安全指挥部办公室主任，湛江地区侨务办公室主任等职。为海康县解放后第一任县长。1983年12月离休，享受副厅级待遇。1998年2月病逝，享年80岁。

16. 陈兆荣，遂溪人，花名"胡须陈"，1934年前后入读省十中。1938年加入中国共产党。1942年任中共徐闻特支书记；1944年参加"老马起义"。曾任遂南抗日游击大队政委，粤桂边区人民解放军新编第2团政委、粤桂边区纵队第5支队副政委兼政治部主任、高雷地委副书记等职。新中国成立后，曾任中共电白县委书记、国家水电部电力科学研究院党委副书记等。

17. 沈汉英，又名沈建华，1916 年出生，湛江市郊东海岛南池村人，1934 年前后在省十中求学，与唐才猷同班，1938 年在广州江村师范学校加入中国共产党，是抗战时期遂溪青抗会领导人之一，曾任中共梅箓特别支部委员、中共遂溪县西区区委书记、中区区委书记、东中片特派员、海康县特派员、中共遂溪中心县委书记、粤桂边区人民解放军第一军（雷州）分区司令员等职务。1949 年，以中共粤桂边区前委书记之职，统一指挥粤桂边纵第三、四、六支队，打通高雷至六万山、十万山地区的走廊，歼灭国民党武装力量千余人，解放了十多个圩镇。中华人民共和国成立后，曾任中共高雷地委委员、中共合浦县委书记、第一机械工业部处长、湛江港务局党委书记、广东省航管局书记等职。

18. 邓麟彰（1913—1965），曾化名李敏、李明华。湛江市郊东海岛邓屋村人。1932 年考上广东省立第十中学。后由初中进入师范班读书。1937 年，因反对学校教官的反动说教，被迫离校。民国二十七年（1938）初，麟彰出任遂溪县青抗会干事。同年 8 月，加入中国共产党。1939 年，邓麟彰先后任中共遂溪县党总支组织委员、遂溪县工作委员会组织部长、遂溪中心县委副书记等，曾组织有名的黄略反汪伪政权大会。1940 年 5 月，中共南路特委将遂溪中心县委改为遂溪县委，邓麟彰就任遂溪县委书记。1941 年，麟彰被任命为中共茂名县委书记。1943 年 11 月，中共南路特委又把茂名党的领导机构调整为中心县委，兼管信宜、电白、化州等县的工作，邓麟彰也随之被改任为这个中心县委的组织部部长。后他还历任南路人民解放军政治部组织科长、第二支队政治处主任、雷州北区指挥所军政委员兼组织科长等职。1946 年 6 月，邓麟彰等人参加东江纵队北撤山东烟台，接着被选送到华东党校学习及中央马列主义学院学习。1951 年 11 月，邓麟彰先后担任中共海南区委宣传部副部长兼新海南报社社长、中共海南区委副秘书长和办公室主任。1958 年 5 月，出任广州中医学院筹委会党组第一书记。1959 年

9月任广州中医学院党委书记兼第一副院长。1965年11月29日因病在广州逝世，终年52岁。

19. 黄其炜（1920—1944），广东遂溪平衡村人，出生于富裕地主家庭。1935年入读雷州师范学校初级班，1938年升入高中师范班（高师班），1939年加入中国共产党，1941年担任雷师党支部书记（第二届），曾任卜巢山抗日武装中队队长。由于家庭比较富裕，黄其炜多次说服母亲瞒着父亲从家里拿钱粮来维持中队。后在中队遭敌封锁、经费最困难时，做通父母的思想，将家里部分田产卖掉，资助部队抗战。且还动员弟弟黄其坚参加卜巢山中队。1944年2月2日，卜巢山中队在开往白水塘寻找武器途中，与日军遭遇而发生激战。在这次战斗中，黄其炜等14人不幸牺牲，黄其炜牺牲时，年仅24岁。

20. 洪荣（1916—1945），遂溪县南夏村（今属麻章区太平镇）人。曾任雷州人民抗日游击队第二大队长，南路人民抗日解放军第一支队第二大队长等职。洪荣少时在县立第四小学读书，毕业后考入雷州师范学校，开始投身爱国救亡运动。1938年曾去广州参加军事训练班，结束后即到遂溪县城月区平衡村小学任教师。1938年秋他参加遂溪县青抗会，与吴定瀛、黄其炜等人在太平圩建立通讯站。1939年加入中国共产党（介绍人唐才猷），在洋青圩竹山村搞宣传抗日工作。后参加由张炎领导的学生队。1943年2月，洪荣受中共遂溪县党组织委派到卜巢山建立抗日武装，至七八月间调离卜巢山到深泥塘、老马、山家一带活动。1944年8月参加老马起义，任遂溪县抗日联防大队第一中队长，后任雷州人民抗日游击队第二大队大队长。1945年2月部队整编后，任南路人民抗日解放军第二支队第一大队长，奉命西进广西白石水地区，队伍到灵山县谷埠圩时被敌人追击，洪荣同志带领队伍横渡武利江时，身负军需银元过重，被急流卷走而光荣牺牲，年仅29岁。

21. 方茂盛，字童升，别号长脚方，1921年7月出生，海康松竹塘仔村人，家庭贫穷，耕农为生。1938年入读雷州师范学校，1939年加入中国共产党。1940年奉命撤离雷师，并经校友莫志中介绍，到沈塘小学一面教书，一面开展革命活动。1942年返回家乡塘仔村组织起兄弟会；随后在兄弟会的基础上，于1943年4月成立起一支由我党直接领导下的抗日武装队伍——塘仔联防自卫队，人数约30多人，方茂盛任队长。这支队伍在海康干塘圩、扶桥、王排村一带开展敌后斗争，并获得壮大。1945年春，这支队伍整编为南路人民解放军第九独立大队，方茂盛任大队长（李晓农任政委），当时队伍人数约有一百二十多人。这支队伍在海康松竹、扶桥、龙马、杨家一带形成强大的影响力，为海康扶桥抗日联防区的成立奠定了武装保护的基础，联防区政府也是海康公开成立的第一个红色政权。第九独立大队后来也参与老一团的西征，为了祖国的解放、民族的独立而战斗。而在1945年8月，方茂盛因战斗频繁，日夜奔波劳累，积劳成疾，不幸病逝，年仅24岁。

22. 周立人，原名周如砥，花名"鬼周"，遂溪官田村人，1919年9月出生于一个贫农家庭。1939年3月，以入学考试成绩第二名资格入读雷州师范学校。1940年10月，经黄其炜介绍，加入中国共产党。1942年奉命前往遂溪南区的迈豪村小学教书，同时开展革命活动，期间参加遂溪党组织开办的党训班学习。1943年参与组建雷州半岛第一支由中国共产党直接领导的抗日武装队伍——卜巢山抗日中队，并负责中队的后勤供应、交通情报和发动青年参军等工作。卜巢山中队由于敌人的围剿撤退时，周立人奉命潜伏，在遂溪官田、调丰、后塘仔等村庄组建游击小组和发展党员。不久，周立人又前往海康负责相关区域的党组织工作，协助方茂盛等筹建联防区。抗战胜利后，继续留在海康工作，担任海康西区党的负责人；期间参与争取和改编日伪军"两符"（符永茂、符春茂）武装1000多人的部队。1947年8月，担任海康西区工委书记。1949年1月，任粤桂边区人民解放军第二支队第十五团政治处主任；

后十五团奉命改称为中国人民解放军粤桂边纵队第二支队第六团，周立人任政委，团长为黄鼎如。解放后，曾担任海康县委常委、组织部长、中共吴川县委书记处书记、中共灵山县委书记处书记、湛江医学院党委副书记、中共湛江地委组织部副部长等职。1983年12月离休，享受副厅级待遇。

23. 曾锡驹，字冠恒，别号路伯，1915年出生，海康沈塘茂莲村人（沈塘在民国归属遂溪管辖）。1933年入读广东省立第十中学初中第十五班；初中毕业后，继续在雷师入读中师。在校期间，为雷师学生自治会出版部负责人，主编《雷师期刊》。1939年加入中国共产党，曾任遂溪县党总支组织委员、遂南区党支部书记等职，遂南区是抗战时期较早建立党组织的区域。曾锡驹为遂南区早期革命领导人。1943年初，曾锡驹受党组织委派，打进高州《民国日报》社，以副刊编辑为掩护，进行对敌斗争。抗战胜利后，参与创办《雷州半岛导报》及半岛公学（任校长）等文化宣传、培训工作。半岛公学曾培训干部一百多人。解放后，曾锡驹曾任湛江市文教局人事科长、副局长等职务。1980年病逝。

24. 莫志中，海康平余村人，遂南区抗日大队长。解放后，广东省财贸学校副书记。

25. 黄轩（1917—2008），原名黄永德，又名黄道修，曾用名黄辉，广东省湛江市东海岛东山镇东参村人。是海康地下革命领导之一，曾任海康县委委员、海康南区区委书记等职。黄轩1937年下半年至1938年，在本村学校自学和组织"抗日救国读书会"，1938年11月在广州湾赤坎（现在的湛江赤坎）找到共产党，接受沈汉英指示回到东海岛组织进步青年到遂溪参加"青年会"和露营。1939年4月黄明德作为介绍人加入中国共产党。1939年到1942年参加共产党领导的遂溪青抗会，下乡政治工作队，在遂溪山家村办夜校，发动、组织、武装群众抗日救亡运动，后在遂溪百吉、苏二、楠敢和海康麻含桥东等村办学，搞地下党、组织武装群众抗日工作。1942 年接受中共遂溪县委负责人支仁山同志的指示，化名黄辉考进省立雷州师范学校读书，搞爱国抗日救亡学生运动。在 1944 年到海康县领导地下党，发动组织武装群众抗日工作，配合我党在雷州地区的抗日游击第一大队（大队长支仁山，政委唐多惠）开展抗日斗争。解放战争革命低潮时，坚持领导海康地下党和武装斗争工作。1947 年 7 月至 1952 年 6 月，曾任中共海康县委委员、南区区委书记，东海特别区中共东海区委书记，中共海康县委常委，县委组织部长，兼县委纪委书记。1952 年 6 月至 1958 年 10 月任中共廉江县委常委、兼县农垦所副所长。中共廉江县委副书记，县委第二书记，兼国营农垦黎明中心农场党委书记和场长。华南农垦总局干部学校副校长。1958 年 10 月至 1979 年 3 月，任广东省农科院办公室副主任，蚕业系副主任，省农科院党组成员。广东省土肥研究所革委主任。省农科院蚕业研究所所长等职。还曾任中国蚕桑学会理事，广东省蚕桑学会副理事长。离休后享受厅级待遇。

26. 金耀烈，1920 年生，曾化名金克平、芽锋，遂溪县乐民镇芋园头村人。曾任雷州人民抗日大队大队长，解放军粤桂边区纵队新编一团团长等职。金耀烈是 1940 年秋入读雷州师范学校高师班，同学有朱日成（简师班）、黄色伍（简师班）、黄位尊（简师班）、黄全栋（简师班，黄学增的堂侄）、黄雪霞（高师班）等人。在校读书期间（1940年）加入中国共产党。1943 年被组织派回乐民、河头一带开展抗日活动，并利用国民党名义建立一支抗日联防队，任遂海边联防大队政工队队长。1945 年 5 月率领部队起义，编入雷州人民抗日游击队任第 3 大队中队长。南路人民抗日解放军第 1 团第 1 营营长，西征路上在廉江负伤留下。1946 年 9 月，任遂溪县军事小组指挥。1947 年 3 月，任粤桂边区人民解放军新 1 团团长。1948 年春率部队西征，进驻广西十万大山，转战桂滇黔边区。1949 年 3 月，率新 1 团入云南，与老 1 团合编，改任中国人民解放军桂滇黔边纵队第 1 团团长，后任滇南支队司令员。新中国成立后，任云南军区曲靖军分区副司令员兼参谋长。后赴南京军事学院学习，毕业后曾在广东省军区韶关、肇庆军分区任副司令员。荣获三级独立自由勋章，二级解放勋章。后转入地方工作，任韶关大宝山矿指挥部副指挥长，后调广东省劳动局任副局长。1986 年在广州病故。

27. 沈潜，东海岛人，遂南区特派员，县武装部政委。其父曾任法殖民东海公局局长，开明人士。

28. 黄雪霞（1924—2009）女，原名黄夏，遂溪县河头镇人，中共党员。1931 年至 1940 年 9 月，黄夏在湛江法华小学、益智中学读书。1940 年秋，在省立雷州师范学校读高师班，同年 11 月加入中国共产党，多次组织和参加主演抗日救国宣传话剧《放下你的鞭子》等活动，反响热烈，激发了当地民众的抗日救国热情。由于积极参加抗日救亡宣传活动，被国民党反动校长勒令退学。1941 年 7 月，黄雪霞受党组织委派到遂西南区下六村小学，以教师身份做掩护开展革命活动。通过扩办小学、开办夜校及开展深入细致的妇女工作，宣传发动群众起来抗日，组织游击小组、兄弟会、姐妹会、儿童团等革命组织，开展武装斗争，发展了一批共产党员，成立了当地农村第一个党支部并任党支部书记。以下六村党支部为核心，建立若干游击据点和交通联络站，使该地区成为当时南路武装斗争南来北往水路交通的安全畅通之道。下六村成为革命据点，进而发展到沙口村等地。红红火火的革命活动在当地影响很大，引起遂溪国民党反动当局的注意，决意要逮捕并杀害她，派特务到家中威逼其父母交人，还悬赏 400 万关金币（当时的货币）缉捕黄雪霞。党组织为保护她，宣称黄雪霞已牺牲，将其改名为黄夏，将她转移到别的地区工作。1945 年春，上级党委派黄夏到遂溪南区做妇女工作，她在吴村时时常住徐莲英（健德大宅）家，与徐莲英嫂子黄明互认姐妹，还到唐华珍、唐汝注家，与这些妇女同吃同住，发展妇女党员，开展抗日工作，建立了吴村第一个女党员党小组，黄夏兼党小组长。1946年夏，黄夏根据上级指示撤退到越南河内，下半年黄夏在越南中共南路老一团部队机关工作，参与了南路部队在越南高平组织干部训练的政治学习和电台报务技术学习。1947年7月后，先后在粤桂边人民解放军第一团、桂滇边部队、滇桂黔边纵队任团政工队指导员、电台训练班教导员、主任。1950年，云南解放后，先后在云南省盐务局、省财经学校、省工业厅、省交通厅工作。1960年4月后，历任云南省机械学院党总支书记，昆明工学院党总支书记，党委办公室主任、组织部长。1970年，云南省通海，峨山等四县发生大地震，死伤惨重。当时昆明工学院的教职工在该地区学习，黄夏积极与军队联系，组织军车将工学院百余名受伤的教职员工及时送到昆明救治，挽救了不少人的生命。1972年8月后，黄夏在云南省物资局革委会政工组工作。1980年3月至1984年11月，调任广东华南农学院任学院党总支书记，1984年12月离休。离休后仍关心青年学生的健康成长，多次应邀向大学生举办革命传统教育讲座，深受学生的欢迎。黄夏在近70年的革命生涯中，为抗日救国，人民解放和社会主义贡献了毕生精力，荣获中共中央国务院、中央军委颁发的中国人民抗日战争胜利60周年纪念章。

29. 翁泽民（1921—2004），海康龙门镇扶茂村人。1938年8月至1940年8月，就读于省立雷州师范学校，积极参加抗日救亡工作。1939年12月加入中国共产党。1941年6月至1942年6月，先后在徐闻和安、冬松，海康城南下河小学教书，开展革命活动。1943年3月至1945年9月任海康县"沦陷区"地下党的负责人。1946年，撤退往越南参加援越抗法斗争。1958年重返祖国，回到海康工作后，曾任县开发委员会秘书、县手工业局局长、县中医院院长、县人民医院院长、县卫生局局长，县人大常委会副主任、县志办主任、县党史办名誉主任等职。1987年12月离休，享受处级待遇，2004年4月病逝，享年 83 岁。

30. 黄色伍，遂溪人，1940 年秋入读雷师简师班。同年经金耀烈介绍，与朱日成同时加入中国共产党。曾任中共遂溪西南区区委书记等职。湛江解放后，任湛江郊区区委组织部副部长等。

31. 梁和（1923—1997），湛江市麻章区甘林村（原为遂溪县甘霖村）人。曾任雷师党支部书记、温良小学校长、雷北县委宣传部长等职。1938 年梁和参加遂溪县青抗会。1939 年 8 月，梁和经支仁山、黄明德介绍加入中国共产党。1940 年 7 月梁和在遂溪县立中学初中毕业，经遂溪县青抗会安排，梁和在洋青西田村、马群村一带夜校进行抗日救亡活动。1941 年 9 月梁和考上广东省立雷州师范高师部，党组织安排其担任校党支部书记。其间因为领导学生开展反对校长（邓时乐）贪污的罢课斗争，梁和、全如九（全国明）、李钊伟老师和另外 6 位学生被捕关押 4 个多月。经党组织多方面营救，发动社会力量进行援助，梁和、全如九等同学全被释放。1942 年梁和奉命回到甘霖夜校工作，随后梁和按照党组织的指示，进入广东省南路运输站工作，为组织收集当地物资出入口及官僚、奸商走私的情报。1943 年 2 月日寇入侵雷州半岛，南路运输站解散，梁和随其他同志撤至廉江良垌。同年 4 月伪雷州捉匪队成立，党组织联系人李晓农指示梁和设法打入该第二大队并当上代理副官，开展"白皮红心"工作。同年 10 月反共头子戴朝恩撤销梁和副官职务。党组织立即安排梁和撤至安铺，党组织联系人李晓农约定梁和每半个月联系一次。不久日寇占领安铺，李晓农转移撤走。此后，梁和与党组织失去联系。他曾经回过家乡甘霖，也到湛江赤坎开过生意小店，寻找党组织和革命同志。1949 年 1 月梁和在遂东区田墩村找到同学梁立（时任遂东区负责人），通过梁立向组织反映了自己的情况。同年 2 月组织正式恢复梁和的党内身份。1949 年 12 月湛江解放后，组织上安排梁和到遂溪东区政府工作。1950 年 1 月，组织安排梁和到南方大学学习。学习结束后，梁和返回遂溪工作，历任区政府助理、遂溪报记者、县文化科科长、县人民政府办公室主任、遂溪北坡中学、雷北师范、廉江师范、遂溪中学校长。1973 年 11 月任遂溪县文化局局长。1983 年离休。

32. 全国明，1922 年出生，遂溪人，1938 年入党。1942 年前后入读雷州师范，任雷师党支部委员。革命斗争中，曾任粤桂边纵第 5 支队第 15 团团长兼政委。新中国成立后，任吴川县武装部政委等职。

33. 廖华，广东电白人，1921 年出生于一个贫农家庭。1939 年就读于电白县水东私立实践中学，因学潮被学校勒令停学。1941 年加入中国共产党。1942 年由南强中学转入雷州师范。1944 年起，相继担任遂溪东区抗日游击中队中队长、雷州人民抗日游击队第二大队政工队队长、南路人民抗日解放军第一团第一营政委、代营长等职。1946 年随团进入越南整训。1948 年起，相继担任人民解放军桂滇边部队第二支队支队长、中共右江上游区工作委员会军事部部长、中共滇桂黔边区滇东南地委委员、中国人民解放军滇桂黔边纵队第四支队司令员等职。1955 年被授予中校军衔，并获三级独立自由勋章、二级解放勋章；1960 年 6 月晋升上校军衔。曾任中国人民解放军军事学院训练部研究部部长等。1985 年于中国人民解放军国防大学离休。2003 年病逝。

34. 朱日成（1919—2002）又名朱德尊、别号（胡须朱）。广东省湛江市遂溪县河头镇田西村人。曾任遂溪港门中队指导员、广东南路人民抗日解放军第一支队第一连任教育员（即文化教员）等职务。朱日成是 1940 年秋入读雷州师范学校；同年于雷州师范加入中国共产党。1941 年奉命撤出学校，以小学老师身份在雷州半岛做党的地下工作。1943 年日本占领雷州半岛。1944 年 6 月 13 日，朱日成受中共南路特委指示，于遂溪县枫树圹村领导农民武装起义，建立起抗日游击队——港门中队。在抗日战争中，朱日成担任过遂溪抗日联防大队巷门中队中队长兼指导员、祥川中队指导员、南路人民抗日解放军第一团（老一团）第一连指导员等职。在解放战争中，朱日成任中国人民解放军滇桂黔边区纵队兵工厂厂长。1950年昆明解放，朱日成任昆明军管部军代表，全权接收国民党昆明军械所。同年回广东，以正团职干部转业钦州专署，任钦州交通局科长。在三反运动中，朱日成遭受诬陷，降职调广西龙州县任建设银行筹备处主任，县工业部长。1957年反右被划右派，劳动改造22年。1979年彻底平反。任龙州县文革处遗组组长，经委副主任。1986年离休。

35. 黄彪纪，上罗村人，1934年前后入读省十中。与黄其江、唐才猷等人一齐从事革命工作。新中国成立前逝世。

36. 唐多慧（1918—1947），小名唐乃祥，又名唐彪，化名洪文炳，东海岛调那村人。革命烈士。唐多慧出生于贫寒的家庭。1935年，唐多慧得族中祖偿赞助进入觉民小学读书。其时，共青团员、进步校长郑星燕对多慧的幼小心灵产生了深刻的影响，多慧一改性格内向、埋头读书的习惯，在校办墙报上积极撰写文章，立志抗日救国。全面抗日战争爆发后，正在雷州师范读书的唐多慧与王文劭、黄其炜等同学成立读书会，阅读进步书刊，同时以读书会为核心，组织学生上街下乡，演出以抗日救国为题材的戏剧、歌曲，呼吁民众投身于抗日救亡运动。1938年8月，唐多慧参加由共产党员黄其江、陈其辉等发起组织的遂溪青年抗敌同志会。1939年3月，唐多慧加入中国共产党。1939年冬，中共高雷工作委员会派唐多慧任中共廉江县委组织部长、宣传部长。1941年唐多慧任中共遂溪县委委员。1944年10月，中共南路特委决定在雷州人民抗日游击大队的基础上建立雷州人民抗日游击第一大队，支仁山任队长，唐多慧任政委。他们率领队伍，转战雷州半岛，打击日本侵略军。1945年4月，唐多慧调任中共廉江县特派员。同年5月，中共南路特委将南路人民抗日解放军整编为5个团，唐多慧任第3团政治委员，莫怀任团长。他们与兄弟部队一起，创建在廉城与安铺之间，长约80华里、宽约50华里的新塘抗日游击根据地，组织抗日民主政权。1946年5月，唐多慧调任化（县）吴（川）特派员。1947年3月，经上级批准，化、吴武装队伍改编为粤桂边区人民解放军新编第四团，唐多慧任政治委员，罗明任团长。同年4月，中共粤桂边地委成立，改特派员制为党委制，化、吴地区成立中心县委，唐多慧任县委书记兼南路人民解放军新编第四团政委。在中心县委领导下，化吴地区军民摧毁了国民党部分区、乡政权，建立两县人民解放政府，还在8个区、48个乡建立了人民政权，武装力量除新编第四团外，又建立粤桂边人民解放军独立第一团以及一批区、乡队，控制着纵横300多平方公里、人口约60万的地区，开创了前所未有的新局面。1947年夏秋间，唐多慧在率部队与敌人战斗过程中，不幸颈部中弹，光荣牺牲，时年29岁。

37. 欧汝颖（1921—1948），又名欧华。海康县附城乡土角村人。曾任中共海康县委书记。汝颖出身于贫苦家庭，其父为私塾教师。他少时随父入塾读书。1935年考进广东省立第十中学。在校期间，在进步同学的影响下，他阅读了《大众哲学》等革命书籍和进步刊物，并积极参加抗日救亡活动。1940年，欧汝颖到东里区新寮小学任教，认识了共产党员肖汉辉、翁泽民等人。1943年，欧汝颖加入中国共产党。1944年，他以土角村游击小组为基础，组建东洋抗日游击中队（后改为雷州抗日大队第十中队）。1947年3月，粤桂边区人民解放军雷州独立营成立，欧汝颖任营教导员。是年6月，雷州独立营扩编为第九团。不久，改为十二团，欧汝颖任团政委兼政治部主任。后担任海康中区武工队的指导员。1947年8月，中共海康县工作委员会成立，欧汝颖任工委委员。是年12月，中共海康县委员会正式成立，他任县委书记，继续分管中区工作。1948年8月，欧汝颖在海康中区岭高村开会时，被国民党县大队谢龙雨部所包围，在激烈战斗中壮烈牺牲，时年27岁。

38. 唐勤，雷城人，1939年雷师党支部组织委员，参与"驱邓"学潮；雷师毕业时，在同学录上写下"在恶劣的环境中讨生存"之语，表达了要为民而战的决心。毕业后，奉命回海康以教书作掩护从事革命活动，担任海康嘉山岭地区联络员，串联起海遂两地党的联系。有一次曾用九个多小时的时间跑完一百五十多里的山路送情报。1944年，因步行送紧急情报，救援同志，长途跋涉，加上被敌人围困三天三夜，遂因劳累过度，中暑而死亡，年仅24岁。

39. 林飞雄（1919—1948），又名成道、康道、逸生。徐闻县下洋区地塘村人。徐闻县共产党组织的创建者之一。林飞雄出生于一个教师之家。他在父亲的影响下，从小就对贫苦大众富有同情心，且读书勤奋，上进心强。民国二十四年（1935），他考进广东省立第十中学。在校期间，参加进步同学组织的"读书会"，学习革命理论。民国二十六年（1937）7月"卢沟桥事变"后，他与广大爱国青年一起，组织抗日宣传队到遂溪、海康、徐闻等地进行抗日救国宣传。同时，与陈醒亚、莫怀等同学在雷州城创办读书社，推销进步书籍和刊物。民国二十七年（1938）8月，飞雄前往遂溪参加"青年抗敌同志会"，后被派到遂溪县泮塘小学任教，与广大民众积极开展抗日救国活动。民国二十八年（1939）上半年，加入中国共产党。民国二十九年（1940）春，林飞雄肩负着党组织交给开辟革命新区的任务回到徐闻。他先后在下洋小学、前山小学任教，并任国民党徐闻县政府教育科科员。在此期间，他一方面以学校为阵地，组织学校和人民群众开展抗日救国运动；另一方面想方设法接待和安排外地共产党员和革命知识分子到徐闻的下洋、前山、龙塘等地的学校执教，使他们得以教书为掩护开展革命活动。与此同时，他与陈兆荣、支秋玲等创建了中共徐闻县特别支部，先后培养和介绍郑质光、谭国强、方野等一批进步青年加入中国共产党。林飞雄虽遭到国民党徐闻县县长陈桐的威胁、恐吓和利诱，甚至追捕，但他义无反顾，为了发展革命武装，动员父亲林伍诗动用家产和出卖家田 20 多亩，资助徐闻游击队购置枪支弹药，并先后动员 3 个弟妹参加革命。1945 年 5 月，林飞雄组织领导徐闻下洋武装起义。暴动失败后，飞雄撤离徐闻，先后任中共遂南区委书记兼区长、中共遂南县工作委员会委员，为建立遂南区、乡、村党组织、民主政权和人民武装作出努力。民国三十七年（1948）5 月 23 日，飞雄到东海岛参加中共南路特别委员会会议后，返回遂南游击区途中，与国民党武装的船只遭遇，被敌包围，在战斗中不幸中弹牺牲。时年 29 岁。

40. 周超群，太平镇下湖村人，1939 年入读雷师，与周立人同班。1940 年 10 月，经黄其炜介绍，与周立人一齐加入中国共产党。曾任遂南区委书记兼区长，1947 年被敌人杀害。

41. 谢鼎，遂溪谢宅村人，雷师毕业后，继续从事革命工作。1947 年奉命隐蔽下来，以教师为掩护。后在海康南区交寮村教书时被敌人杀害。

42. 陈锡庸，遂溪调村人，1940 年在雷州师范就读，同年加入中国共产党，曾任遂南区特派员等职，1945 年在遂溪乐民牺牲。

43. 陈海，遂溪人，毕业于雷州师范高师班，在 1947 年中弹牺牲。

44. 郑开钧，别名志杰，学名郑其（启）成，又名郑文。1919 年出生在湛江市郊东海岛全及村，1940 年前后在雷州师范求学。毕业后在遂溪城月从教，曾任中共遂溪县坡头桥支部书记，并在 1942 年动员家庭捐 4000 块银元支持革命。1944 年在遂溪被捕并杀害，年仅 24 岁。1955 年，政府为郑开钧签署颁发革命烈士证。

45. 罗培畴，广东廉江人，1936 年前后曾入读雷州师范学校第七班，与莫怀是同班同学。1939 年加入中国共产党，并于同年奉命与唐多慧、莫怀等人一齐前往廉江整顿党组织，发展抗日力量。曾任广东南路人民抗日解放军第一支队军需处长。

46. 陈醒亚（1917—2001），1917 年 3 月 4 日生，广东省遂溪县洋青镇泮塘村人。1936 年考入省立雷州师范，参加抗日救亡运动。1938 年参与发起组织青抗会，1939 年 4 月加入中国共产党。1939 年 11 月任遂溪县党的中区区委宣传委员。1940 年 6 月任高州（茂名）地下党县委组织部长。1941 年 9 月任化县地下党的特派员，领导全县党的工作和组织抗日游击小组为武装起义作准备。1945 年 1 月 9 日作为总指挥领导化县和化廉边界人民抗日武装起义，初为化廉指挥部，后成立独立大队任大队长兼政委。1945 年 6 月任南路人民抗日解放军第四团团长兼政委，并任党的化吴工委书记、化吴廉中心县委书记。1946 年 6 月奉命北撤山东，先后任华南纵队北撤干部队副指导员、华东军大上干队学习整风小组长、两广纵队供给处协理员、干部队土改三查三整小组长、华北军大五大队政教科理论教员等职。参加过山东战役和淮海战役。新中国成立后，历任广西钟山县委书记兼县长、平乐县委书记、广西省委统战部社会处处长、武汉钢铁公司特种工程公司党委书记、武汉钢铁总公司党委宣传部部长、湖北省委宣传部宣传处处长、中国科学院武汉哲学社会科学研究所副所长、中南局计委办公室主任、统计局局长、计委委员、广州市委组织部第一副部长、市委委员、广州市经委顾问等职。1985 年离休。2001 年 2 月因病在广州逝世。

47. 殷英，广东遂溪人，1934 年入读省十中。1938 年 10 月加入中国共产党，曾任遂溪中心支部支委、中共遂溪西区区委书记等职。

48. 陈理祥，广东遂溪人，1939 年前后在雷州师范就学，并加入中国共产党。1948 年左右被党派往徐闻发展党组织，不久被捕。1949 年 2 月，陈超所在部队解放徐闻，始获释。

49. 周德安，广东遂溪卜巢村人，花名"阿豹"，1940 年前后在雷州师范就学，并于 1940 年上半年加入中国共产党，曾任遂溪抗日中队指导员，遂溪东区区长、遂溪县委副书记，吴川县长，湛江市工会主席等职务。

50. 陈元清（1919 年 4 月—2000 年 10 月），号存汉，湛江市东海岛山内村人。1934 年考入雷州城遂二小读书，1935 年考入雷州师范学校读书，1938 年 9 月考入省立江村师范学校读书，接受马列主义、新民主主义思想教育，追求真理。1938 年 8 月出席遂溪县青年抗敌同志会成立大会，1939 年 2 月加入中国共产党，走上革命道路。接受党组织派遣，深入农村办夜校。并再次进入雷州师范读书，建立党组织和游击小组，宣传进步思想，发动民众，掀起抗日救亡运动，组织学生闹学潮，援救进步师生。1943 年转入武装斗争，在海康县等地建立党组织和游击小组，1944 年 8 月参加"老马起义"，曾担任南路人民抗日游击队第二大队政工队长，遂溪南区大队二连指导员，随后转入党的地下工作。新中国成立后曾任雷东县教育科长，湛江市第八中学、第五中学、第十一中学校长，湛江市郊区教育局局长、知青办主任、劳动局局长等职。

51. 吴定瀛，信息不详，只知在雷州师范时期从事革命，毕业后，继续在雷州半岛从事革命斗争。"徐闻东区曾经是革命老区。1942 年，我党曾派陈兆荣、吴定赢、陈醒吾、林飞雄、沈潜等同志先后到徐闻秘密进行革命活动，领导徐闻人民开展抗日武装斗争。"[①]

52. 李锋，化州合江车头儿村人。1919 年出生，1939 年参加抗日学生军，1941 年春加入中国共产党。党组织派往中垌经正中学读书为掩护，分别利用石角、中垌、合江等地书店，销售进步书刊，宣传抗日。1943 年经陈醒亚指派，进雷州师范高师班，此时雷师在化县林尘办学，为学运负责人。1944 年在六王山和山底成立化北游击大队，1944 年 11 月参加廉化吴边区武装起义编队会议。后因起义提前，原计划的大

---

① 中共湛江市委党史研究室编：《沈斌在高雷研究资料》，内刊，2020 年 10 月，第 106 页。

队分散，只部分队员赶上次年 2 月的起义，李锋在原地活动。李锋为化茂边区区长和武工队长，在六王山区以政治和军事相结合，加速了扩军活动，收缴乡保队的武器，协助开辟新区，为创建游击根据地开创了局面。他机智勇敢，良岸堡一战，亲自组成突击队，白花受挫，为化北独立大队引路突围。1947 年 7 月李锋在林尘岭头儿村被敌包围打伤，不幸被捕，关进当铺牢房。狱中李锋坚贞不屈，怒斥敌人。8 月 23 日，反动派押解李锋在县城"游街示众"，后杀害，牺牲时年仅 28 岁。亲人发现十个手指全无。

53. 黄鹄，又名黄玉瑞、黄秀娟，1926 年出生于广东省化县合江镇禾堂岭狮子墩村。化县狮子墩俭朴小学毕业，1940 年 12 月由莫芸介绍加入中国共产党。1942 年 7 月党派与化北负责人李鸿一起在林尘白塘小学教书；1943 年在合江加入中国共产党，是化县恢复党组织后发展的第一批女党员之一。同年秋由特派员陈醒亚部署，和李锋、董子湘三人入读雷州师范学校（当时学校在茂名林尘）。在校期间教育团结一批青年学生和农民群众，发展党员、组织地下游击小组，为武装起义准备。不久，党组织又把李鸿和黄鹄调到化南，积极参与武装起义准备工作和红埇会师。1945 年 1 月 9 日参加南路化廉人民抗日武装起义，编入化廉政工队，后转吴川政工队。由于时间提前，武装起义时未能联系到化北的（原计划）李锋大队等同志。陈醒亚派黄鹄上化北，由于我武装起义后，敌人组织了层层的封锁线，北上是极其危险的，她冒着极大的危险，到化北联系了董子湘的 80 多人到中埇会师，编入陈醒亚大队。黄鹄则随同其余李锋化北武工队活动。1947 年 4 月在化北工委工作，后到粤桂边纵训练团学习。革命伴侣李鸿不幸于 1949 年 6 月在廉江良埇牺牲。黄鹄在解放初任化县五区区委书记，土改试点被诬为"阶级异己分子"，被斗争、处分和调离。1952 年在南方大学学习；1953 年经审查否定了以上"罪名"。1954 年她和陈开廉一起到茂名油页勘探工区工作，反"地方主义"时被撤职下放，1960 年后任茂名油公司劳动工资科科长。1966 年"文化大革命"，被批斗关押、挂牌游街，下放劳动，黄鹄在挖土方劳动中被埋造成严重骨折。粉碎"四人帮"后，所有冤案都得到平反，公司任命为计生办副主任，当选为公司和市党代表大会的代表、市人民代表大会的代表。1983 年 11 月办理了离休。担任茂名市老促会常务理事、顾问，及茂名市老战士联谊会常务理事、顾问，茂石化分会副会长。获评为公司、市、中石化、广东省、全国关心下一代先进工作者。

54. 董子湘，信息不详。1943 年雷州师范迁至化县林尘办学，董子湘、李锋、黄鹄等人奉命转入雷师，董子湘担任教师，李、黄二人分别进入高、初二班。

55. 陈慎辉，广东遂溪人，1942 年雷师在遂溪县城办学时在学校就读，与黄轩等人同学，曾任中共南路特委交通员、遂溪县人民抗日联防大队指导员（队长为洪荣）。

56. 陈辉，信息不详，黄轩回忆 1942 年在遂溪县城就读时党员学生中有"周德安、周超群、陈慎辉、我、周立人、陈辉、郑志洁（原名郑开钧）、宋成隆、陈达元等人。"

57. 宋成隆，广东遂溪洋青乡新村人，又名宋群，花名"大个宋""肥宋"，1942 年雷州师范在遂溪办学时，已是党员学生。长期潜伏于国民党部队。1948 年归队后，曾任广东南路人民解放军新编第五团政委。

58. 陈达人，应是廖华回忆中的陈达仁，别号英，遂溪陈川济村人。1942 年时陈达仁已是党员学生，同班中有周德安等人。另黄轩的回忆中有陈达元，不知道是否是同一人？

59. 谢兆琇，1936 年前后在雷州师范求学，曾与唐才猷、黄其江等人策划找党。1938 年与沈汉英、陈兆荣等人一齐在广州江村师范加入中国共产党。

60. 谢妙，又名谢美，东海岛人，1946年在雷州师范就读，并加入中国共产党。中华人民共和国成立后，在海军某部任职。

61. 杨金波，何处人不详，1946年在雷州师范高师班就读，1947年任中共雷师支部书记。

62. 王英，女，1946年在雷州师范高师班就读，1947年任中共雷师支部支委。

63. 杨惠文，女，1946年在雷州师范高师班就读，1947年任中共雷师支部支委。

64. 沈自励，1946年在雷州师范高师班就读，1947年任中共雷师支部支委。

65. 岑碧江，1947年前后在雷州师范高师班就读，1948年任中共雷师支部支委。

66. 黄鑫，1946年在雷州师范高师班就读，党员。

67. 林荣义，1946年在雷州师范高师班就读，党员。

68. 黄海藏，1946年在雷州师范高师班就读，党员。

69. 陈醒吾，1917年出生，广东遂溪县人，1936年在雷师高师一年级就读，1939年加入中国共产党。抗战时期与解放战争时期，活动于遂溪中区、吴川梅菉、海康、徐闻、茂名电白、茂名化县等地，发动群众组织抗日救亡活动等。1945年后曾任遂溪县区委书记、联合（三区）区委书记、县委组织部长、雷州县工委委员兼海康县委书记、遂溪县委书记、高雷地委党委组织部长、粤桂边区组织部干部科长等。中华人民共和国成立后，曾任海康县委书记、高雷地委办公室副主任、吴川县委第二书记、廉江县委第一书记、广东省属国营珠江农场场长、广东省农办秘书长、广东省安置办主任等职。1975年去世。

70. 李俊瑜，女，不详，唐才猷女儿唐翠波提供。廖华回忆录也提及。

71. 苏虹，不详，唐才猷女儿唐翠波提供。

72. 黄秀珠，不详，唐才猷女儿唐翠波提供。

73. 杨娟娟，不详，唐才猷女儿唐翠波提供。

74. 陈×英，女，陈海的妹妹，不详，唐才猷女儿唐翠波提供。廖华回忆录也提及。

75. 刘傅翠，又名刘翠云，1945年高师班学生。在校期间，由李锋介绍，加入中国共产党。中华人民共和国成立后，在广州供电部门离休。

76. 赖乃宏，化州县人，1945年简师班13班学生，1949年入党，曾从事地下工作。中华人民共和国成立后，曾任广东茂名市农村部副部长等。

77. 郑鹰，原名郑仲瑛，又名郑修伍，遂溪平石人。1928年前后与郑为之、郑星燕于省十中求学。后在1938年赴延安，并进入"抗大"学习，同年加入中国共产党。

78. 王克，遂溪黄略人，1929年先广东省立第一中学学习，受到校长黄良铺及教务长徐名鸿（中共党员）的影响，开始接受新思想，萌动革命新芽。后转回雷州省立第十中学读书。1938年前后到延安学习。在延安，王克有幸获得毛主席"在校是一名好学生，出社会是一名好干部"的亲笔题词。毕业后不久，回到广东南路工作。

79. 叶宜劲，化州市笪桥镇柑村人，1927年10月4日出生于一个爱国军医之家。父亲叶大燕是张炎将军抗日部队的名医，因全力支持共产党以致被国民党反动派通缉追捕、陪杀迫害而死。1942年秋，叶宜劲以优异成绩考入廉江良垌中学读书，后因学潮被捕。1943年底，叶宜劲出狱后，组织让他先后转到张炎将军创办的世德中学和广东省立雷师（当时校址在林尘）读书，有缘参与原张炎抗日学生队员、共产党员李锋领导驱逐雷师校长宋其芳下台的学潮。1945年1月8日，叶宜劲在柑村参加抗日武装起义，后西征合浦。1946年3月，叶宜劲跟随雷师同学李锋化装经商，常到陵江游击队长叶繁菁（原张炎起义助手文邵昌部属的中队长）掩蔽活动的据点。1947 年 2 月 12 日在山底成立营级建制的化北独立大队，大队长庞铁魂、教导员叶宜劲。1947 年 8 月，叶宜劲任化茂边区区委书记。1948 年 3 月 4 日，叶宜劲在道平乡东涌村召开区乡干部会议研究反扫荡，被国民党自卫队覃孟坤中队和四周乡兵共 200 多人来围剿。战斗中，叶宜劲的颈部和腹部中弹受伤。后用手榴弹与敌同归于尽。

80. 张芝经，海康麻参人，与翁泽民同学，1943 年经翁泽民介绍参加革命。1946 年二三月，根据上级党组织的"长期隐蔽"方针，撤退隐蔽下来。——"主要是撤退当地比较'红'的干部。如翁泽民、王文劭、游培荣、林子枫、张芝经等都撤到各个不同的隐蔽下来"。①

81. 林宝珍，1940 年 10 月，于雷师求学时与同班同学周立人经黄其炜介绍入党，其他情况不详。

按，程永年在撰写《建国前雷州师范学校沿革及有关史料》一文中，曾提及文章在修改过程中得到校友：陈其辉、宋锐（睿）、洪志敏、欧启侯、陈元清（陈存汉）、戴明光，等人协助（见程永年编写《湛江教育史话》第 136 页。），陈其辉、陈元清参与革命的情况已在上述叙述。宋锐（睿）、洪志敏在 1936 年为高师三年级，同班同学还有温国英（即温莎），更详细的情况不详。

---

① 周立人：《对海康党组织及革命团体情况的回忆》，中共海康县委党史办公室编：《海康党史资料》第一辑（内部资料），1985 年 12 月，第 262 页。

附录二：

部分校长名录及简介

祁杰，号榦南，东莞人，北京优级师范毕业，1913年前曾任校长。

何宗愈，号仲韩，广东增城人，1913年前曾代理校长之职。

吴天宠，号吉诗，海康人，1906年前往日本留学，就读于日本法政大学。留学归国后，曾出任海康县第一任民选县长，兼任中学校长。后曾任广州市地方法院院长、广东高等法院民事庭庭长等职。其二儿子吴华，1932年在中山大学求学时就在中国共产党的领导从事左翼文化运动。1935年在北平加入共青团，1936年加入中国共产党。曾任中共广东省委青年工作委员会书记。中华人民共和国成立后，曾任国务院侨办国外司司长等职。

周烈亚，遂溪人，1913年担任校长。1917年入读北京大学哲学，是雷州半岛比较早入读北京大学的人士。在北大期间，曾与顾颉刚、傅斯年、狄君武同宿舍。北大毕业后，一度回学校充当校长一职，后出家为僧（释慧贤），相继在雷州半岛天宁寺、清凉寺等寺庙为主持，后在杭州天台山某寺圆寂。

邓××，具体情况不详。

温仲良，顺德人，1917年前后任学校校长，在校时间稍长。后曾担任广东省宣讲员养成所教师（养成所仍陈独秀倡办、由广东党小组主持的一所公办中等以上学校）、广东教育厅秘书、国立广东大学教授等，参与创办私立广州大学。

廖学于，海康人，1913年毕业于雷州中学校，是学校第一届毕业生，后入读广东高等师范。后回雷州，1921年前后任职雷州中学校校长之职。1928年出任海康县立中学校长。

梁连岐，贡生，1923年任职校长。

罗应荣，具体情况不详。1926年前后担任校长之职，同时兼雷州《民国日报》社长之职。1927年"四一二"政变后，遭受国民党的通缉。[①]

何冠文，详情不详。

温应盛，字和鸣，1896年出生于海康雷城镇下河里，出身于富裕家庭，"东林子梁，下河兆祥，宾合成珠，上朗既夫"是雷州半岛民谣当地四大巨富的语言。下河里村温兆祥就是温应盛父亲。温应盛曾留学于法国，获得法国洛达里亚夫大学法律学硕士。海康人所言的土洋两硕士，洋硕士就是指温应盛（土硕士是指获燕京大学文科硕士的唐如介）。1929年温应盛出任省立第十中学校长。但由于温氏在法国期间酗酒导致精神病，时好时坏，时间不长即辞去校长之职。1952年病逝。

罗应祥，东莞人，国立北平大学工学士，曾担任广东省立第一师范学校教员、私立广州大学教授等职务；1932年任省立十中校长；1935年学校改制更名后，仍任雷州师范校长。

吴炳宋，法国巴黎大学化学专业毕业生，1935年接任罗应祥之职，任雷州师范校长。

张锡镛，中山大学毕业生，1938年9月至1939年8月任职学校校长。当时，因抗战关系，在1939年2月将学校迁移到遂溪庐山村。

白学初，海南人，广东高等师范毕业，1939年9月至1940年7月任职校长。

---

① 《通缉海康县捣乱派黄斌等四名案》，《广东行政周刊》廿三期（1927年11月），第20—21页。

邓时乐，广东高师毕业，1940年9月至1942年1月任职校长。当时，他因贪污行为，被进步学生举报，被广东省教育厅撤职。

宋其芳，中山大学毕业，1942年2月至1944年10月任职校长。任职期间，将学校迁移至茂名林尘地办学。

吴熙业，1944年10月，广东省教育厅任命吴氏为学校校长。1944年10月至1947年8月任职。任职期间将学校从林尘迁至茂名帅堂。抗战胜利后，在1946年7月将学校迁回海康天宁寺办学。吴氏后曾任职湛江市社教科长，主管当时湛江市教育工作。

林令瑄，中山大学毕业，虽在1947年8月任职校长，但赴任路上受伤，至1948年5月始到任。1945年9月期间曾任职徐闻县初级中学校长。

吴林，雷州人，民主人士。与黄其江、唐才猷等人熟悉，曾是两人的小学老师，1949年12月协助解放大军和平解放了海康城。"海康县军事管制委员会派员接管雷州师范学校，吴林任接管后第一任校长。"①

---

① 广东湛江教育学会、湛江教育志编辑室：《湛江教育大事记（1840—1987）》，内刊，1988年，第22页。按，校友黄轩的回忆录里提及，"1950年3月，黄葵任海康县委宣传部副部长兼省立雷师校长，副校长兼教务主任郑体诗。"见南路革命研究所编：《黄轩革命斗争回忆录》，中共党史出版社，2017年，第106页。黄葵，是东海岛东山镇人，1941年加入中国共产党。抗战时期，曾任海康扶桥抗日联防中队指导员等职。

参考文献

一、馆藏档案类

雷州市档案馆馆藏民国档案。

遂溪县档案馆馆藏民国档案。

中国社会科学院近代史所藏"中国国民党汉口档案"。

二、档案、文件及民国报刊汇编类

广东省档案馆、中共广东省委党史研究委员会办公室：《广东区党、团研究史料（1921—1926）》，广东人民出版社，1983年。

《广州民国日报》（1923—1927年）。

中共广东省委组织部、中共广东省委党史研究室、广东省档案馆：《中国共产党广东省组织史资料》（上册），中共党史出版社，1994年。

中共湛江市委党史研究室：《黄学增研究史料》，广东人民出版社，1997年。

中共湛江市委党史研究室：《南路人民抗日斗争史料（1937.7 — 1945.9》，广东人民出版社，1996年。

中共湛江市委党史研究室：《中共南路党史大事记》，广东人民出版社，1996年。

中共湛江市委党史资料征集研究领导小组办公室：《遂溪青抗会》，内刊，中共遂溪县委党史办公室，1988年8月。

《中国农民》，湘潭大学出版社《红藏·进步期刊》系列影印本，2014年。

中央档案馆、广东省档案馆：《广东革命历史文件汇集》系列，内部文件，内刊。

三、回忆录、文史及著作类

本书编写组：《湛江教育志（1898—1987）》，广东教育出版社，1991年。

陈超：《回眸往事》（一），中共党史出版社，2014年。

陈登贵、巫忠：《谭平山传》，广东高等教育出版社，1999年。

陈国威：《黄学增评传》，新华出版社，2020年。

陈国威、许冰：《黄学增年谱》，新华出版社，2021年。

陈其辉：《征途拾遗》，内刊（湛印准字第173号），华南热带农业大学印刷，1997年12月。

程永年编：《湛江教育史话》，内刊，广东湛江教育学会、湛江教育志编辑室发行，1988年3月。

丛小平：《师范学校与中国的现代化：民族国家的形成与社会转型：1897—1937》，商务印书馆，2014年。

高良坚、唐翠波：《南路革命名将唐才猷》，中山大学出版社，2021年。

广东省档案馆：《梁广的革命人生》，广东人民出版社，2021年。

廖世宁编著：《他们从南路走来：廖华、李学英随军征战纪实》，中山大学出版社，2021年。

南路革命研究所：《黄轩革命斗争回忆录》，中共党史出版社，2017年。

许力以：《春天的脚步——许力以回忆录》，华龄出版社，2012年。

湛江市革命老区建设委员会办公室、中共湛江市郊区委员会党史研究室、东海革命斗争史料编辑组：《东海革命斗争史料》第一辑，内刊，1992年12月。

政协海康文史资料研究委员会：《海康文史》系列，内刊，1984年6月——1990年12月。

郑星燕：《赤帜征程——早期革命斗争回忆片断》，内刊，中共广东省委党校出版，1998年。

《怀念李进阶同志》编辑委员会：《怀念李进阶同志》，内刊，1995年6月。

中共广州市委党史研究室：《王均予》，广东人民出版社，1999年。

中共化州市委党史研究室：《中国共产党广东省化州历史》（第一卷，1926——

1949），中共党史出版社，2018 年。

中共遂溪县委党史研究室：《历史回顾——新民主主义时期遂溪革命回忆录》（第一辑），内刊，2003 年 11 月。

中共湛江市委党史研究室：《铁旅征程》，内刊，1999 年 9 月。

中共湛江市委党史研究室：《南路人民抗日解放军史》，广东人民出版社，1995 年。

中共湛江市委党史研究室、《粤桂边纵队史》编写组：《粤桂边纵队史》，广东人民出版社，1992 年。

中共湛江市委党史研究室：《中国共产党湛江历史（1921—1949）》（第一卷），中共党史出版社，2011 年。

周立人、王琬玲：《往事回忆——周立人、王琬玲革命斗争回忆录》，内刊，2021 年 6 月。

朱日成：《芳草：朱日成革命回忆录（一九四〇——一九五〇）》，内刊，2000 年 3 月。